becksche reihe

Gordon A. Craig reflektiert in diesem Band die Probleme, die ihn in seiner lang anhaltenden Karriere als Historiker beschäftigt haben: Der Aufstieg und Fall Deutschlands als Großmacht, die Errungenschaften eines Otto von Bismarck und die Fehler Kaiser Wilhelm II., die Katastrophe des Nationalsozialismus und die Persönlichkeit Adolf Hitlers, die komplexe und letztendlich tragische Beziehung zwischen Deutschen und Juden, die höchst erstaunliche Wiedergeburt der deutschen Demokratie nach 1945, die deutsche Wiedervereinigung und ihre Folgen. Gordon A. Craig ist nicht nur ein herausragender Historiker, sondern auch ein ausgezeichneter Stilist, der es versteht, politische Analysen, historische Anekdoten und literarische Anspielungen zu verbinden und den Leser gleichzeitig zu faszinieren, zu unterhalten und zu informieren.

Gordon A. Craig, emeritierter J. E. Wallace Sterling Professor für Geisteswissenschaften an der University of Stanford, seit 1962 Honorarprofessor an der Freien Universität Berlin, Präsident der American Historical Association, Ehrenmitglied des Münchner Historischen Kollegs, hat zahlreiche Werke zur europäischen und zur deutschen Geschichte verfaßt. Für sein Werk *Deutsche Geschichte 1866–1945* erhielt Gordon A. Craig den Historiker-Preis der Stadt Münster. Zahlreiche weitere Veröffentlichungen bei C. H. Beck. Zuletzt ist in der beck'schen reihe *Das Ende Preußens. Acht Porträts* erschienen.

Gordon A. Craig

Ende der Parade

Über deutsche Geschichte

Verlag C. H. Beck

Die Auswahl der Texte in diesem Buch ist entnommen:
Gordon A. Craig
Politics and Culture in Modern Germany.
Essays from the New York Review of Books
The Society for the Promotion of Science and Scholarship,
Palo Alto, Kalifornien
© NYREV, Inc. 1981–1998
Abdruck mit freundlicher Genehmigung der *New York Review of Books*

Für die deutsche Ausgabe
© Verlag C. H. Beck oHG, München 2003
Gesamtherstellung: Druckerei C. H. Beck, Nördlingen
Umschlagentwurf: +malsy, Bremen
Printed in Germany
ISBN 3 406 47618 X

www.beck.de

Inhalt

Der Weg zur Mauer 7
Die Sache mit dem Reich 27
Der Kaiser und die Kritik 47
Unter einem schlechten Stern 65
Wie Hitler Hitler wurde 80
Der Überzeugungstäter 89
Verliebt in Hitler 107
Der Weg in den Krieg 122
Am Rande des Abgrunds 139
Der Endlösung entgegen 150
Alles ist Schicksal 157
«Schreibt un farschreibt!» 169
Ein neues, neues Reich? 184
The Big Apfel 205
Vereint fallen 229

Anmerkungen 253
Liste der im Text rezensierten Bücher 259

Der Weg zur Mauer

Gegen Ende seiner eindrucksvollen Bismarck-Biographie, die 1980 in Deutschland erschien, schreibt Lothar Gall, die Deutschen hätten ihre nationale und historische Identität just in dem Moment aufgegeben, als der Eiserne Kanzler die politische Bühne beherrschte. Gall lässt keinen Zweifel daran, dass das unerfreuliche Auswirkungen hatte:

Noch immer scheint das Selbstbewusstsein der Nation durch die äußere Gestalt der Reichsgründung von 1871 bestimmt zu sein. Noch immer scheinen Verhaltensweisen, Institutionen, das Eigenverständnis von Parteien, sozialen Gruppen und gesellschaftlichen Verbindungen aller Art durch die Traditionen des Bismarckreiches, wenngleich in vielfältigen Brechungen, wesentlich mitgeprägt zu sein. Die Geschichtswissenschaft konzentriert sich nach wie vor, heute sogar vielfach in besonders leidenschaftlicher Form, gerade auf diese Epoche. Sie vermag sich, trotz oft vehementer Distanzierung, nur selten dazu durchzuringen, jene Ära für historisch abgeschlossen zu erklären. (707)

Ein schlagendes Beispiel hierfür lieferte Helmut Kohl nach dem Fall der Berliner Mauer am 9. November 1989. Als der damalige Bundeskanzler sein berühmtes Zehn-Punkte-Programm verkündete, nannte er als das langfristige Ziel seiner Deutschland-Politik die «Wiedervereinigung», ein Begriff, der nur allzu explizit die Erinnerung an 1871 beschwor. In einem bemerkenswerten *Spiegel-Essay* erhob Günter Grass sogleich Einspruch gegen die Verwendung dieses Begriffs, denn er impliziere seiner Ansicht nach die Rückkehr zu Einstellungen und Zielen, die in einem Deutschland, das gerade zum ersten Mal in seiner Geschichte eine friedliche und erfolgreiche demokratische Revolution erlebt hatte, nicht zulässig sei. Ob diese Mahnung diejenigen, die bis heute Bismarck neben Luther für den größten Deutschen aller Zeiten halten, auch nur mäßig beeindruckt hat, wage ich zu bezweifeln. Die Autoren der Bücher jedoch, auf die wir hier unser Augenmerk richten, dürften sich weitgehend in Übereinstimmung mit Grass befinden.

I

James J. Sheehan leitet seinen bedeutenden Beitrag zur *Oxford History of Modern Europe* mit der These ein, die wesentlichen Definitionsmerkmale der deutschen Vergangenheit und auch der deutschen Gegenwart seien ihre «Vielfalt und Diskontinuität, ihre Reichhaltigkeit und Zerrissenheit, ihre Fruchtbarkeit und Fluidität». Er weist darauf hin, dass das Gebilde, was wir Deutschland nennen, über weite Strecken seiner Geschichte weder ein bestimmbares Ganzes noch ein Staatswesen, geschweige denn noch auch nur eine klar abgrenzbare geographische Einheit gewesen ist. Deutschland weise vielmehr zahlreiche historische Gestaltungen auf und habe nicht eine Geschichte, sondern deren viele: «Geschichten, die die Deutschen zueinander hin und voneinander weg führten, ihnen auf der einen Seite ein einträchtiges Vorgehen suggerierten, um auf der anderen eben dieses gemeinsame Handeln praktisch unmöglich zu machen». (1)

Hieraus erklärt sich zum Teil, weshalb deutsche Intellektuelle sich ständig mit der Frage nach einer nationalen deutschen Identität beschäftigen, die sie übrigens, so scheint es, nie auf eine sie selbst zufriedenstellende Weise zu definieren vermögen, weshalb deutsche Schriftsteller entweder die physische und moralische Zersplitterung ihres Landes beklagen (wie Hölderlin in seinem Roman *Hyperion*) oder die seltenen Augenblicke demonstrierter nationaler Einigkeit wie in den «Tagen von 1914» zum Mythos verklären, und warum deutsche Historiker sich so unermüdlich über die Kontinuitäten und Diskontinuitäten ihrer Vergangenheit und Gegenwart auseinandersetzen.

So sieht man sich als nichtdeutscher Chronist vor ein nicht zu unterschätzendes Problem gestellt, dem sich Sheehan jedoch voll und ganz gewachsen zeigt mit einem Buch, das sicher zum Standardwerk wird für die deutsche Geschichte zwischen dem Ausgang dem 18. Jahrhunderts (als das Heilige Römische Reich – neben der Sprache – die einzige Klammer war, die die deutschen Staaten zusammenhielt) und dem Sieg Preußens über Österreich bei Königgrätz 1866, der den Weg zur politischen Vereinigung aller nicht-österreichischen deutschen Länder fünf Jahre später ebnete. Das Buch zeichnet sich zum einen aus durch die Ausgewogenheit der Darstellung im politischen Teil, der uns vieles über die kleineren deutschen Staaten mitteilt, was für ein so «national» angelegtes Buch eher ungewöhnlich ist, zum anderen durch die bewusste Abkehr von der durch Heinrich von Treitschke begründeten Tradition, alles aus der preußischen Perspektive zu sehen. Bemerkenswert ist ferner die Ausführlichkeit, in der sich Sheehan mit dem Wandel der gesellschaftlichen Ordnung beschäftigt, mit Klassensystem und den Eliten, mit dem wirtschaftlichen Wachstum und seinen Folgen sowie mit dem deutschen Geist und der Entstehung dessen, was Sheehan eine literarische Kultur nennt. Standardthemen wie die deutsche Aufklärung, die Romantik und das erste Aufdämmern eines deutschen Nationalismus werden sachkundig analysiert. In dem Teil, der sich mit dem 19. Jahrhundert beschäftigt, finden sich ausgezeichnete Kapitel über das kulturelle Establishment und seine Kritiker, die Entwicklung einer partizipatorischen politischen Kultur und die Moden, Manierismen und Werte des Bildungsbürgertums.

Im späten 18. Jahrhundert, in dem Sheehans Darstellung beginnt, schien die politische Zersplitterung Deutschlands Teil der natürlichen Ordnung der Dinge zu sein, sanktioniert durch den Westfälischen Frieden von 1648, der die «deutschen Freiheiten» mit der territorialen Atomisierung des Landes gleichsetzte, und perpetuiert vom Kirchturmsdenken der Fürsten und der politischen Immobilität der Bevölkerung. Als die Regierungen einiger deutscher Fürstentümer 1793 die Befürchtung hegten, die revolutionären Ereignisse in Frankreich könnten in Deutschland Resonanz und Nachahmer finden, erklärte Adolf Freiherr von Knigge – nicht nur Autor des berühmten Lehrbuchs *Über den Umgang mit Menschen*, sondern auch ein scharfsichtiger politischer Beobachter – in einem Zeitschriftenartikel, warum diese Sorgen unbegründet seien: In den meisten deutschen Staaten, so Knigge, würden die Menschen nicht mit so harter Hand regiert, dass sie zur Rebellion getrieben würden, zumal sie an ein gewisses Maß von Armut und Unterordnung gewöhnt seien. Überdies gebe es in Deutschland kein Gegenstück zu jenem «Dritten Stand», der in Frankreich die Revolution in Gang gebracht und die Massen mobilisiert habe. Was in Deutschland als «Dritter Stand» gelte, bestehe überwiegend aus Beamten, Höflingen, Hoflieferanten, Advokaten, Ärzten und anderen Berufsgruppen, die an der Fortdauer der bestehenden Ordnung interessiert seien. Eine Rolle spiele schließlich auch noch der Umstand, dass die einfachen Deutschen «vernünftiger» seien als ihre französischen Nachbarn, stärker von einer «bodenständigen Religiosität» durchdrungen, weniger anfällig für rebellische Neigungen «geistiger Abenteurer» und auch weniger angekränkelt von den «zersetzenden Wirkungen der Aufklärung» (218) – und genau das war ein hellsichtiger Kommentar: denn die Aufklärung war in Deutschland in der Tat relativ schmalspurig verlaufen und hatte sich im Gegensatz zu westlichen Ländern eher an moralischen als an politischen Inhalten orientiert.

Nach Sheehan kam Knigge offenbar nicht auf den Gedanken, dass die Französische Revolution militant werden und in Deutschland einmarschieren könnte – und dass sie, falls es dazu käme, hier zahlreiche Veränderungen durchsetzen würde. Genau das geschah dann, wie wir wissen, mit der Folge, dass gewisse zentralistische Tendenzen, die das administrative Innenleben einiger deutscher Staaten schon vorher kennzeichneten, mit tatkräftiger Unterstützung der Franzosen auf ganz Deutschland ausgedehnt wurden, indem etwa zahlreiche reichsunmittelbare Fürstentümer, Kirchengüter und andere kleinstaatliche Gebilde von ihren größeren Nachbarn aufgesogen wurden. In der Napoleonischen Periode reduzierte sich die Zahl der deutschen Staaten erheblich. Im 18. Jahrhundert waren es noch mehr als 250 gewesen, und zumindest in einigen Fällen war es in Anlehnung an französische Verwaltungspraktiken zu einigen wesentlichen Modernisierungen gekommen. Noch wichtiger war vielleicht die Tatsache, dass in den Jahren der französischen Vorherrschaft und des Befreiungskampfes gegen Napoleon in den deutschen Landen ein nationales Identitätsgefühl geboren wurde. Dessen Wurzeln reichten in die vorrevolutionäre Periode zurück, in der Autoren wie Herder und Lessing versucht hatten, eine wahrhaft nationale Literatur zu schaffen, indem sie, so Sheehan, der «seichten Künstlichkeit der französischen Kultur und ihrer Bewunderer in den Reihen der höfischen Aristokratie» entgegentraten und ihr die «Authentizität und Tiefe» der deutschen Sprache und der deutschen Kulturtradition gegenüberstellten.

In den Revolutionsjahren und während der anschließenden Napoleonischen Periode intensivierte sich dieser «Kulturkampf», und es traten Autoren auf den Plan, die ihn politisierten und den Zukunftstraum von einem vereinten Deutschland träumten. So schrieb Friedrich Ernst Schleiermacher an Friedrich Schlegel, sein «höchster Wunsch … nach der Befreiung» sei, dass es gelingen möge, ein «wahres deutsches Kaisertum» zu schaffen, «kräftig und nach außen hin allein das ganze Volk und Land repräsentierend, das aber wieder nach innen den einzelnen Ländern und ihren Fürsten recht viele Freiheit lässt, sich nach ihrer Eigentümlichkeit auszubilden und zu regieren». (379) Ernst Moritz Arndt entwarf einen Bauplan für einen monarchischen deutschen Einheitsstaat mit eigenen Streitkräften, Gesetzen und repräsentativen Institutionen.

Solche Produkte der literarischen Phantasie machten freilich keinen großen Eindruck auf die Diplomaten, die sich 1814 und 1815 zu Friedensverhandlungen in Wien versammelten. Sie beließen es im Interesse des europäischen Machtgleichgewichts bei der Aufteilung Deutschlands zwischen den beiden großen Monarchien Österreich und Preußen, den Königreichen Sachsen, Hannover, Württemberg und Bayern, den Großherzogtümern Baden und Hessen, den Freien Städten Hamburg, Bremen, Lübeck und Frankfurt und 27 weiteren Kleinfürstentümern, die im Deutschen Bund zusammengeschlossen waren, einem Gebilde mit eher symbolischer als praktisch-politischer Funktion. Diejenigen, die für eine nationale Einheit eintraten, waren enttäuscht; einer von ihnen, Wilhelm von Humboldt, erklärte 1815, niemand werde Deutschland je davon abhalten können, «ein Staat und eine Nation sein zu wollen». Der Wunsch, wenn nicht nach Einheit, so doch nach einer Art von Verbundenheit, werde «in jedem Herzen und Hirn lebendig bleiben».

In den Jahren der allgemeinen politischen Reaktion, die auf den Wiener Kongress folgten, sollte sich diese Voraussage bestätigen: Heimkehrende Kriegsveteranen machten sich den Nationalgedanken ebenso zu eigen wie Universitätsstudenten und die wachsende Zahl derjenigen Teilnehmer, die am öffentlichen Leben teilhatten, die sich als Liberale verstanden und ihrer Selbsteinschätzung nach den Fortschritt, das bewegende Element in der Geschichte und nicht zuletzt auch die wahren Interessen des deutschen Volkes verkörperten. Die 1830er und 1840er Jahre erlebten die Entstehung von Beziehungsnetzen zwischen Reformorientierten und von Vorläufern politischer Parteien. Die sozialen und wirtschaftlichen Probleme der 1840er Jahre und die Ausbreitung des Liberalismus in der europäischen Nachbarschaft (etwa in der Schweiz und in Frankreich) spornten diese Kräfte zu dem Versuch an, durch einen revolutionären Kraftakt zu versuchen, ihre Visionen von politischer Freiheit und nationaler Einheit durchzusetzen. Dass sie damit Schiffbruch erlitten, lag nicht, wie oft behauptet worden ist, an mangelnder Willens- oder Tatkraft auf Seiten der Revolutionäre. Das grundlegende Problem war wieder einmal die Zersplittertheit des Landes. Wie Sheehan schreibt:

Viele Deutsche waren bereit und willens, sich politisch zu engagieren und dabei sogar erhebliche Risiken auf sich zu nehmen, doch sie fanden keine Mittel und Wege, ihre Tatkraft in Organisationen einzubringen, die mächtig genug gewesen wären, um entscheidende Siege über die alte Ordnung zu erringen. Politische Auseinandersetzungen über Ziele und Strategien trugen ebenso wie soziale Konflikte oder religiöse und regionale Differenzen zum Zerfall einer Massenbewegung in konkurrierende Gruppen und Grüppchen bei. Ergänzt – und oft auch verstärkt – wurde diese Zersplitterung durch die unterschiedlichen gewachsenen Formen des politischen Lebens in den einzelnen deutschen Staaten.

Der Hegel-Biograph Rudolf Haym charakterisierte die 1850er Jahre, die auf die gescheiterte 48-Revolution folgten, als eine Periode, die gelernt habe, sich «poetische Irrungen und romantische Wirrungen» zu verkneifen, zumal sie sich «von unaufgelösten Widersprüchen und komplizierten praktischen Aufgaben umzingelt» (803) sehe. So war es kein Zufall, dass in diesem Jahrzehnt, als man zur Kennzeichnung der Politik von Staatsmännern eines neuen Typs der Begriff «Realpolitik» erfand, viele der idealistischen jungen Kämpfer von 1848 die Politik mit dem Geschäftsleben vertauschten, dass ein kräftiges Wirtschaftswachstum, wie Harold James geschrieben hat, «entscheidend für die Sicht der Deutschen von sich selbst»[1] wurde und dass Gustav Freytags Roman *Soll und Haben* rasch zu einem Bestseller avancierte. Die Politik kehrte wieder in die Hände solcher Männer wie Felix zu Schwarzenberg (der als österreichischer Premier die ungarische Revolution niederschlug), Camillo Cavour und Otto von Bismarck, den Praktikern des Regierungsgeschäfts, die in der Schwächung des internationalen Systems nach 1848 eine Chance sahen, ihre Macht und die der Staaten, in deren Dienst sie standen, auszubauen und die über die Fähigkeiten verfügten, die einem neuen Zeitalter von Blut und Eisen entsprachen. Das politische Geschehen in Deutschland war jetzt durch eine zunehmende Polarisierung gekennzeichnet, und ein Waffengang zwischen Österreich und Preußen rückte unaufhaltsam näher.

Das vorletzte Kapitel von Sheehans Buch, das vom österreichisch-preußischen Krieg handelt, trägt den Titel «Der deutsche Bürgerkrieg», angeregt vielleicht durch den bitteren Ausspruch des österreichischen Dramatikers Grillparzer: «Ihr glaubt, Ihr habt ein Reich geschaffen, und habt doch nur ein Volk zerstört». Sheehan geht in seiner Sympathie für Österreich vielleicht eine Spur zu weit, wenn er die These vertritt, die Österreicher seien nahe daran gewesen, die entscheidende Schlacht des Krieges zu gewinnen – eine Behauptung, die wesentlich abgeschwächt wird durch das Argument, ein anderer Ausgang der Schlacht bei Königgrätz wäre möglich gewesen, wenn «die Österreicher etwas besser bewaffnet gewesen oder besser geführt worden oder ein bisschen mehr vom Kriegsglück begünstigt gewesen wären». Dazu passt, dass er es an Anerkennung für die kühne und durch ihren Erfolg gerechtfertigte Strategie des preußischen Feldmarschalls Helmuth von Moltke fehlen lässt.

Der Ausschluss Österreichs aus dem Deutschen Reich hatte sicherlich einige gravierende Folgen, war aber eine logische Konsequenz der überholten absolutistischen Regierungsform Österreichs, das überdies seit 1848 eine irrationale und extravagante Außenpolitik betrieben und es versäumt hatte, eine in sich schlüssige Deutschlandpolitik zu entwickeln. So richtig es ist, dass die Mehrzahl der deutschen Liberalen 1866 den preußischen Kurs ablehnten, so problematisch wäre die These, ihre Sympathie habe der habsburgischen Seite gehört; denn man sollte nicht vergessen, dass die Liberalen, die «Kleindeutschen», 1848 dafür gestimmt hatten, Österreich aus dem künftigen Deutschen Reich auszuklammern.

II

Wer war der Mann, der mit seiner Diplomatie den Weg zu diesem Sieg ebnete? Als Otto von Bismarck in den ersten Julitagen 1866 aus Berlin abreiste, um sich an die Front zu begeben, war er, um es gelinde auszudrücken, ein unpopulärer Mann. Als er zurückkehrte, hatte sich die Wetterfahne der öffentlichen Meinung zwar nicht vollständig gedreht, doch es gab Anzeichen dafür, dass Bismarck selbst bei den Liberalen Sympathie zu gewinnen begann. Theodor Mommsen ließ sich zu einem Kommentar hinreißen, den er später bedauern sollte: Er sei glücklich, einen Moment erleben zu dürfen, in dem «die Geschichte um die Ecke biegt». Deutschland habe jetzt eine Zukunft, «und diese Zukunft wird von Preußen beherrscht sein». (376) Andere führende liberale Köpfe zeigten sich nicht weniger beeindruckt von den Aussichten, die der Sieg von Königgrätz eröffnete, wenngleich ihnen der Gedanke, dieser Sieg könne zu einer völligen Wiederherstellung der alten Herrschaftsverhältnisse im Königreich Preußen führen, einige Sorgen bereitete.

Hier unterschätzten sie (nicht zum letzten Mal) ihren alten Antipoden, den preußischen Junker, von dem Friedrich Wilhelm IV. gesagt hatte: Bismarck ist «ein roter Reaktionär, riecht nach Blut». (106) Seit seiner Ernennung zum preußischen Ministerpräsidenten im September 1862 hatte Bismarck die Versuche der Liberalen, die Prärogativen der preußischen Krone zu beschneiden, stets unversöhnlich abgeschmettert und dabei auch keinen Augenblick gezögert, gegen die preußische Verfassung zu verstoßen; seine Provokationen an die Adresse der Liberalen liefen im Grunde auf die Empfehlung hinaus, sie sollten doch, wenn es ihnen mit ihren Zielen ernst sei, wieder auf die Barrikaden gehen. Jetzt jedoch erklärte er zu ihrer nicht geringen Verblüffung, die Regierung sei bereit, eine Verständigung mit der liberalen Opposition im Parlament zu suchen und bei der Bewältigung der anstehenden Aufgaben mit ihr zusammenzuarbeiten.

Die Erklärung, die Lothar Gall für diese scheinbare Kehrtwende gibt, berührt den Kern des Bismarckschen Politikverständnisses. Im ersten Band seiner Bismarck-Biographie, der eingängigsten und souveränsten Darstellung der Laufbahn dieses preußischen Staatsmannes, die bis heute vorgelegt worden ist, schildert Gall die kurze juristische Lehrzeit, die Bismarck als Vorbereitung für die Aufnahme in den Staatsdienst absolvierte, den einseitigen Abbruch dieses Praktikums mit der Begründung, er wolle entweder seine eigene Musik oder gar keine machen, und seine Rückkehr auf das in Pommern gelegene elterliche Landgut; seine religiöse Selbstbekehrung zu einem unerschütterlichen Vertrauen in einen personifizierten Gott, seinen während der Revolution von 1848 gefassten Entschluss, Berufspolitiker zu werden, und seine darauffolgende Karriere als Parlamentarier und als Gesandter beim Frankfurter

Bundestag, in St. Petersburg und in Paris. Seine Ernennung zum Ministerpräsidenten erfolgte in einer kritischen Phase der Entwicklung Preußens, in der der König, ausgelaugt von der anhaltenden parlamentarischen Krise und bereits mit dem Gedanken an einen Rücktritt spielend, den Entschluss fasste, die liberale Opposition mittels einer dynamischen und erfolgreichen Außenpolitik, die an ihre nationalen Instinkte appellieren würde, in die Knie zu zwingen.

Hinter dem Wirken Bismarcks stand, wie Gall deutlich macht, vom ersten Augenblick an ein ehrgeiziges Streben nach Macht für sich selbst und sein Land; das Jahr 1866 zeigte ihn auf dem Höhepunkt seiner politischen Kreativität und Produktivität, entschlossen, jede Chance, die sich aus dem Lauf der Dinge ergab, am Schopf zu packen (gemäß einem seiner Lieblings-Sinnsprüche: *unda fert nec regitur*: Eine Welle lässt sich reiten, aber nicht lenken) und nur an dem einen Ziel orientiert, die eigene Autorität und die des Staates, dem er diente, zu stärken. Im Zeichen eines machtbesessenen Opportunismus, der nicht selten auf einen Mangel an Grundsätzen hinauslief, wandte er sich nach Königgrätz den Liberalen zu, weil sie ihm etwas geben konnten, das von den Konservativen und vom Hof, die sich beide an die Vergangenheit klammerten, nicht zu erwarten war, weil er für die Errichtung der Fundamente eines neuen Deutschland eine parlamentarische Mehrheit brauchte und weil er, wie Gall schreibt, «schon sehr früh [sah], dass eine bestimmte politisch-gesellschaftliche Konstellation, ein Gleichgewichtszustand zwischen den Kräften und Mächten der Vergangenheit und jenen, die sich im Zuge eines grundlegenden wirtschaftlichen und sozialen Wandlungsprozesses neu entfalteten, die Macht des Staates, der politischen Exekutive und ihres Chefs außerordentlich begünstigten». (382)

Der Vorwurf, mit einem solchen Kurs seinen politischen Widersachern in die Hände zu spielen, ließ Bismarck vollkommen kalt. Worauf es ihm ankam, war die Errichtung einer institutionellen Basis, von der aus er die neue Lage zu seinem und Preußens Vorteil manipulieren und ausnutzen konnte, und getreu dieser Überlegung ging er daran, mit Unterstützung der neuen Nationalliberalen Partei den Norddeutschen Bund ins Leben zu rufen und zu organisieren, der – nach dem siegreichen Krieg gegen Frankreich – entscheidenden Einfluss auf die Gestaltung des 1871 gegründeten

Reichs nehmen sollte. All dies repräsentierte nichts Geringeres als eine Revolution von oben, und hieraus erklärt sich, weshalb Gall Bismarck den «weißen Revolutionär» nennt.

Das Reich, das sich in den darauffolgenden zwanzig Jahren unter Führung Bismarcks entwickelte, zeichnete sich durch sämtliche äußeren Merkmale der Modernisierung aus: nationale, wirtschaftliche, kulturelle und rechtliche Einheit, eine stark wachsende Industrie, der ein bürokratisch-interventionistischer Staat zunehmend größere Entfaltungsmöglichkeiten verschaffte, eine Sozialpolitik, die fortschrittlicher war als irgendwo anders in der westlichen Welt und eine Außenpolitik, die maßgeblich dazu beitrug, ein rationales, ideologiefreies internationales System herbeizuführen, das auch dem Reich zunehmend nationale Sicherheit bescherte. Doch gerade die Kombination aus alten und neuen Elementen, die das Konstruktionsprinzip des Reiches war, erwies sich von Anfang an als Quelle wiederkehrender Strukturmängel. Politisch handelte es sich um eine schwierige Mixtur aus konstitutionellen und absolutistischen Versatzstücken, ein parlamentarisches System, das den Parteien keinen wirklichen Einfluss auf die politischen Entscheidungsprozesse gewährte und die monarchische Prärogative so ungeschmälert ließ, dass einer unverantwortlichen Machtausübung der Herrscher Tür und Tor geöffnet war, wobei es zu den schlimmsten Machtmissbräuchen allerdings erst nach der Entlassung Bismarcks kam.

Dass die Nationalliberalen so willfährig an der Gründung des Reichs mitwirkten, erklärt sich nicht zuletzt aus der Euphorie, die sich nach dem Sieg über Frankreich verbreitete. In der Folgezeit wurden sie kritischer und erhoben Forderungen, die auf eine Begrenzung der Machtbefugnisse Bismarcks und des Staates als ganzen hinausliefen; der Kanzler sagte sich daraufhin von ihnen los und suchte seinen parlamentarischen Rückhalt in neuen politischen Kombinationen. Die parlamentarische Mehrheit, die er brauchte, um sich das Vertrauen des Monarchen zu erhalten, war zunehmend schwerer zu finden, und da Bismarck, wie Gall betont, keine «Reichsidee» verkörperte, mit der er die Deutschen hätte inspirieren können, sondern nur die Macht und deren Manipulation im Sinn hatte, musste er immer wieder versuchen, seine Position durch plötzliche Frontenwechsel, *coups de théâtre,* das Schüren internationaler Krisenherde, durch Attacken auf Gruppen und Parteien, die er kurzerhand zu «Reichsfeinden» erklärte, oder durch die Androhung drastischer Verfassungsänderungen zu festigen. Mit einer Hydra von Problemen konfrontiert, die er mit seinen Methoden nicht mehr zu bewältigen vermochte, verwandelte sich der «weiße Revolutionär» schließlich, wie Gall konstatiert, in einen «Zauberlehrling, der die auch von ihm selbst geweckten Kräfte der Zukunft mit vergeblichen Beschwörungsformeln zu bannen versuchte». Am Ende machte der alte Herr, wie ein englischer Historiker geschrieben hat, den Eindruck, leicht derangiert zu sein, und der neue Kaiser Wilhelm II., der ohnehin eigene Vorstellungen hatte, entließ ihn.

Gall lässt keinen Zweifel daran, dass die Politik Bismarcks in den Jahren, in denen er sich auf dem Gipfel seines politischen Wirkens befand, «den historischen Prozess zeitweise enorm [beschleunigte] und in stürmischem Tempo das [herbeiführte], was wir abkürzend die moderne Welt nennen». (729) Sein abschließendes Urteil über ihn fällt dennoch streng aus. Bismarck habe ein lediglich pseudo-konstitutionelles System geschaffen und alle Versuche abgeschmettert, der Macht der Krone und des Militärs vernünftige Fesseln anzulegen. Infolgedessen habe «das Reich, so wie Bismarck es geschaffen habe, ... nicht nur die geschichtlichen Möglichkeiten der deutschen Nation verengt. Es habe die Nation selber verformt und sich damit in seinen negativen Konsequenzen gleichsam verewigt.» (707) Die Regierungszeit Wilhelms II. sollte zeigen, in welch fatalem Ausmaß dies zutraf.

III

Kurz vor seinem Lebensende schrieb der Historiker Theodor Mommsen, der sich nach dem preußischen Sieg von 1866 so enthusiastisch über die Zukunft Deutschlands geäußert hatte: «In meinem innersten Wesen, und ich meine, mit dem Besten, was in mir ist, bin ich stets ein animal politicum gewesen und wünschte ein Bürger zu sein. Das ist nicht möglich in unserer Nation.»

Diese «innere Entzweiung mit dem Volke, dem ich angehöre», habe ihn zu dem Entschluss gebracht «mit meiner Persönlichkeit, soweit mir dies irgend möglich war, nicht vor das deutsche Publikum zu treten, vor dem mir die Achtung fehlt.» (17) Seine Erben, fügte der Autor der *Römischen Geschichte* hinzu, sollten diese seine Empfindungen respektieren und niemandem außer den Mitgliedern der Familie Zugang zu seinem privaten Nachlass gewähren.

Diese Episode, die Lothar Gall an den Anfang seines Buches über das Bürgertum in Deutschland stellt, erinnert an Bemerkungen über den Unterschied zwischen dem französischen Begriff *citoyen* und dem deutschen Ausdruck «Bürger», die Robert Minder in einem seiner brillanten Essays über französische und deutsche Kultur angestellt hat. Nach Minder ist der Citoyen ein eindeutig definierter Begriff und bezeichnet ein aktives Mitglied eines politischen Gemeinwesens, während der «Bürger» ein eher verschwommener Begriff ist, der unter gewissen Bedingungen dasselbe bedeutet wie *citoyen*, ein andermal aber auch einfach einen *bourgeois* oder etwas Dazwischenliegendes bezeichnet.² In einem der Revolutionslieder von Ferdinand Freiligrath aus dem Jahr 1848 singt der «gute Bürger»:

> Du sollst, verdammte Freiheit, mir
> Die Ruhe fürder nicht gefährden!
> Lisette, noch ein Gläschen Bier!
> Ich will ein guter Bürger werden.

Hier ist eindeutig nicht der Typ Bürger gemeint, der Mommsen sein ganzes Leben über als Ideal vorschwebte, ebensowenig aber auch der Typus, über den er sich mokierte; die von Freiligrath porträtierte Figur ist ein Kleinbürger, während das Objekt des Mommsenschen Zorns jenes Bürgertum ist, das Gall so definiert:

> [Jene] Schicht von Kaufleuten und vorindustriellen «Unternehmern» unterschiedlichster Art, von Beamten, Angehörigen der freien Berufe und «Gebildeten» in den verschiedensten Stellungen, deren Mitglieder ihre wirtschaftliche und vor allem auch gesellschaftliche Stellung zunächst im wesentlichen ihrer individuellen Leistung und Initiative verdankten. Teils aus dem alten Stadtbürgertum, teils aber auch aus ganz anderen sozialen Gruppen aufsteigend, suchten sie dieses die Stände übergreifende Prinzip individueller Leistung und Qualifikation schließlich – in mehr oder weniger ausgeprägter Opposition zu der überlieferten geburtsständisch-korporativen Ordnung – zum Hauptprinzip aller wirtschaftlichen, gesellschaftlichen, politischen und geistig-kulturellen Ordnung zu erheben. (21 f.)

Das war also eine neue Leistungselite, die mit der alten, durch Geblüt definierten Elite wetteiferte und die, weil der Anspruch ihrer Leistungsphilosophie so umfassend war, letzten Endes in alle Lebensbereiche eine neue, revolutionäre Dynamik hineintrug. Im Vergleich zu ihren Pendants in den Ländern Westeuropas war die deutsche Leistungselite über lange Zeiträume hinweg eine sehr kleine Gruppe, so dass hier eine Machtteilung mit dem grundbesitzenden Adel oder ein Zusammenwachsen mit dessen Lebensstil und Mentalität, wie es sich in England vollzog, vorderhand nicht möglich war. Bis weit ins 19. Jahrhundert hinein war diese Elite sogar ganz im Gegenteil von einer ausgesprochen antiaristokratischen Einstellung durchdrungen und legte großen Wert auf ihre Verbundenheit mit anderen gesellschaftlichen Gruppen. In diesem Sinn definierte sie sich selbst als «Mittelstand», angesiedelt zwischen dem Adel und der ländlichen Bevölkerungsmehrheit, als Vorhut jener bürgerlichen Gesellschaft, in der nach und nach alle anderen gesellschaftlichen Gruppen aufgehen würden, als Verkörperung der neuen Gesellschaft und der im Werden begriffenen Nation.

Dieses ideologische Selbstverständnis verlieh dem deutschen Bürgertum, wie es bei Gall heißt, einen idealistischen Elan, der seinen Niederschlag nicht zuletzt in bemerkenswerten künstlerischen Hervorbringungen und wissenschaftlichen Errungenschaften fand und sich in allen Aspekten der deutschen Kultur widerspiegelte. Während das Bürgertum auf diese Weise einen bedeutsamen Beitrag zum Stil der modernen Zeit leistete, wurde es von seinem Ehrgeiz sogleich in politische Konflikte und Gewissenskrisen verwickelt, in denen es seine Zielvorgaben durchkreuzt sah und seine Ideale begraben musste. Am Ende opferte es all seine Ideen den Imperativen des Bismarck-Wilhelminischen Systems und degenerierte zu einem Bürgertum ohne Standesbewusstsein, das die äußeren Attribute des früher bekämpften Adels nachäffte und sich jene irrationale Anbetung depravierter Werte und jenen politischen Fetischismus zu eigen machte, den Mommsen anprangerte.

Lothar Gall hat in diesem fesselnden Buch als Historiker das nachvollzogen, was Thomas Mann als Romanautor mit seinem Roman «Buddenbrooks» vollbracht hat: den Aufstieg und Fall des deutschen Bürgertums am Beispiel der Geschichte einer einzelnen

Familie zu schildern. Die von Mann porträtierten Buddenbrooks repräsentierten die hanseatische Patrizierwelt Lübecks; die Bassermanns, deren Familiengeschichte Gall über neun Generationen hinweg verfolgt, begannen ihren Aufstieg in der Zeit nach dem Dreißigjährigen Krieg im hessischen Hanau, von wo sie ihren Sitz im 18. Jahrhundert nach Heidelberg und schließlich nach Mannheim verlegten. Mit großem Fleiß, dem Blick für den jeweils chancenreichsten Weg und mit vorteilhaften Heiraten schafften sie den Aufstieg aus dem Milieu der kleinen Gewerbetreibenden, Müller und Gastwirte, zu finanzieller Unabhängigkeit und einer führenden Rolle in der expandierenden Geschäftswelt ihrer Stadt, mit Beteiligungen an Textilunternehmen, Weinhandelshäusern und an der Eisenindustrie.

Mit dem Wohlstand kam ein verstärktes bürgerschaftliches Engagement auf: Die Bassermanns entwickelten großes Interesse für das Schulwesen und das Musikleben Mannheims sowie für das Mannheimer Nationaltheater, an dem 1782 Schillers *Die Räuber* uraufgeführt wurde. Über eine eigene Loge in diesem Theater zu verfügen, gehörte für eine erfolgreiche bürgerliche Familie zum guten Ton. (Das Interesse der Familie Bassermann am Theater ging zuweilen bis zur aktiven Mitwirkung: Ernst Bassermann ließ im späten 19. Jahrhundert seine Juristenlaufbahn sausen, um Schauspieler zu werden, und brachte es schließlich zum hoch angesehenen Direktor des Mannheimer Nationaltheaters. Sein Neffe Albert Bassermann war in der Weimarer Zeit ein führender Film- und Bühnendarsteller und spielte nach seinem Weggang aus Nazideutschland in den 1930er Jahren bedeutende Charakterrollen in Hollywood-Filmen.)

Die Bassermanns waren keineswegs frei von Klassendünkel. Als Friedrich Ludwig Bassermann sich zu Beginn des 19. Jahrhunderts, einer Mode der Zeit folgend, ein Familienwappen ausdachte, entschied er sich, in dieses auch das Bild eines Mannes mit einer Brezel aufzunehmen, weil der erste Bassermann ein Bäckergeselle gewesen war; darunter setzte er das Motto: «Sey dein eigner Herr und Knecht, das ist des Mittelstandes Recht.» Dieser Stolz auf die Unabhängigkeit des Mittelstandes und die idealistische Hoffnung, in Deutschland eine freie und einträchtige Gesellschaft hervorbringen zu können, motivierten die Familie dazu, sich in die politischen Auseinandersetzungen der 1840er Jahre einzumischen;

Friedrich Daniel Bassermann, ein Enkel des Heidelberger Gastwirts, wirkte im badischen Parlament als Wortführer einer gemäßigt liberalen Gruppierung und gehörte während der Revolution von 1848 der Nationalversammlung an.

Die kontraproduktive Militanz der Revolution in Baden und das Scheitern der Nationalversammlung stürzten nicht nur Friedrich Daniel Bassermann in die Resignation (er nahm sich 1855 das Leben), sie zerstörten in der Folge auch den Glauben des deutschen Bürgertums daran, dass es ihm bestimmt sei, eine neue Gesellschaft aus der Taufe zu heben. Das Jahr 1848 markierte den Beginn einer langwierigen Krise des Bürgertums, die Gall in den abschließenden Kapiteln seines Buches eindrucksvoll beschreibt. Die diesen Prozess verkörpernde Figur war Friedrich Daniels Neffe Ernst Bassermann, der starke Mann der Nationalliberalen Partei im Reichstag während der Regierungszeit Wilhelms II. Er, der in Mannheim dem exklusiven Kunstverein vorstand, der Harmonie-Gesellschaft angehörte, als Mäzen das Theater förderte, in zahlreichen Firmenvorständen saß und in seiner Freizeit Herrenreiter war, lebte in der vornehmsten Wohngegend der Stadt und verbrachte seine Ferien an der Riviera, auf Sylt oder in anderen Badeorten, die eben in Mode waren. Von der Idee einer klassenlosen bürgerlichen Gesellschaft hatte er sich schon lange verabschiedet. Das kam auch in seinem politischen Handeln zum Ausdruck, ließ er es doch, wie der führende christlich-soziale Politiker Friedrich Naumann einmal sagte, kein einziges Mal zu, dass seine Partei einer Parlamentsresolution zustimmte, die Kritik am Kaiser enthielt oder für die die Sozialdemokraten votierten. Deren Fraktionschef August Bebel rief Bassermann einmal im Reichstag spöttisch zu: «Dass Herr Bassermann vor jeder revolutionären Bewegung eine gewisse Angst hat, dafür kann er nicht, die ist ihm vererbt. Die Bassermannsche Familie galt schon zur Revolutionszeit in Baden als eine solche, die vor den revolutionären Vorgängen heillose Angst hatte.» (455)

Das war unfair, denn 1848 hatten sich die Bassermanns, wie die ganze Gesellschaftsschicht, die sie repräsentierten, noch als Teil der vorwärts drängenden Kräfte in der Gesellschaft gesehen. Zu dem Zeitpunkt, als Wilhelm II. den Thron bestieg, war das Bürgertum vom größten Teil der Gesellschaft ebenso gründlich abgeschnitten wie die Aristokratie, und seine politische Philosophie war so steril wie die Manifeste der von Bassermann geleiteten Partei, die die stereotype Beteuerung enthielten: «Wir werden uns nicht tragen lassen von einem Radikalismus, der die Dämme durchbricht und den eindringenden Fluten das Fundament, das Bismarck gelegt, preisgibt.» (436)

IV

Christian Graf von Krockows Buch *Die Deutschen in ihrem Jahrhundert,* das in Deutschland nicht wenig Furore gemacht hat, ist kaum geeignet, jene zu beruhigen, denen das Tempo, mit dem das Land auf ein neues 1871 zugerudert ist, Sorgen bereitete. Nachdem der Autor den Gang der deutschen Geschichte von der Thronbesteigung Wilhelms II. bis zum Tod Adolf Hitlers nachgezeichnet und über die politische Irrationalität und die verbrecherischen und unmenschlichen Züge, die sie gekennzeichnet haben, räsoniert hat, gelangt er zu dem Schluss:

Es gibt, so scheint es, Gebilde aus Menschenhand, Staatsgründungen darunter, auf denen von Anbeginn ein Fluch lastet. Die Götter wenden sich ab und überlassen ihren Platz den niederen Dämonen. Das Reich von 1871, der deutsche Nationalstaat gehörte zu diesen Gebilden. ... [Er krankte an einem] doppelten Verhängnis. Zu groß und zu leistungsmächtig war das neudeutsche Reich, um sich ins europäische Gleichgewicht noch zuverlässig zu fügen, zu beschränkt jedoch, um wirklich Weltmacht zu werden: Das war des Fluches erster Teil. Und der Versuch, das Selbstbewusstsein einer Nation auf Herrschaft und Hierarchie statt auf Freiheit und Gleichheit, also im Gegenentwurf zur europäischen Zivilisation zu begründen: Das war sein anderer Teil. (289)

Dem ersten Teil dieses Fluches hätte man durch eine Außenpolitik entgegenwirken können, die in ihren Zielen bescheiden und in ihrem Geist kooperativ gewesen wäre, doch des Fluches zweiter Teil verhinderte eine solche Politik. Warum es dem Deutschen Reich der Nach-Bismarck-Ära bei all dem Großen, das es in Kunst und Wissenschaft hervorbrachte, an Selbstbewusstsein gefehlt haben sollte, ist schwer zu verstehen, aber es bestehen wohl kaum Zweifel daran, dass dem so war. Das zeigte sich etwa an der exzessiven und irgendwie übereifrig wirkenden Begeisterung, mit der jedes Jahr der neue Nationalfeiertag des Landes begangen wurde, der dem Gedenken an den Sieg über Frankreich 1870 gewidmete

Sedanstag. Es zeigte sich aber auch an der Tatsache, dass Deutschland das einzige Land in Europa war, in dem Kabinettsmitglieder und ihre Stellvertreter in Uniform und mit umgeschnalltem Säbel ins Parlament kamen, und es zeigte sich nicht nur an den Reden des neuen Kaisers, sondern auch an denen führender geistiger Würdenträger. In diesem Zusammenhang interessant ist die Rede, die Wilhelm II. im Februar 1892 vor dem Brandenburgischen Provinziallandtag hielt – jene sonderbare Ansprache, in der der Kaiser Gott den Herrn in den Generalsrang erhob und ihm das Attribut «unser Alliierter von Rossbach und Dennewitz» (18) beigab – mit der Antrittsvorlesung Max Webers im Mai 1895 an der Universität Freiburg zu vergleichen. Beide Männer sahen offenbar in den seit 1871 verflossenen Jahren so etwas wie eine Jugend- und Lehrzeit und verkündeten, für Deutschland sei es nunmehr an der Zeit, seine Männlichkeit unter Beweis zu stellen.

Unter solchen atmosphärischen Bedingungen war es nicht verwunderlich, dass die wilhelminische Außenpolitik durch Exzessivität und Unzuverlässigkeit gekennzeichnet war, auf keiner klaren Definition des nationalen Interesses fußte, sich durch Auftrumpferei und unvermittelte Rückzüge, ein irrationales Konkurrenzdenken bei gleichzeitiger Furcht vor Isolierung sowie schließlich durch eine «Endzeitpsychose» hervortrat, die zu einer tiefen Schicksalsergebenheit führte. Der oft martialische Schlingerkurs der deutschen Politik schuf im Verein mit dem Flottenbauprogramm der Marineführung und der Aggressivität der deutschen Außenhandelspolitik (die Alfred D. Chandler in seinem Buch über den Manager-Kapitalismus beschrieben hat)[3] jene Atmosphäre, die schließlich zum Ersten Weltkrieg führte. Dieser tragische Konflikt erteilte den Deutschen allem Anschein nach dann nicht einmal eine nützliche Lektion, denn sie suchten die Schuld für die schließliche Niederlage ihres Landes nicht bei denen, die für sie verantwortlich waren, sondern schoben sie der demokratischen Republik, die sich 1919 konstituierte, in die Schuhe. Vom kurzen und unglücklichen Leben der Weimarer Republik weiß Krockow uns nicht viel, das neu wäre, zu berichten, doch er schreibt mit Passion und Einsicht über die «Mauer des Hasses», an der sie zerschellte, und bietet eine große Zahl verblüffender Zitate auf, die illustrieren, welche Rolle das Fortwirken überkommener Pietäten und Illusionen dabei spielte. Leider gab es im Weimarer Deutschland zu wenige, die das

Krankhafte der Situation so scharfsichtig herausgearbeitet haben wie Karl Vossler, Rektor der Universität München, der in einer 1927 gehaltenen Rede sagte:

Immer in neuen Verpuppungen die alte Unvernunft: ein metaphysisches, spekulatives, romantisches, fanatisches, abstraktes und mystisches Politisieren. ... An zahllosen Bier- und Kaffeetischen kann man seufzen hören, wie schmutzig, wie unheilbar unsauber doch alle politischen Geschäfte seien, wie unwahr die Presse, wie falsch die Kabinette, wie gemein die Parlamente und so weiter. Man dünkt sich, indem man also jammert, zu hoch, zu geistig für die Politik. In Wahrheit ist man kleinmütig, bequem, unlustig und unfähig zum Helfen und Dienen am eigenen Volk. Wenn man noch nicht einmal zum Mitläufer taugt, dann freilich ist es schön, sich einzubilden, dass man über den Parteien steht. (144)

Der Mangel an Bereitschaft, sich zu engagieren, war nicht die einzige Ursache für den Untergang der Weimarer Republik. Die Weltwirtschaftskrise förderte den politischen Extremismus und paralysierte das Parteiensystem, der auf den Straßen tobende Bürgerkrieg machte viele deutsche Normalbürger empfänglich für das Versprechen Adolf Hitlers, er werde für Ordnung sorgen und die Deutschen zu einer echten Volksgemeinschaft zusammenschweißen. Die Nationalsozialisten konnten zahlreiche Anhänger für sich gewinnen, indem sie an den romantischen Idealismus junger Deutscher appellierten; das wiederum machte großen Eindruck auf die Reichswehrführung, und einer aus deren Reihen sagte 1932 verzagt «Es ist die Jugendbewegung. Sie ist nicht aufzuhalten.» Unaufhaltsam schien sie in der Tat zu sein, ebenso wie all die Gräuel, die sie über Europa brachte.

Über sie legt Krockow eine mehr als adäquate Rechenschaft ab, obgleich er sein Unvermögen bekennt, das Unbegreifliche begreiflich zu machen, zu erklären, wie Menschen, die im Privatleben brave Bürger waren, sich, kaum dass sie eine Uniform trugen, am Willen zur Macht berauschten und zu Brutalität und barbarischer Grausamkeit fähig waren, wenn sie ihnen befohlen wurden. Er deutet eine Antwort an, indem er auf zwei Bücher verweist: Helmut Plessners *Die verspätete Nation*, das 1935 erstmals herauskam – und dessen zentrale These besagte, die Geschichte habe den Deutschen kein ideelles Selbstwertgefühl vermittelt und sie nicht gelehrt, die Verantwortung für das eigene Handeln höher zu schätzen als den

Gehorsam – und Heinrich Heines *Zur Geschichte der Religion und Philosophie in Deutschland*. In dieser 1835 entstandenen Schrift erinnerte Heine mahnend an «jene brutale germanische Kampflust», die von der Religion nur gezähmt, aber nicht zerstört worden sei. In dem Maß, wie die Macht der Religion dahinschwinde und neue Ideologien an ihre Stelle träten, werde die «Berserkerwut» der alten Germanen wieder erwachen, und dann werde in Deutschland «ein Stück aufgeführt werden …, wogegen die Französische Revolution nur wie eine harmlose Idylle erscheinen möchte». (234) Das ist nicht allzu zwingend und lässt uns weiterhin etwas ratlos vor der Schizophrenie stehen, mit deren Hilfe der «idealtypische» Deutsche wie Krockow ihn nennt, zwischen 1933 und 1945 ein Doppelleben führte.

Weniger typisch waren jene, die ein Doppelleben anderer Art führten: die Angehörigen der deutschen Widerstandsbewegung, die hin und her gerissen waren zwischen ihrem tief empfundenen Patriotismus und ihrer Überzeugung, dass Deutschland den Krieg, den Hitler entfesselt hatte, nicht gewinnen durfte. Zu diesen Männern und Frauen, denen Krockow mit großem Respekt bescheinigt, ihrem Land eine Brücke in die Zukunft gebaut zu haben, gehörte Helmuth James von Moltke, ein Urgroßneffe des Siegers von Königgrätz. Obwohl es ihm aufgrund tief sitzender religiöser Überzeugungen nicht möglich war, mit den Widerstandsgruppen zusammenzuarbeiten, die die Tötung Hitlers planten, arbeitete Moltke unermüdlich daran, Kirchenmänner, Laien und Militärs zu geheimen Besprechungen zusammenzubringen, auf denen Pläne für ein neues Deutschland nach Hitler entworfen wurden. Dafür wurde er schließlich verhaftet und hingerichtet. Moltkes Briefe an seine Frau Freya wurden in Deutschland erstmals 1988 veröffentlicht. Es erscheint mir sinnvoll, eine Passage aus einem dieser Briefe zu zitieren, um einen Eindruck davon zu vermitteln, welche Gewissenskonflikte diesen mutigen Mann und alle Angehörigen des deutschen Widerstands bewegten. Am 26. August 1941 schrieb Moltke:

Die Nachrichten aus dem Osten sind wieder schrecklich. Wir haben offenbar doch sehr, sehr große Verluste. Das wäre aber noch erträglich, wenn nicht Hekatomben von Leichen auf unseren Schultern lägen. Immer wieder hört man Nachrichten, dass von Transporten von Gefangenen oder Juden nur 20 % ankommen, dass in Gefangenenlagern Hunger herrscht, dass Typhus und alle anderen Mangel-Epidemien ausgebrochen seien, dass unsere eigenen Leute vor Erschöpfung zusammenbrächen. Was wird passieren, wenn das ganze Volk sich klar ist, dass dieser Krieg verloren ist, und zwar ganz anders verloren als der vorige? Dazu mit einer Blutschuld, die zu unseren Lebzeiten nicht gesühnt und nie vergessen werden kann, mit einer Wirtschaft, die völlig zerrüttet ist? Werden die Männer aufstehen, die im Stande sind, aus dieser Strafe die Buße und Reue und damit allmählich die neuen Lebenskräfte zu destillieren? Oder wird alles im Chaos untergehen? (278)

Die Antwort Krockows auf die vorletzte Frage ist wohl ein bedingtes Ja – solche Männer traten tatsächlich hervor, zumindest in den westlichen Landesteilen Deutschlands, und in den Jahrzehnten, die auf den Untergang des Nazireichs folgten, befreite sich die Bundesrepublik mit einer Gründlichkeit von den Gespenstern der Vergangenheit, wie es der Weimarer Republik niemals möglich gewesen war, und verwandelte sich in eine stabile Demokratie. Krockow wagt keine Voraussage, was der Zusammenschluss dieser Demokratie mit den 17 Millionen Deutschen, die seit 1933 ununterbrochen unter totalitären Verhältnissen gelebt haben, bewirken wird, auch und gerade im Hinblick auf das deutsche Selbstbewusstsein, das, wie er betont, sogar in der alten Bundesrepublik periodischen Schwankungen ausgesetzt war. Er konstatiert indes, dass der 9. November 1989, der Tag des Mauerfalls, einen Wendepunkt in der deutschen Geschichte markiert, nämlich den Moment der bislang einzigen erfolgreichen Revolution in Deutschland; und er deutet den Wunsch an, dieser Tag möge einmal der Nationalfeiertag eines vereinten Deutschlands werden. Käme es dazu, so könnten die Deutschen an diesem Termin auch die Erinnerung an andere historische Momente pflegen, die gemäß der Mahnung des Bundespräsidenten Richard von Weizsäcker nicht in Vergessenheit geraten dürfen: an den 9. November 1918, an dem der wilhelminische Absolutismus zusammenbrach und der die eigentliche Geburtsstunde der glücklosen Weimarer Republik gewesen ist, den 9. November 1923, an dem Hitler seinen als Fanal für kommende Umwälzungen gedachten Putsch inszenierte, und den 9. November 1938, den Tag der «Reichskristallnacht», der die Endlösung der Judenfrage einläutete.

Die Sache mit dem Reich

In einem 1947 geschriebenen Aufsatz zitierte Thomas Mann eine Bemerkung Nietzsches aus *Jenseits von Gut und Böse*, ein Volk sei «der Umschweif der Natur, um zu sechs, sieben großen Männern zu kommen». Das sei, so schrieb Mann, ein sehr deutscher Ausspruch und zudem einer, dem Deutsche bereitwilliger zustimmen würden als Angehörige irgendeines anderen Volkes auf der Welt, und zwar weil «in Deutschland ... die Größe zu einem undemokratischen Hypertrophieren [neigt], es ist dort zwischen ihr und der Menge eine Kluft, ein ‹Pathos der Distanz›, um Nietzsches Lieblingswort zu gebrauchen, wie es anderwärts in dieser Schärfe nicht vorkommt».[4]

Die von den bedeutendsten Inkarnationen des deutschen Geistes, Luther, Goethe und Bismarck, ausgehende Faszination lag nach Überzeugung Manns vor allem in ihrer «so exorbitanten und vereinsamenden Größe», die ihre Landsleute zu dem Glauben verleitete, die bloße Existenz dieser Geistesgiganten beweise, dass «ein Menschentum höchsten, gewaltigsten Wuchses nur in Deutschland» gedeihen könne. Mann diagnostizierte, dass dies eine Sinnestäuschung sei, die denen, die ihr erlägen, die Möglichkeit nehme, sich von herausragenden begabten Persönlichkeiten ein objektives Bild zu machen; sie neigten stattdessen dazu, solche Leute zu mythologisieren oder zu dämonisieren. Just dies passierte jedoch Mann selbst in einer Passage über Bismarck, die schon oft zitiert worden ist:

Dies Phänomen eines politischen Genies von deutschem Stamm, der in drei blutigen Kriegen das preußisch-deutsche Machtreich schuf und ihm für Jahrzehnte die Hegemonie in Europa sicherte – ein hysterischer Koloss mit hoher Stimme, brutal, sentimental und zu nervösen Weinkrämpfen geneigt..., ein Riese von unergründlicher List und ... zynischer Offenheit der Rede, ... ein Menschenverächter und Menschenüberwinder durch Charme oder Gewalt, Erfolgsmensch, Realist, Antiideologe ganz und gar, eine Persönlichkeit übermäßigen, fast übermenschlichen Formats, die, icherfüllt, alles um sich her zur Begeisterung verknechtete und zittern machte. ...

Sein Blick bei der bloßen Erwähnung eines politischen Widersachers soll der eines zornigen Löwen gewesen sein. Gargantuahaft sein Appetit: zum Abendessen verschlang er einen halben Truthahn, trank eine halbe Flasche Cognac nebst drei Flaschen Apollinaris dazu und rauchte fünf Pfeifen danach. ... Von Luther auch hatte er die Lust und Leidenschaft des Hasses und war, bei allem europäischen Schliff des adeligen Diplomaten, germanisch-antieuropäisch wie jener. ... Revolutionär und zugleich Ausgeburt rückschlägiger Bärenkraft, genau wie Luther, verwirrte er mit dem triumphalen Erfolg seines ausgepichten Machiavellismus das liberale Europa aufs tiefste und verstärkte in Deutschland die untertänige Machtanbetung ebenso sehr, wie er den Glauben an zartere, edlere menschliche Ideen und Werte schwächte.[5]

Das ist eine Beschreibung und keine Erklärung, ein Porträt ohne Hintergrund, das praktisch den Eindruck erweckt, ein Hintergrund sei in diesem Fall nicht nötig, weil das Subjekt, um das es geht, ein autarkes, für äußere Einflüsse unempfängliches Wesen sei. So legitim eine solche Sichtweise für den Literaten sein mag, dem Historiker empfiehlt sie sich nicht; die bedeutendsten unter denen, die das Leben und die Politik Bismarcks studierten, haben denn auch immer versucht, ihn in Bezug zu seiner Zeit zu sehen und die Wechselbeziehung zwischen seiner Politik und den Zeitumständen herauszuarbeiten. Dass anlässlich des 100. Jahrestages der Entlassung Bismarcks aus seinem Amt drei neue Versuche dieser Art erscheinen, überrascht nicht: das lang erwartete dreibändige Werk von Otto Pflanze, Professor für Geschichte am Bard College der University of Indiana; der zweite und letzte Band der Bismarck-Biografie des Ostdeutschen-Historikers Ernst Engelberg (noch während der DDR-Zeit erschienen) und eine große Ausstellung über Bismarck und seine Zeit unter den Fittichen des Deutschen Historischen Museums in Berlin.

I

Dass die Berliner Bismarck-Ausstellung ihre Tore just in dem Augenblick öffnete, in dem der Prozess der Wiedervereinigung der beiden Teile Deutschlands in Gang kam, mag manchen Beobachtern ominös vorgekommen sein. Tatsächlich war es ein Zufall. Als der Planungsausschuss 1987 seine Arbeit aufnahm, war in der Öffentlichkeit viel von den institutionellen Veränderungen die

Rede, die 1992 im westlichen Europa stattfinden sollten, und daraus entstand die Idee, eine Ausstellung über die Wandlungen Europas im 19. Jahrhundert und über die Rolle, die Deutschland dabei gespielt hatte, zu machen. Es schien nur natürlich, das Leben Bismarcks (1815–1898) zur Grundlage der Ausstellung zu machen; damit verband sich jedoch zu keiner Zeit die Absicht, dem Eisernen Kanzler ein neues Denkmal zu errichten. Wie Lothar Gall, selbst Bismarck-Biograph von Rang und historischer Direktor der Ausstellung,[6] in seiner Einführung zum Katalog schreibt, war der Leitgedanke eher der, Bismarck zu entmythologisieren:

Bismarck gleichsam in das 19. Jahrhundert zurückzuführen, in eine Epoche also, die von ihren Bedingungen, in ihren Zwängen und Verflechtungen selbst dem Geschicktesten und Einflussreichsten nur einen relativ begrenzten Spielraum ließ, ist eines der Ziele dieser Ausstellung. Ein anderes ist, jene Bedingungen, Zwänge und Verflechtungen selbst in den Mittelpunkt zu rücken und die Person und ihr Wirken aus ihnen zu erhellen und umgekehrt im Spiegel des Lebensweges dieser einen Person das Übergreifende sichtbar werden zu lassen. (26)

Dass der Akzent auf Europa lag, wurde sowohl aus der Projektbeschreibung als auch an den Inhalten der Ausstellung deutlich. Der österreichische Architekt Boris Podrecca gestaltete sie so, dass der Besucher von einem zentralen Lichthof aus über eine ansteigende Rampe an einer Folge von Bildern und Objekten entlang geführt wurde, die Entwicklung, Wandel und Spannungsfelder der europäischen Gesellschaft zwischen der Schlacht bei Waterloo und der Apokalypse des Ersten Weltkrieges, der ein neues Zeitalter eröffnete, illustrieren sollten. Um diesen Ausstellungskern legte sich ein äußerer Ring, bestehend aus kleineren Räumen, die jeweils einem speziellen Thema gewidmet waren: der Ära Metternich, den – europäischen – Revolutionen von 1848, den nationalen Einigungskriegen der 1850er und 1860er Jahre und der Einigung Deutschlands unter Berücksichtigung seiner neuen europäischen Rolle.

Dank der Energie und des diplomatischen Geschicks der Ausstellungsdirektorin Marie-Louise Gräfin von Plessen stellten 280 Museen und Sammlungen Ausstellungsstücke für das Berliner Projekt zur Verfügung, darunter das Pariser Heeresmuseum, das dänische Nationale Historische Museum in Frederiksborg, die Pinacoteca Brera in Mailand sowie diverse Museen in Florenz, Wien, Versailles und London. Das Resultat war eine Ausstellung, die jedem Besucher, der das Glück hatte sie zu sehen, die Möglichkeit bot, unter einem Dach Meisterwerke der Historienmalerei wie Lanfredinis überwältigende Darstellung der Hinrichtung des revolutionären Priesters Ugo Bassi durch österreichische Truppen 1849 in Bologna, Flandrins Napoleon-Porträt und Giuseppe Pelizza da Volpedos *Fiumana* (eine Vorstudie für sein Monumentalgemälde *Der Vierte Stand*) zu bewundern. Die Internationalität der Gezeigten hob die Vielfalt und die Bandbreite der Epoche hervor: ihr politisches Leben ihre Fortschritte in der Industrialisierung, ihre Entwicklung der sozialen Frage. So wurde der Besucher in die Lage versetzt, die für Preußen siegreich verlaufenen militärischen Konfrontationen der 1860er Jahre auch aus der gegnerischen Warte zu sehen. Besonders beeindruckend waren in dieser Hinsicht Alphonse de Neuvilles eindrucksvoller Gemälde des erbitterten französischen Abwehrkampfs auf dem Kirchhof von Saint-Privat 1870 und ein deprimierendes Foto, das die Folgen des deutschen Artilleriefeuers auf Straßburg im selben Jahr zeigte.

Durch dieses Jahrhundert der politischen Transformationen, des materiellen Fortschritts und der zunehmenden Anwendung militärischer Gewalt bahnte sich Otto von Bismarck seinen Weg, wobei er zunächst versuchte, die Formen des revolutionären Wandels direkt für sich zu nutzen, während er es später, in seinen Jahren als Reichskanzler, nicht ohne Erfolg darauf anlegte, die auf Veränderung drängenden Kräfte in für sein Land vorteilhafte Bahnen zu lenken. Am Ende wurde er, wie viele andere europäische Staatsmänner, zu einer Art Zauberlehrling, überwältigt von Kräften, an deren Freisetzung er selbst mitgewirkt hatte. Die Ausstellung beleuchtete alle Phasen dieses Prozesses. Es gab Räume, die dem preußischen Familienhintergrund Bismarcks und seinem Leben als Großgrundbesitzer gewidmet waren, andere, die sein diplomatisches Debüt in den frühen 50er Jahren in Frankfurt oder seine Außenpolitik als preußischer Minister thematisierten. Später erklärte er bedauernd: «Ohne mich hätte es drei große Kriege nicht gegeben, wären achtzigtausend Männer nicht umgekommen, und Eltern, Brüder, Schwestern, Witwen trauerten nicht. Das habe ich indessen mit Gott abgemacht.»[7]

Weitere Räume präsentierten Material, das die Facetten von Bismarcks peinvoller Beziehung zum Parlament illustrierte, sein beinhartes Vorgehen gegen die sozialistische Bewegung und den politischen Katholizismus, seine wegweisende Politik im Bereich der Sozialversicherung, deren Ergebnisse jedoch so weit hinter seinen Zielvorstellungen zurückblieben, dass er sie in seinen Erinnerungen nicht einmal erwähnte, seine kolonialpolitischen Vorstöße und schließlich – dargeboten in einem der interessantesten dieser Räume – seine Verwandlung in eine nationale Kultfigur, nachdem Wilhelm II. ihn 1890 aus dem Amt entlassen hatte.

Für diejenigen, die sich für das Innenleben dieses großen Mannes interessierten, hielt ein Vestibül zwischen dem zentralen Lichthof und den Themenräumen unter anderem Familienbilder, Schnappschüsse von Bismarck zu Pferde und mit seinen Hunden, zwei Filzhüte, eine Jagdmütze und ein paar jener Riesenstiefel bereit, die er gewohnheitsmäßig trug. Die reichten weit über die Knie hinauf und beeindruckten seine Zeitgenossen so sehr, dass Anton von Werner sie zum Gegenstand eines Stillebens machte. Man sah ferner ein Porträt von Bismarcks Arzt Ernst Schweninger, eine Pillendose der König-Salomo-Apotheke in Berlin mit einem Sortiment täglich einzunehmender Pülverchen, eine Postkarte aus Bad Kissingen, die die Fürst-Bismarck-Personenwaage und die Gewichtsschwankungen des Kanzlers zwischen 1874 und 1893 zeigte, und eine Auswahl seiner Lieblingsbücher, darunter eine zwölfbändige Ausgabe der Werke Shakespeares in der Schlegel-Tieck-Übersetzung, die gesammelten Werke Schillers und Heines und die Gedichte von Uhland, Chamisso und Rückert.

Die Aktualität der Bismarck-Ausstellung mag gewollt gewesen sein oder nicht, sie war jedenfalls unbestritten. Selbst in den Räumen, in denen man Perioden und Themen begegnete, deren Darbietung man unter anderen Umständen als entlegen empfunden hätte, waren Exponate zu sehen, die der heutigen Zeit etwas mitzuteilen hatten. In seinem Einführungsessay für den informativen, mit dutzenden Farbabbildungen prächtig illustrierten Ausstellungskatalog weist Lothar Gall darauf hin, dass aus den Revolutionen von 1848 Kräfte, vorläufige Allianzen, Stimmungen, Symbole und Hoffnungen hervorgegangen waren, in denen Europäer, die die sich überschlagenden Ereignisse von 1989 miterlebt hatten, vermutlich ihre persönlichen Erfahrungen wiedererkennen würden. Die Tatsache, dass die Ausstellung auf der anderen Seite historisch gewordene Staats-, Regierungs- und Gesellschaftsformen ins Bewusstsein zurückholte, die längst untergegangen waren – wie etwa Preußen selbst, die Institution der Monarchie oder die Aristokratie als politische und gesellschaftliche Kraft –, könnte nachdenkliche Besucher auf die Idee gebracht haben, das Verschwinden dieser Erscheinungen sei vielleicht nicht unbedingt als ein historischer Gewinn zu verbuchen, sondern könne eher als etwas begriffen werden, das Probleme und Defizite in der modernen Gesellschaft besonders sichtbar mache.

Von unmittelbarer Relevanz für die Gegenwart war schließlich eine der interessantesten Nischen der Ausstellung, untergebracht in einer vom zentralen Lichthof aus zugänglichen Seitengalerie und dem Thema «deutsche Seelensuche» gewidmet. Hier fand sich eine Reihe symbolischer Verkörperungen deutscher Sehnsüchte und deutscher Volkskunstbestrebungen: die Marienburg als Heimat des Deutschen Ordens, ein Bildnis Luthers in seiner Studierstube, der Kölner Dom, der Kyffhäuser als Refugium des schlafenden Friedrich Barbarossa, ein Hügelgrab unter einer uralten Eiche, gemahnend an Klopstocks Gedicht über Hermann den Cherusker, die Loreley, Hagen von Tronja, der den Hort der Nibelungen im Rhein versenkt sowie mehrere Bildnisse der Germania in voller Rüstung.

Diese Symbole erinnern uns daran, wie viele fehlgeleitete Erwartungen im 19. Jahrhundert durch Verkündigungen einer Erneuerung oder Wiedergeburt Deutschlands geweckt wurden; von Gall erfahren wir, dass Bismarck, der die 1848 proklamierten Einheitsbestrebungen damals noch als «deutsche Phantastereien» abgetan hatte, sie später jedoch für die eigene Politik ausnutzte und immer auf der Hut war vor ihrem explosiven Potenzial. Er versuchte ihnen Zügel anzulegen durch ein staatsmännisches Handeln, das sich einzig aus jener antiideologischen Rationalität herleitete, die er sich als preußischer Diplomat zu eigen gemacht hatte – überdies durch seine nach 1871 ständig wiederholte Versicherung, das Deutsche Reich habe keine territorialen Ambitionen, sondern wisse sich mit seinen europäischen Nachbarn im gemeinsamen Interesse an Zusammenarbeit, wechselseitiger Ergänzung und Frieden einig. Bismarck glaubte also, wie die meisten Deutschen und alle Nachbarn Deutschlands es heute tun, dass die beste Garantie für die Sicherheit eines vereinten Deutschlands seine Mitgliedschaft in einem funktionierenden europäischen Staatensystem sei.

II

Der erste Band von Otto Pflanzes *Bismarck* erschien 1963 in den USA. Das Buch ging aus einer Dissertation hervor, die Pflanze unter Anleitung Hajo Holborns an der Yale University geschrieben hatte. Ihr Thema war die Entwicklung der Reichsverwaltung in der Ära Bismarck gewesen, doch hatte Pflanze nicht lange gebraucht, um zu erkennen, dass der Mann interessanter war als der Staatsapparat, dem er vorstand, und hatte sich ein Konzept für ein Buch über Bismarck als politischen Taktiker zurechtgelegt. Bald war ihm klar geworden, wie schwierig es sein würde, das Thema Realpolitik von Bismarcks Leben und Wirken zu trennen, und so erweiterte er seinen Blickwinkel, worin Holborn ihn durchaus bestärkte. Bismarck hatte oft vom «Strom der Zeit» gesprochen, den nach seiner Überzeugung «der Mensch weder erschaffen noch lenken kann. ... Er kann nur auf ihm reiten und mit mehr oder weniger Geschick und Erfahrung seinen Kurs steuern; er kann Schiffbruch erleiden oder auf Grund laufen, kann aber auch sichere Gestade erreichen.» (15) Von dieser Einsicht beeindruckt, beschloss Pflanze zu ergründen, wie Bismarck es als Staatslenker angestellt hatte, den «Strom der Zeit» zu meistern.

Gesundheitliche Probleme verzögerten dieses Vorhaben und zwangen Pflanze, sein Buch mit der Reichsgründung 1871 enden zu lassen. Als er später mit der Arbeit am Folgeband begann, hatte die neuere Forschung deutscher Historiker eine Fülle von Informationen über die gesellschaftlichen und wirtschaftlichen Aspekte des 1871 gegründeten Reichs zusammengetragen. Pflanze arbeitete dieses Material auf, sah sich aber dann, als die Mauer gefallen war und die Archive in Potsdam und Merseburg zugänglich geworden waren, gezwungen, auch deren Bestände zu sichten. Am Ende war ihm klar, dass er den zweiten Teil seiner Bismarck-Biographie (der inzwischen schon von einem auf zwei Bände angewachsen war) in nicht geringen Maße umschreiben musste – ebenso wie den ersten Teil, den er mit vielen Änderungen und Zusätzen versah. Es ist nicht ohne weiteres ersichtlich, ob das Werk, als Ganzes gesehen, vom

Revisionsfleiß seines Autors profitiert hat. Mir scheint, dass einige Aspekte von Bismarcks Leben und Wirken unverhältnismäßig ausführlich behandelt werden – wenngleich man darüber unterschiedlicher Meinung sein kann –, und dass Bismarck manchen Lesern am Ende des Buches weniger interessant zu sein scheint, als sie anfänglich dachten. Ungeachtet dessen sind diese drei Bände das Beste, was zu diesem Thema in englischer Sprache geschrieben worden ist – das umfassendste und wissenschaftlich Aktuellste allemal und zudem das Lesbarste (viel besser lesbar jedenfalls als Galls Bismarck-Biographie). Dass in absehbarer Zeit etwas Besseres geschrieben wird, ist kaum anzunehmen.

Die Vereinigung der deutschen Staaten unter preußischer Führung – das Hauptthema von Pflanzes erstem Band – war etwas, das in der ersten Hälfte des 19. Jahrhunderts wohl nur den wenigsten politischen Beobachtern als eine realistische Perspektive erschienen wäre. Preußen, seit jeher die schwächste Stimme im Konzert der Großmächte, hatte einiges an Ansehen und Respekt eingebüßt, als sein König Friedrich Wilhelm IV. 1850 unter österreichischem Druck sein Vorhaben, einen engeren Zusammenschluss mit anderen deutschen Staaten zu betreiben, fallen ließ. Der ambivalente und letztlich ineffektive Kurs, den die preußische Regierung in der Zeit des Krimkrieges verfolgte, machte die Sache nicht besser. Wirtschaftlich und finanziell war Preußen zweifellos ein Kraftpaket, handelspolitisch dank des Zollvereins das Zugpferd für die nördliche Hälfte Deutschlands. Seine politische Crux war freilich ein absolutistisches Herrschaftssystem, das sich vehement gegen jede Veränderung sträubte. In einem Deutschland, das sich im Zuge der Industrialisierung tiefgreifend veränderte, lautete nach Auffassung Pflanzes die Frage am Ende der 1850er Jahre zum einen, ob Preußen in der Lage sein würde, «seine wirtschaftliche Spannkraft in politische Muskelkraft zu übersetzen» und zum anderen, «ob die aristokratisch-monarchische Ordnung in Preußen die von der Industrialisierung wachgerufenen neuen sozialen Kräfte in Schach halten konnte», oder um es anders zu formulieren: «ob die alte Ordnung eine politische Führung hervorbringen würde, die das Geschick besäße, ihr Boot unbeschadet durch den aufgewühlten Strom der Zeit zu lenken».

Als der preußische König im September 1862 Otto von Bismarck zum Ministerpräsidenten ernannte, hatte es zunächst nicht den

Anschein, als sei damit eine positive Antwort auf diese Fragen gefunden. Die Ernennung war eher ein Verzweiflungsschritt seitens eines Monarchen, der mit seinem Plan, die Streitkräfte zu reorganisieren, an der liberalen Mehrheit in der Abgeordnetenkammer gescheitert war und den die damit verbundene Lähmung der Regierungsarbeit der Abdankung nahe gebracht hatte. Seinen neuen Regierungschef betrachteten die Liberalen als einen Reaktionär, die Konservativen als einen «verkappten Demokraten»; Vertrauen und Rückhalt genoss er bei keiner Fraktion im Parlament. Gerade deswegen war die Ernennung Bismarcks eine entscheidende Weichenstellung für die Zukunft. Zum einen verhinderte sie, dass Preußen (und in der Folge Deutschland) denselben Weg gehen würde wie Großbritannien, Frankreich, Italien, die Niederlande und die skandinavischen Länder, wo früher oder später das Parlament die Herrschaft über die Exekutive erlangte, denn Bismarck war fest entschlossen, die Prärogativen der Krone gegen parlamentarische Übergriffe zu verteidigen, und mit der Entschlossenheit und Durchsetzungskraft, die er in diesem Punkt bewies, hielt er das System der Machtteilung aufrecht, das, wie Pflanze betont, «zum Ende des Jahrhunderts hin die spezifisch ‹deutsche Form› der konstitutionellen Monarchie wurde». Außerdem begab sich Preußen mit dieser Personalentscheidung auf den Weg zur Hegemonialmacht in Deutschland, denn Bismarck gewann bald die Überzeugung, eine an das Nationalgefühl der Deutschen appellierende Politik sei das wirksamste Mittel, um Lücken in die liberale Opposition zu reißen und sich bei den neuen Unternehmern und Bankiers den Rückhalt zu sichern, den er in Zukunft brauchen würde.

Wie sich die Entwicklung dieser Politik vollzog, ist oft erzählt worden, aber Pflanze schildert sie mit Souveränität und mit einem Detailreichtum, der Erkenntnisgewinn bringt und für ein Mehr an Realitätsbezug sorgt. Sein Kapitel über die diplomatischen Grundsätze Bismarcks, ein Glanzstück der Ausgabe von 1963, das für die Neuausgabe noch einmal bearbeitet worden ist, sollte für alle Praktiker der Außenpolitik Pflichtlektüre sein, denn es hebt auf Bismarcks Erkenntnis ab, die Diplomatie sei so etwas wie ein «Lotteriespiel mit anderer Leute Geld» und müsse daher mit größtmöglicher Ernsthaftigkeit betrieben werden; so wie auch auf Bismarcks These, dass «die Kunst des Möglichen» sich im Grunde auf die Fähigkeit reduziere, aus einer Reihe schlechter Möglichkeiten die relativ beste auszuwählen, – und schließlich seine nachdrücklich vertretene Überzeugung, dass Geduld eine wichtige Tugend sei sowie seine Vorliebe für eine Strategie, die es erlaubte, sich an jeder Wegmarke Alternativen offen zu halten. Der zuletzt genannte Grundsatz ermöglichte es Bismarck nicht nur häufig, Entscheidungen bis zum letzten Moment aufzuschieben, sondern brachte ihn auch oft in eine Position, in der er so viele Optionen in der Hand hatte, dass der Handlungsspielraum seiner Gegenspieler stark eingeschränkt war. Sowohl in der verwickelten Schleswig-Holstein-Affäre (in der Bismarck nach Meinung Pflanzes sein «Meisterstück» lieferte) als auch in der Auseinandersetzung mit Österreich bewährten sich diese Grundsätze. Von der von manchen Historikern vorgebrachten Ansicht, die Dynamik der wirtschaftlichen Kräfte hätte in jedem Fall die nationale Einigung Deutschlands erzwungen, will Pflanze nichts wissen. Er besteht vielmehr darauf, dass wir es hier mit «einem jener Momente» zu tun haben, in denen «eine einzelne Persönlichkeit kraft ihrer Fähigkeit, die in ihrem Zugriffsbereich befindlichen Kräfte zu manipulieren, den Gang der Geschichte und das Leben von Millionen von Menschen beeinflusst hat».

Zu den Opfern der Bismarckschen Manipulationskünste gehörten nicht nur seine Widersacher – die liberale Opposition, die Staatsmänner in Wien und Paris und der König von Bayern, den Bismarck 1871 dazu brachte, dem König von Preußen die Kaiserkrone anzubieten –, sondern auch seine eigenen Botschafter, denen er in vielen Fällen nicht anvertraute, was er wirklich dachte (womit er sicherstellte, dass sie den Regierungen ihrer Gastländer aus voller Überzeugung heraus unannehmbare Vorschläge unterbreiten würden), ja sogar sein eigener Souverän, der König und spätere Kaiser Wilhelm I. Sehr treffend beschreibt Pflanze das Geschick, mit dem Bismarck Wilhelm so lange «einwickelte», bis der den oft beunruhigenden Ratschlägen seines Ministerpräsidenten Folge leistete. «Meine Güte, das ist Revolution!» protestierte der König, als Bismarck forderte, Preußen müsse, um Österreich auszumanövrieren und sich die Unterstützung der deutschen Nationalisten zu sichern, ein nationales Parlament, beruhend auf einem uneingeschränkten Wahlrecht für jedermann, anbieten. Es werde aber kein Schaden sein, antwortete Bismarck, «Eure Majestät werden auf einer Klippe über den Fluten sitzen.»

Beide behielten recht. Bismarck hatte nichts gegen eine Revolution, solange er sie von oben steuern konnte, und das tat er einige Zeit mit sehr großem Erfolg. Andererseits barg das von ihm eingegangene Bündnis mit dem deutschen Nationalismus Gefahren, die ihm nicht verborgen blieben. So hätte just dieser Nationalismus 1870 um ein Haar die Erfordernisse der staatspolitischen Vernunft über den Haufen geworfen, indem er darauf drängte, den Waffengang gegen Frankreich zu einem Vernichtungskrieg auszuweiten; der deutsche Nationalismus war es auch, der die Annektierung Elsass-Lothringens erzwang – mit vorhersehbaren Folgen; und es war eben dieser Nationalismus, der dazu führte, dass Feldmarschall von Moltke und die «Halbgötter» des preußischen Generalstabs zu Objekten einer populären Vergötterung wurden, die Bismarck großes Unbehagen bereitete und dem von ihm geschaffenen Reich am Ende zum Verhängnis wurde.

Eine aufstrebende wirtschaftliche Entwicklung, demographische Verlagerungen und die Konzentration des Finanzmarkts brachten in den Jahren nach 1871 neben dem Selbstbewußtsein der neuen Nation – im Hinblick auf ihre materiellen Fortschritte, ihre Militärmacht und ihre wissenschaftlichen und kulturellen Leistungen – eine Konsolidierung der 1866 und 1871 erzielten Zugewinne. Leider ging die fortschreitende nationale Integration Hand in Hand mit sozialen und ideologischen Verwerfungen und einem nicht unerheblichen Maß an kulturellem Pessimismus in den Reihen der Intellektuellen und Künstler. Bismarcks Bemühen, diese Paradoxie zu überwinden, ist der rote Faden, der sich durch den zweiten und dritten Band der Pflanzeschen Biographie zieht, und weil der Autor der Überzeugung zuneigt, ihre nachhaltigsten Ergebnisse für die weitere Entwicklung Deutschlands habe die Bismarcksche Staatskunst von 1871 an im Bereich der «inneren Angelegenheiten» entfaltet, müssen wir uns mit einer doch ziemlich stark reduzierten Darstellung der Außenpolitik Bismarcks abfinden.

Dabei galt nach dem Friedensschluss von 1871 noch für ein knappes Jahrzehnt, dass die Stellung Deutschlands in Europa alles andere als gefestigt war. Insbesondere in Großbritannien misstraute man den deutschen Absichten, und selbst ein Freund der Deutschen wie Sir Robert Morier äußerte Befürchtungen, die bis in die Wortwahl hinein an britische Reaktionen auf den Fall der Berliner Mauer erinnern. Die ‹einzigartigen Erfolge›, und die ‹absolute Macht, welche die deutsche Nation über Europa errungen› habe, würden ‹den deutschen Nationalcharakter ändern ... und nicht notwendig zum Besseren. ... Arroganz und Anmaßung sind die Eigenschaften, welche unter solchen Umständen von einer teutonischen Rasse wahrscheinlich ausgebildet werden ...› (760)

Man verdächtigte Bismarck, die Hände nach Frankreich und Österreich ausstrecken zu wollen, und als er 1875 eine diplomatische Konfrontation mit Frankreich vom Zaun brach (die zur, wie Pflanze meint, «größten diplomatischen Niederlage seiner ganzen Karriere» [784] führte) und sich von der Idee besessen zeigte, ein Bündnis katholischer Staaten wolle Deutschland einkreisen, schien dies die britischen Befürchtungen zu bestätigen. Erst nachdem er auf dem Berliner Kongress von 1878 so überzeugend die Rolle des «ehrlichen Maklers» gegeben hatte, kehrte im Ausland der Glaube daran zurück, dass das deutsche Bekenntnis zur Politik des Machtgleichgewichts aufrichtig war. Das Vertrauen der europäischen Nachbarn wäre wohl nicht so groß gewesen wie es war, wenn man im Ausland gewusst hätte, dass der beherrschende Einfluss Bismarcks auf die deutsche Politik oft durch die politischen Ambitionen der Militärs gefährdet war (so etwa in der schweren Krise des Jahres 1887) – ein Thema, zu dem Pflanze ruhig etwas mehr hätte sagen können.

Es sind freilich die zunächst so erfolgreichen, am Ende aber fehlgeschlagenen Bemühungen Bismarcks um die Konsolidierung des neuen Reichs und die Stabilisierung seines Regierungssystems gegen die andrängenden Kräfte der Opposition, die das Kernthema dieser Bände bilden; sie sind reich an Informationen darüber, wie er es verstand, die Erfordernisse der Wirtschaft hinsichtlich der Schaffung von Infrastrukturen für das neue Reich zu erkennen und zu befriedigen, wie er es anstellte, den Konflikt zwischen Industrie- und Agrarkapital zu entschärfen (wobei sein Handeln nicht immer uneigennützig gewesen ist, war er doch ein schlauer Verfechter seines persönlichen Vorteils), und welche Motive hinter seiner Wandlung vom Freihändler zum Protektionisten standen, einer Wandlung, die aus Rücksicht auf eine Veränderung der wirtschaftlichen Rahmenbedingungen erfolgte, aber ein allgemeines Hauen und Stechen unter den Interessengruppen auslöste und den Ruf der bis dahin als integer geltenden deutschen Bürokratie beschädigte. Das parlamentarische Ringen, das die Begleitmusik zu diesem Rückfall in den Staatsinterventionismus bildete, wird bei Pflanze ebenso nur gestreift wie die relativ plötzliche Einstellung der Kampagne Bismarcks gegen den Katholizismus im gleichen Augenblick, als seine Attacke gegen die Sozialdemokratie an Schwung gewann.

Die positive Kehrseite dieser Kampagne gegen die Sozialisten, Bismarcks Programm einer staatlich kontrollierten Pflichtversicherung gegen Krankheit und Unfälle sowie einer Rentenversicherung für die Altersvorsorge, war von seinen vielen innenpolitischen Errungenschaften, wie Pflanze anmerkt, die einzige, die bis ins 20. Jahrhundert hinein überdauerte, ohne dass sie aber je das bewirkt hätte, was Bismarck sich von ihr erhoffte, nämlich dem Klassenkampf den Boden zu entziehen und die gravierendste Lücke im sozialen Konsens zu schließen. Das lag daran, dass Bismarck «in zynischer Weise beides überschätzte: die Verführungskraft der materiellen Wohltaten, die die Pflichtversicherung mit sich brachte, und die Fähigkeit des Staatsapparats, eine politische Bewegung zu unterdrücken, die von entschlossenen Leuten geführt und von einem heftigen moralischen Idealismus getragen wurde – dieselbe Fehleinschätzung war ihm schon einmal im Kulturkampf unterlaufen». Es war dieser Berechnungsfehler, der Bismarck auf Konfrontationskurs mit dem jungen Wilhelm II. brachte, der es erschreckend fand, dass sein Kanzler die Bereitschaft andeutete, das vertrackte Problem notfalls durch einen Staatsstreich und die Suspendierung der Verfassung zu lösen, und ihn daraufhin 1890 aus dem Amt entließ.

In die lange und verwickelte Erzählung haben sich, wie bereits angedeutet, etliche aufgeblähte Passagen eingeschlichen. Man fragt sich beispielsweise, warum Pflanze es für nötig hielt, bei der Schilderung der langwierigen Verfassungskrise, die zum Zerwürfnis zwischen dem Kanzler und den Nationalliberalen Ende der 1870er Jahre führte, so sehr ins Detail zu gehen oder auch Bismarcks Bemühen um eine Steuerreform – ein kompliziertes Ringen um eine veränderte Aufteilung der Steuern zwischen dem Reich und den Ländern, das in allseitiger Frustration endete –, bis in den letzten Winkel auszuleuchten. Zu fragen ist ebenso, ob die gesundheitlichen Probleme Bismarcks auf so vielen Seiten ausgebreitet werden mussten. Dass sie schwerwiegender Natur waren und zuweilen seine Urteilsfähigkeit beeinträchtigten, ist seit langem bekannt.

Nach seinem Fehlverhalten bei der versuchten Bewältigung der Krise von 1875 stellte der russische Außenminister Fürst Gortschakow die Diagnose, dass Bismarck deshalb krank sei, weil er «zu viel isst, zu viel trinkt und zu viel arbeitet».[8] Nun hat Pflanze Informationen über die Ess- und Trinkgewohnheiten des Kanzlers zusammengetragen, die die von Thomas Mann beschriebene Menüfolge vergleichsweise als Imbiss erscheinen lassen. So erfahren wir, dass Bismarck, um für die Eröffnung des Berliner Kongresses seinen Kreislauf in Schwung zu bringen, zwei bis drei Biergläser voll schwersten Portweins hinunterschüttete, und werden mit dem wahrhaft schockierenden Bild eines Kanzlers konfrontiert, der im Alleingang eine große Terrine Gänseleberpastete vom Feinkosthaus Horcher in Angriff nimmt.

Der Autor versorgt uns mit so vielen Bestandsaufnahmen des Bismarckschen Gesundheitszustands an bestimmten Stationen seines Lebens, dass wir nach einiger Zeit geneigt sind, am Anfang jedes Abschnitts erst einmal ein ärztliches Bulletin zu erwarten. In welchem Maß freilich die körperliche Verfassung des Kanzlers – oder auch die Kränkungen und Frustrationen, die er wegen seines «narzisstischen Bedürfnisses nach Bestätigung und Dominanz» erlitt und denen Pflanze offenbar ein noch größeres Gewicht beimisst – seine Leistungsfähigkeit tatsächlich beeinträchtigt haben, lässt sich allenfalls mutmaßen, und die Behauptung Pflanzes, im Dezember 1874 habe ein völlig aus dem psychischen Gleichgewicht geratener Bismarck «im Plenarsaal des Reichstags um ein Haar einen Abgeordneten der Opposition ermordet», ist, im Licht der von ihm präsentierten Belege betrachtet, nicht sehr plausibel. Letzten Endes können wir einfach nicht sagen, ob Bismarck etwa im Jahr 1875 anders gehandelt hätte, wenn er direkt aus einem dreiwöchigen Urlaub gekommen und eine strenge Diät befolgt hätte. Was mich betrifft, so hätte ich gerne weniger über die Gesundheitszustände des Reichskanzlers erfahren und dafür mehr über andere Aspekte seiner Persönlichkeit, etwa über seinen Humor, den Theodor Fontane ungeachtet seiner im Mai 1890 geäußerten Erleichterung darüber, «dass wir ihn jetzt los sind»,[9] hinreißend fand, oder vielleicht über seine Überlegungen in der finalen Krise vom Herbst 1890 und die Gründe dafür, dass er sich dabei verrechnete.

Diese Makel, wenn es denn welche sind, werden wenigstens teilweise durch den dreißigseitigen Essay am Ende des dritten Bandes aufgewogen, in dem Pflanze sein abschließendes Gesamturteil über Bismarck, den Bootsmann im Strom der Zeit, niedergelegt hat. Sein Fazit lautet, alle sicheren Gestade, die der Kanzler angelaufen habe, seien nur vorübergehende Aufenthalte gewesen, und letzten Endes sei er von den Tiefenströmungen seines Zeitalters unaufhaltsam gegen die Klippen getrieben worden, an denen sein Boot am Ende zerschellte. Die von ihm durchgesetzten Lösungen für die mit der Konsolidierung eines modernen deutschen Nationalstaats verbundenen Probleme seien allesamt unvollkommen gewesen, mit der Folge, dass schon fünfzig Jahre nach seinem Tod das allermeiste von dem, was er geschaffen hatte, unwiederbringlich untergegangen war. 1879 setzte er sich mit Nachdruck für eine Verständigung zwischen den verschiedenen gesellschaftlichen Eliten und Interessengruppen aus Industrie, Landwirtschaft und Bildungsbürgertum ein, eine Verständigung, die sich seit längerer Zeit angebahnt hatte; er machte sich aber keine Illusionen über ein solches Bündnis, denn es war ihm klar, dass es auf einer zu schmalen Grundlage ruhte und dass «sein Zusammenhalt zu fragwürdig war, als dass es seiner Regierung als Fundament hätte dienen können». Seine Versuche, diese Basis zu verbreitern, scheiterten an seinem persönlichen Naturell und an seiner taktischen Orientierung, «die mehr in die spaltende als in die versöhnende Richtung ging». Dass es ihm andererseits gelang, die Bildungs- und Geisteselite zu einem konservativen Nationalismus zu bekehren, verhinderte noch weit über seine Entlassung hinaus für ein halbes Menschenalter jeden echten Fortschritt hin zu einem funktionierenden parlamentarischen System und leistete insofern auch dem Untergang der Monarchie im Jahr 1918 Vorschub. Alles in allem stimmt Pflanze der Diagnose Max Webers zu, den er mit den Worten zitiert, das politische Vermächtnis Bismarcks «sei eine Nation ohne alle und jede Erziehung» gewesen, mehr noch eine «Nation ohne allen und jeden politischen Willen, gewohnt, dass der große Staatsmann an der Spitze für sie die Politik schon besorgen werde». (684)

III

In einer interessanten Passage des zweiten Bandes seiner Bismarck-Biographie erörtert Ernst Engelberg das ambivalente Verhältnis deutscher Literaten zu Bismarck in den 1880er Jahren; er zitiert in diesem Zusammenhang den Österreicher Hermann Bahr, der damals im Jugendalter war und in der Erinnerung an diese Zeit schrieb:

Wir schwärmten für Bismarck und hatten den Zürcher «Sozialdemokrat» abonniert, den eben unseres geliebten Bismarcks Polizei so streng verboten hatte, dass man ihn jedes Mal, nachdem er über die Schweizer Grenze geschmuggelt worden, aus einer anderen unverdächtigen kleinen deutschen Stadt in einem jedes Mal die Handschrift, das Format und die Farbe wechselnden Couvert erhalten musste. Ich zog noch am siebzigsten Geburtstag des eisernen Kanzlers in den Farben meiner Wiener Burschenschaft durch die Wilhelmstraße mit, schwang begeistert meine Fackel zum Fenster, in dem der Gewaltige stand, hielt auf dem Commers die rituell ‹flammende› Rede und war wenige Monate später schon bei der Polizei ‹notiert›, weil ich an verbotenen Zusammenkünften mit Bebel, Liebknecht und Vollmar teilnahm. (529)

Es ist denkbar, dass Engelberg an dieser Passage Gefallen fand, weil sie ihn an seine eigene Jugend erinnerte. Er, der seit seinem 21. Lebensjahr Mitglied der Kommunistischen Partei Deutschlands war und zu den Sternen am Himmel der DDR-Wissenschaft gehörte, empfand tiefen Abscheu gegen das hartnäckige Bemühen Bismarcks, die Sozialdemokratische Partei zu vernichten, und fühlte sich gerade dadurch herausgefordert, etwas über diesen Feind der Arbeiterklasse zu schreiben. Kaum hatte er jedoch begonnen, sich in das Thema zu vertiefen, da begann er Bewunderung für das Objekt seiner Forschungen zu empfinden, und er erkannte, wie er später schrieb, dass Bismarck stark, vielgestaltig und widersprüchlich war, «reich» als Persönlichkeit und fähig, die Probleme, die die fehlgeschlagene Revolution von 1848 hinterlassen hatte, auf seine eigene Weise zu lösen.

Engelberg beschloss, eine politische Biographie des Eisernen Kanzlers zu schreiben, deren erster Band 1985 unter dem Titel *Bismarck, Urpreuße und Reichsgründer* erschien. Ein Werk von großer Gelehrsamkeit, das kaum ideologische Verfärbungen aufwies, enthielt das Buch eine Menge neuen Materials über die Vorfahren Bismarcks und seine Einstellung zu ihnen, über seine Verbindungen zu pietistischen Kreisen in Pommern und seinen Eintritt in die preußische Politik in den Jahren 1847 und 1850. In Engelbergs Darstellung der Reichsgründung schimmert eine kritische Bewunderung für die diplomatische Virtuosität Bismarcks durch, die sich bis zu dieser verbalen Verneigung steigert:

Begabt mit der seltenen Fähigkeit, über sich selbst hinauszuwachsen, ein vollkommener Politiker, wurde er zum Reichsgründer, weil er tun konnte, was er wollte, und er wollte tun, was er imstande war zu tun.

Engelbergs zweiter Band deckt dieselbe Zeitspanne ab wie der zweite und dritte Band der Pflanze-Trilogie, ist jedoch wesentlich kürzer und handelt daher auch etliche Aspekte der Politik Bismarcks weniger gründlich ab. Engelberg verweilt gerne bei Themen, die ihn interessieren, selbst um den Preis, dafür andere zu vernachlässigen. So wendet er sich zum Beispiel ganz unvermittelt der Frage nach Bismarcks «bonapartistischer» Machtvollkommenheit zu, einem Thema, das auch manche von Bismarcks Zeitgenossen intensiv beschäftigte (man denke an die Figur in Fontanes Roman *Cécile*, die den Kanzler «einen Dalai-Lama» nennt), und weist darauf hin, dass der Reichskanzler seine Amtsmacht immer mit dem Kaiser und dem Chef des Generalstabs des Heeres habe teilen müssen. Wie Engelberg in diesem Zusammenhang zeigt, war Bismarck gezwungen, Institutionen des Staates und politische Organisationen gegeneinander auszuspielen, um Handlungsfreiheit für sich zu erlangen; mit der Zeit habe er ein komplexes System von Gleichgewichten und Steuermechanismen errichtet, welches dem, das er auf außenpolitischem Terrain angewandt habe, nicht unähnlich gewesen sei.

Engelberg hat nicht die geringsten Skrupel, wenn es darum geht, Platz und Zeit für eine gute Anekdote zu erübrigen, etwa für die Geschichte, wie Bismarck den jungen Kaiser Wilhelm II. bei dem Versuch ertappte, ihm deutschen Sekt an Stelle von französischem Champagner zu servieren. Der Kaiser gestand schließlich:

«Ja, ich trinke ihn aus Sparsamkeit, da ich eine große Familie habe; und ich habe ihn aus demselben Grund meinen Offizieren empfohlen. Außerdem trinke ich ihn aus Patriotismus.» «Bei mir, Majestät, erwiderte Bismarck, «macht der Patriotismus kurz vor dem Magen halt.» (595)

Wie in seinem ersten Band, beschäftigt sich Engelberg auch im zweiten ausführlich mit Privat- und Familienangelegenheiten Bismarcks, getreu seiner Überzeugung – für die er Friedrich Engels als

Kronzeugen benennt –, dies sei eines der besten Mittel, um den Charakter einer Person zu beleuchten, insbesondere in einer von Klassenkampf und Klassenherrschaft geprägten Gesellschaft, die menschliche Empfindungen und Beziehungen tendenziell kneble und ihrer Natürlichkeit beraube. So erfahren wir aus diesem Buch eine Menge über Bismarcks Religiosität, seine Liebe zur Natur, seine Beziehungen zur Familie und zu engen Freunden, seine musikalischen Vorlieben (er mochte Beethoven, Chopin, Schumann, Mendelssohn, nicht jedoch Wagner), seine Lieblingslektüre (mit 75 begann er, alle Dramen Schillers in der Reihenfolge ihrer Entstehung wieder zu lesen) und über anderes mehr.

In der Hauptsache orientiert sich das Buch jedoch an drei Grundmotiven, auf die zwei Epigramme auf dem Schutzumschlag und der Untertitel des Werkes selbst verweisen. Das erste Epigramm zitiert Bismarcks händeringende Bemerkung:

Die Einheit Deutschlands hat so viele neue Energien entwickelt, neue Interessen und Gesichtspunkte geschaffen. Ach! Die soziale Frage! Die macht alle Regierungen schaudern.

Die ideologischen Untertöne sind bei der Behandlung dieses Themas lauter vernehmbar als an irgendeiner Stelle des ersten Bandes. Engelberg berichtet, der Führer der christlich-sozialen Bewegung, Friedrich Naumann, habe einmal erzählt, dass er an der Wand seines Arbeitszimmers neben dem Porträt des Reichskanzlers auch eines von August Bebel hängen hatte, getreu seiner Überzeugung, der Todfeind der bürgerlichen Gesellschaft dürfe nicht fehlen, wenn man ein vollständiges Bild der deutschen Gesellschaft der Bismarck- und der Nach-Bismarck-Ära zeichnen wolle. «Von ähnlichen Auffassungen ausgehend», schreibt Engelberg, «sah ich mich genötigt, Bebel und seine immer zahlreicher werdenden Anhänger in dem hier vorliegenden Teil meiner Bismarck-Biografie immer wieder zu Wort kommen zu lassen.» (XII)

Das zweite Epigramm zitiert einen Ausspruch von Friedrich Engels:

Das deutsche Reich wird in Lebensgefahr gebracht durch seine preußische Grundlage. (475)

Was damit gemeint war, zeigt Engelberg an zahlreichen Beispielen für das gespannte Verhältnis zwischen Preußen und dem Reich. Er zitiert Bismarcks Adjutanten Abeken, der 1872 unverblümt erklärte,

«das verfassungsgemäß geeinte Deutschland solle, auch innerlich organisch, lebendig geeinigt werden, dass der stramme, feste, energische Geist Preußens auch das übrige Deutschland ... durchdringe und dem lässigen und loddrigen Wesen, das in der Kleinstaaterei herrscht, ein Ende mache!» (164f.)

Engelberg nimmt dies zum Anlass, zu zeigen, wie gerade die von Abeken so bewunderten Tugenden ein einstmals stolzes und unabhängiges Bürgertum am Ende korrumpierten. Er zeigt ferner, wie die Bismarcksche Reichsverfassung die Vormachtstellung Preußens zementierte, indem sie etwa Bestimmungen enthielt, die die Befehlsgewalt über die Streitkräfte nicht in die Hände des Reiches, sondern in die Preußens legten, und wie das preußische Dreiklassenwahlrecht eine Erweiterung der Befugnisse des Reichstags ebenso blockierte wie die Einführung wirksamer Kontrollmechanismen, um die Prärogativen der Krone einzuschränken. Und er zeigt schließlich, wie die *tendresse* Wilhelms II. für das preußische Militär ihn für unverantwortliche Einflüsterungen und Kabalen anfällig machte. All dies nährte die Gefahren, die Engels vorhergesehen hatte.

Engelbergs drittes Hauptmotiv ist die Analyse der Stellung des Reichs in Europa, eines Reichs, dessen Erfolge bei seinen Nachbarn Ressentiments weckten und das von Anfang an für Angriffe aus zwei Richtungen gewappnet sein musste, vor allem weil es sich Elsass-Lothringen einverleibt hatte, aber auch wegen des unauflösbaren Gegensatzes der Konkurrenten Österreich und Russland auf dem Balkan. Es war ein Reich, das immer in Versuchung stand, antizipierte Gefahren durch präventives Handeln zu beseitigen, und das seinen europäischen Nachbarn nie ganz geheuer war – zu groß und, wie Christian Graf von Krockow geschrieben hat,[10] zu «leistungsmächtig», um sich zuverlässig in das europäische Gleichgewicht einfügen zu lassen, gleichzeitig aber zu beschränkt, um eine wirkliche Weltmacht werden zu können.

Welche Außenpolitik wäre am besten geeignet gewesen, die vitalen Interessen des Reichs zu gewährleisten und äußere und innere Gefahren für seine Sicherheit in Schach zu halten? Engelberg gelangt zu der Überzeugung, Bismarck habe nach einigen anfänglichen Fehlern zu der Politik gefunden, derer es bedurfte – einer Politik, die auf gründlicher Kenntnis der Welt, in der er sich bewegte, und der Persönlichkeiten, mit denen er es zu tun hatte, beruhte, ferner auf einem großen Ideenreichtum, wenn es darum ging, diplomatische Auswege und Kniffe zu finden, und auf dem beharrlich verteidigten Postulat, Augenmaß und Zurückhaltung zu wahren. Diese politische Philosophie zeitigte jedoch, wie Engelberg demonstriert, mit zunehmender Zeit immer weniger brauchbare Ergebnisse, weil die Interessen der europäischen Nationalstaaten zunehmend unvereinbarer wurden, und sie stellte den Monarchen, dem Bismarck diente, und dessen unverantwortlich denkende Ratgeber immer weniger zufrieden. Engelberg geht mit diesem Thema meisterlich um; so liefert er eine prägnante Analyse solcher kritischen Situationen wie der schweren Bulgarienkrise von 1886–87 und der anschließenden Bemühungen des Reichskanzlers, sein beschädigtes diplomatisches System wieder instand zu setzen, während zugleich seine Autorität im eigenen Haus zu schwinden begann. Engelberg beschließt sein Buch mit einer lapidaren Beschreibung des auf Bismarck entfallenden Anteils an der Verantwortung für die spätere Katastrophe:

Auf der Negativseite im historischen Wirken Bismarcks blieben seine Feindschaft gegenüber allen demokratischen Kräften, insbesondere in der Arbeiterbewegung, und sein eingefleischter Royalismus, der ihn am Ende lähmte gegenüber Wilhelm II. So konnte dieser zur Symbolfigur einer nicht nur von Unternehmern, Bürokraten und Militärs, sondern auch von bürgerlichen Parteien getragenen Politik der Herausforderung anderer traditioneller Mächte werden. Damit wurde das bedeutendste politische Erbe Bismarcks, Umsicht im europäischen Kräftespiel walten zu lassen, schlechterdings vertan. Diese Tragik einer reichentwickelten Persönlichkeit wurde zur Tragik der deutschen Nation. (648 f.)

Der Kaiser und die Kritik

In den Beilagen der Sonntagszeitungen erschienen Anfang der 1920er Jahre regelmäßig Bildreportagen, in deren Mittelpunkt ein kräftig wirkender älterer Herr mit angriffslustig hochgezwirbelten Schnurrbartspitzen stand, der, bekleidet mit Norfolk-Jacke, Knickerbockern und hohen Allwetterstiefeln, neben einem Stapel Stammholz posierte. Meist war er umringt von einer Gruppe muskulöser Männer seiner Altersklasse, manche im Gehrock, andere in Hemdsärmeln; einer der letzteren stand meist eher linkisch mit einer erhobenen Axt oder Säge da. Die Bildunterschrift lautete in der Regel: «Der Holzfäller von Doorn». Ich war damals ein Kind und wunderte mich über die ständige Wiederkehr – mit leichten Variationen – dieses aufgesetzt wirkenden Gruppenbildes und noch mehr über die ärgerlichen Ausrufe und die Spötteleien über «Kaiser Bill», die ich zu hören bekam, wenn ich die Fotos meinen älteren Familienangehörigen zeigte. Als mir später aufging, dass der steife Herr mit dem gezwirbelten Schnurrbart der einstige Kaiser von Deutschland war, hatte die Presse längst das Interesse an ihm verloren und den Abdruck der Fotos eingestellt.

In den darauf folgenden Jahren herrschte glücklicherweise kein Mangel an Büchern in englischer Sprache, mit denen man seine Neugier auf Wilhelm II. stillen konnte, und diese Tradition hat sich fortgesetzt: In den letzten zwanzig Jahren haben drei englischsprachige Autoren Biographien des letzten deutschen Kaisers veröffentlicht. *The Kaiser and his Times* (1964) von Michael Balfour war die fundierteste von ihnen. Angekündigt sind ferner eine Arbeit über die Entourage Wilhelms von der Amerikanerin Isabel V. Hull und Biographien von Lamar Cecil, Thomas A. Kohut und Robert G. L. Waite. Die Landsleute Wilhelms sind nicht annähernd so gut versorgt worden. Wie John Röhl in einer Aufsatzsammlung *Kaiser, Hof und Staat* anmerkt, liegt bislang keine vollwertige wissenschaftliche Biographie des letzten Kaisers von einem deutschen Autor vor. Das lässt sich nur zum Teil damit erklären, dass die deutschen Historiker in den 1920er Jahren davor zurückschreckten, durch Enthüllungen über die katastrophalen Einmischungen des Kaisers in außenpolitische Vorgänge die deutsche Position in der Kriegsschuldfrage zu schwächen und dass – später – die NS-Periode sehr ungeeignet war für eine wissenschaftliche Beschäftigung mit den Hohenzollern. Nach 1945 setzte sich bei den deutschen Historikern die Neigung durch, die Rolle und Bedeutung von Einzelpersönlichkeiten in der Geschichte in den Hintergrund zu rücken und die Geschichte der Wilhelminischen Ära weitgehend unter Außerachtlassung des Mannes zu erzählen, der ihr den Namen gab.

Für besonders irreführend hält John Röhl die von Hans-Ulrich Wehler in seinem stark beachteten Buch *Das Deutsche Kaiserreich 1871–1918* (1983) vertretene These, nach der Entlassung Bismarcks habe in Deutschland ein politisches Vakuum geherrscht, das zur Entstehung einer «Polykratie rivalisierender Machtzentren» geführt habe.[11] Diese Polykratie und nicht Wilhelm II. – den Wehler unter Berufung auf Hans Delbrück einen «Schattenkaiser» nennt – habe das Wesen der Wilhelminischen Epoche geprägt. Nimmt man hingegen zur Kenntnis, wie sehr Wilhelm jedem Aspekt der deutschen Innen- und Außenpolitik seinen persönlichen Stempel aufdrückte und welchen Stellenwert seine persönlichen Entscheidungen in wichtigen Bereichen wie der deutschen Flotten- und Kolonialpolitik, der Kriegsplanung und der Bündnispolitik besaßen, erscheint diese Position nach dem Urteil Röhls unhaltbar. Er zitiert in diesem Zusammenhang den einflussreichen Journalisten Maximilian Harden, der 1902 schrieb: «Von ihm [Wilhelm II.] sind alle wichtigen politischen Entscheidungen der letzten zwölf Jahre ausgegangen. Handelspolitische Veränderungen, der Flottenbau, der Glaube daran, das Deutsche Reich könne Weltmacht allerersten Ranges werden, ... die Beziehungen zu England, der Feldzug in China, all das und vieles mehr ist sein Werk.» (130)

Für Röhl wäre es wahrscheinlich auch unentschuldbar, dass sich in *Max Weber und seine Zeitgenossen*, einer interessanten Essaysammlung, die aus einer im September 1984 vom German Historical Institute in London veranstalteten Konferenz hervorging, kein Kapitel über Wilhelm II. findet, ja das Register für seinen Namen nur eine einzige Fundstelle ausweist.

Röhls Kritik gründet nicht etwa auf dem Wunsch, den Kaiser zu rehabilitieren oder bislang nicht gewürdigte gute Seiten seines

Charakters oder seines Verhaltens hervorzuheben. Er macht vielmehr schon in seinem Eingangskapitel klar, dass er sich der weithin akzeptierten Ansicht anschließt, Wilhelm sei ein Herrscher gewesen, dem es sowohl an der nötigen Bildung und Lernfähigkeit fehlte als auch an einer realistischen Sichtweise der Welt, in der er lebte, mithin also die aufgeblähte Meinung, die er von sich selbst, seiner Begabung und seiner persönlichen Souveränität hatte, durch nichts gerechtfertigt war. Darüber hinaus unterfüttert Röhl seine Darstellung mit Einzelheiten über die ambivalenten Sexualpräferenzen des Kaisers und seine körperlichen Behinderungen (vor allem über einen angeborenen Defekt im Innenohr mit einer gefährlichen Inklination zu Tumorbildung und Eiterfluss), Faktoren, die möglicherweise in ursächlichem Zusammenhang mit seiner Erregbarkeit, seinen heftigen Stimmungsschwankungen und seinen oft lächerlichen Selbstdramatisierungen standen. Allfällige Ansprüche des in seinem holländischen Exil darbenden Ex-Kaisers auf unser Mitgefühl entkräftet Röhl durch neues Quellenmaterial; es zeigt, dass Wilhelm in seinen holländischen Jahren nicht nur die denkbar blutrünstigsten Rachegelüste gegen diejenigen hegte, von denen er glaubte, sie hätten ihn verraten, sondern auch einen bösartigen Antisemitismus und zunehmende Sympathie für den Nationalsozialismus entwickelte.

Nichts von alledem lässt Röhl als Entschuldigung dafür gelten, dass die deutschen Historiker es so lange versäumten, sich mit der gebotenen Gründlichkeit der Persönlichkeit Wilhelms und ihren politischen Weiterungen, vor allem aber auch dem einzigartigen Charakter seines Regierungssystems zuzuwenden. Denn das Wilhelminische Herrschaftssystem war keine bloße Fortführung des bonapartistischen Regierungsstils, wie er unter der Kanzlerschaft Bismarcks gepflegt worden war; es verkörperte vielmehr den bizarren Versuch – unternommen in einem Zeitalter der Industrialisierung, der Urbanisierung und demokratischer Verfassungen –, eine auf dem Prinzip des Gottesgnadentums beruhende Monarchie mitsamt einer höfischen Kultur und einem auf persönlichen Beziehungen zur Krone gründenden Beförderungswesen wiederherzustellen, das Erinnerungen an das Zeitalter des monarchischen Absolutismus weckte. Wie gründlich dieser Versuch gelang, zeigt Röhl an einem von vielen möglichen Beispielen: «Ein Hannoveraner praktisch ohne Vermögen und ohne qualifizierte Bildung konnte einen Fürstentitel und eine einflussreiche Stellung in der Regierung erlangen, nicht zuletzt weil er als Adjutant dem zukünftigen Kaiser bei mehreren amourösen Abenteuern nützliche Dienste geleistet hatte.» Das ist eine Anspielung auf Graf Philipp zu Eulenburg, den Busenfreund des Kaisers, der in den ersten schwierigen Jahren nach der Entlassung Bismarcks maßgeblich dazu beitrug, dem jungen Monarchen Legitimität zu verschaffen. Eulenburg war der Chefarchitekt jenes Systems der persönlichen Herrschaft, das 1897, auf Basis der «Weltpolitik» und der Konzentration der konservativen Kräfte im Lande selbst, errichtet wurde, und er blieb der einflussreichste Mann in der unmittelbaren persönlichen Umgebung Wilhelms, bis Enthüllungen über homosexuelle Beziehungen in Hofkreisen 1908 dazu führten, dass der Kaiser ihn fallen ließ.

John Röhl, der Eulenburgs voluminöse politische Korrespondenz herausgegeben hat, liefert hier eine informative Chronik des Aufstiegs und Falls jenes Mannes, den manche den Krisenmanager der Wilhelminischen Epoche genannt haben. Die interessantesten oder originellsten Kapitel des Bandes beschäftigen sich mit dem, was der Autor «eine monströse Spätblüte der höfischen Kultur» (78) unter der Herrschaft Wilhelms nennt: auf der einen Seite eine königliche Equipage, die die Mitarbeit von 2320 Beamten erforderte, vom Obersten Kammerherrn über Hofmarschälle, Haushofmeister und Kammerjäger, General- und Flügeladjutanten, Geheim- und Kabinettsräte unterschiedlichen Ranges bis hin zu Kutschern, Gärtnern, Köchen und Kammerdienern. Das alles kostete den Staat mehr Geld als das Amt des Reichskanzlers, das Außenministerium (einschließlich des diplomatischen Dienstes und des Konsularwesens), das Kolonialamt und das gesamte Justizwesen zusammengenommen. Auf der anderen Seite eine Standesgesellschaft, die in 62 Rangstufen unterteilt war und dem strengsten Protokoll unterlag, bis hin zu bindenden Vorschriften für die Farbe der Unterwäsche, die die Herren beim Besuch von Hofbällen zu tragen hatten.

Nach außen hin bestand der Sinn und Zweck dieser ausgeklügelten Veranstaltung – ebenso wie der Redeauftritte des Kaisers und seine Teilnahme an Paraden, Einweihungen und feierlichen Vereidigungen frisch rekrutierter Soldaten – darin, der Monarchie als Institution Glanz und Ausstrahlung zu verleihen. Nach innen erfüllte sie die Funktion, die gesellschaftliche Führungselite zu integrieren und hierarchisch zu ordnen, eine Aufgabe, die sie zwar erfüllte, aber um den Preis permanenter Eifersüchteleien und Intrigen innerhalb der Regierung, der höheren Verwaltung und des diplomatischen Dienstes – etliche davon schildert Röhl in üppiger Ausführlichkeit. Ein System, unter dem ein Kanzler die Berufung eines Ministers insgeheim hintertrieb, weil dessen Frau in der höfischen Rangordnung höher stand als seine eigene (so geschehen in der Amtszeit des Reichskanzlers Bülow, als der Erbprinz Ernst zu Hohenlohe-Langenburg bei der Besetzung des Staatssekretärspostens im Kolonialamt übergangen wurde), war wohl kaum als gesund zu bezeichnen. Aber so funktionierte der «Königsmechanismus», wie Röhl das persönliche Regime Wilhelms nennt, in den mittleren Jahren seiner Amtszeit.

Wilhelm verfügte nicht nur über eine praktisch uneingeschränkte Kommandogewalt in allen militärischen Fragen, garantiert durch die Verfassung und ausgeübt durch sein persönliches Militär- und Flottenkabinett, sondern übte dank der Struktur der Hofgesellschaft eine absolute Kontrolle über alle Ernennungen, Auszeichnungen und sogar Eheschließungen aus und war in der Lage, die gesamte Bürokratie des Reichs und Preußens zu korrumpieren und von sich abhängig zu machen. Das galt zumindest so lange, bis die Skandale des Jahres 1908 Ansehen und Stellung des Kaisers erschütterten und die internationale Stellung Deutschlands sich so weit verschlechtert hatte, dass die Militärs begannen, die Entscheidungsgewalt an sich zu reißen.

Bis dahin hielt Wilhelm sich selbst, wie er einmal in einem Brief an seine Mutter schrieb, für den «einzigen wahren Kaiser auf der Welt» und seine Minister für bloße Empfänger seiner Befehle. Insbesondere in außenpolitischen Dingen beanspruchte er für sich das Recht, für sein Volk zu sprechen, und er tat dies lautstark, großspurig und auf eine für das internationale Ansehen Deutschlands höchst abträgliche Weise. Bemerkenswert daran ist freilich, dass er damit bei seinen Untertanen auch noch gut ankam. Elisabeth Fehrenbach stellte in ihrer Arbeit über die Reichsidee in Deutschland fest, Deutsche aus allen Schichten hätten zu ihrem marktschreierischen Kaiser bewundernd aufgeschaut: «Der Kaiser ermöglichte ihnen die Flucht aus den Labyrinthen der Massengesellschaft; er lenkte den Blick der Menschen auf den einen großen

Mann, den begnadeten Einzelnen, den Verkörperer der geschichtlichen Sendung». Eine beeindruckende Zahl führender Persönlichkeiten aus den Kirchen, den Universitäten und der Geschäftswelt habe es ihm hoch angerechnet, dass er «das alte Bild vom Kaiser, das wir in uns tragen, wiederbelebt und es mit neuen Qualitäten angereichert hat» (so der Theologe Adolf Harnack 1907) und dass mit ihm Deutschland endlich wieder «einen Führer [hatte], für den man durchs Feuer gehen kann»[12] (so der Historiker Friedrich Meinecke 1913). Das Telegramm, das Wilhelm 1896 an den Präsidenten von Transvaal, Paul Kruger, schickte – es war wahrscheinlich, mehr als jeder andere, der Anlaß für die Verschlechterung der deutsch-englischen Beziehungen –, fand in Deutschland ein geradezu begeistertes Echo und gehörte vielleicht zu den Dingen, die den einflussreichen evangelischen Publizisten Friedrich Naumann dazu bewogen, in seinem 1900 erschienenen Buch *Kaisertum und Demokratie* die These zu vertreten, der Kaiser und seine imperialistische Politik könnten die geeignetsten Vehikel für eine Versöhnung zwischen Arbeiterschaft und bürgerlicher Gesellschaft sein.

Eine bemerkenswerte Gegenstimme zu diesem Chor der Bewunderer war die von Max Weber. Wie Wolfgang J. Mommsen in seiner glänzenden Studie zur Politik des berühmten Soziologen, die erstmals vor fast dreißig Jahren erschienen ist und inzwischen in erweiterter Fassung vorliegt, herausgearbeitet hat, fand Weber schon als junger Wissenschaftler 1889 den Mangel an Beständigkeit in den Ansichten, Grundsätzen und im Verhalten des neuen Kaisers beunruhigend und schrieb seinem Freund Baumgarten:

Man hat den Eindruck, als säße man in einem Eisenbahnzuge von großer Fahrgeschwindigkeit, wäre aber im Zweifel ob auch die nächste Weiche richtig gestellt werden würde. (151)

Sein Unbehagen steigerte sich im Lauf der Jahre zu einem bitteren Unmut. 1892 charakterisierte Weber den Kaiser als jemanden, der die Politik

«unter den Gesichtspunkten eines originellen Leutnants» behandle. Energische Pflichterfüllung im Sinne des ‹Dienstes› wird ihm im Allgemeinen niemand bestreiten. Aber die dazwischen unterlaufenden Querköpfigkeiten und das unheimliche Machtgefühl, welches ihn beseelt, bringt eine solch unerhörte Desorganisation in die höchsten Instanzen, dass deren Rückwirkung auf die Verwaltung als Ganzes wohl nicht ausbleiben kann. (152)

1906 war Weber so weit, dass er seinen Freund Friedrich Naumann beschwor, das politische Schicksal seiner Partei nicht mit dem Kaiser zu verbinden:

Das Maß von Verachtung, welches uns als Nation im Ausland (Italien, Amerika, überall!) nachgerade – mit Recht! das ist das Entscheidende – entgegengebracht wird, *weil wir* uns *dieses* Regime *dieses* Mannes gefallen lassen, ist nachgerade ein Machtfaktor von erstklassiger ‹weltpolitischer› Bedeutung geworden ... Wir werden ‹isoliert›, weil dieser Mann uns in dieser Weise regiert *und wir es dulden und beschönigen*. (156)

Als Deutschland sich im Krieg befand, sah Weber die Zukunft des Landes sehr pessimistisch, so lange es von «dilettierenden Fatzkes» wie Wilhelm II. und seinesgleichen regiert würde.

Diese und andere, ähnlich vernichtende Urteile artikulierte Weber zwar lange Zeit nur in persönlichen Unterredungen und Briefen – erst im Juni 1917 übte er, zunächst in einem Artikel für die *Frankfurter Zeitung* und dann noch einmal auf einem Kongress der Jugendbewegung auf Burg Lauenstein, offene Kritik am System der persönlichen Herrschaft –, doch war seine Einstellung weithin bekannt. Er genoss überdies ein hohes Ansehen (so schreibt etwa Mommsen: «Sowohl als Sozialwissenschaftler als auch als politisch engagierter Bürger und politischer Denker thronte Max Weber hoch über den gemeinen Ansichten seiner Zeit», und aus *Max Weber und seine Zeitgenossen* erfahren wir, dass der Philosoph Karl Jaspers ihn für den «größten Deutschen unserer Zeit» [37] hielt), dass manche Leute anfingen, ihn für einen Kaiser *manqué* oder gar für einen Anti-Kaiser zu halten. Die Frau von Theodor Heuss sprach mit Blick auf Weber einmal von einem «Kaiser, dem das Zepter gestohlen worden ist», und Marianne Weber erzählt in ihren *Lebenserinnerungen* (1948) von während der Kriegsjahre 1914–1918 eingegangenen Briefen, die davon sprechen, er sei dazu berufen, die erdrückenden Probleme zu lösen, unter denen das Land ächze. Diejenigen, die ihm nahe standen, sahen zu ihm auf wie zu einem Helden, einer modernen Inkarnation von Dürers Ritter zwischen Tod und Teufel, einem fleischgewordenen Inbegriff der Theorie Nietzsches vom großen Mann, der, angetrieben von einem tiefen Verantwortungsgefühl, der Menschheit neue Ziele setze.

Einmal angenommen, Weber sei durch eine Laune des Schicksals in eine politisch einflussreiche Stellung aufgestiegen, hätte er dann einen signifikant anderen Kurs gesteuert als der Kaiser, an dem er so messerscharfe Kritik übte? Eine sehr große Rolle würde natürlich der Zeitpunkt seines Amtsantritts spielen, doch wenn wir uns die 1890er Jahre und Webers erste öffentliche politische Stellungnahmen vornehmen, die er in diesem Jahrzehnt formulierte, fällt es schwer, darin etwas anderes zu entdecken als Variationen eines damals sehr gängigen Themas. Das gilt jedenfalls für die Antrittsvorlesung,[13] die er im Mai 1895 hielt, nachdem er auf den Lehrstuhl für politische Ökonomie an der Freiburger Universität berufen worden war, eine Vorlesung, von der Mommsen sagt, sie sei «das bedeutendste Dokument für den politischen Menschen Max Weber bis hin in die Kriegsjahre». (38)

Das beherrschende Motiv der Vorlesung war zunächst einmal die Sorge Webers über die Entwicklung in Westpreußen, wo die Besitzer landwirtschaftlicher Güter offenbar in immer größerer Zahl feststellten, dass sie mehr Gewinn machten, wenn sie statt deutscher Landarbeiter polnische Tagelöhner beschäftigten, und wo infolgedessen ein unaufhaltsamer Polonisierungsprozess eingesetzt hatte. Aus dieser Situation, die Weber an Ort und Stelle studiert hatte, leitete er in seiner Vorlesung Überlegungen zum Verhältnis zwischen wirtschaftlicher Entwicklung und nationaler Politik ab und gelangte zu dem entschiedenen Schluss, die Wirtschaftspolitik eines Landes dürfe nicht nach Kriterien wie Produktivität oder nach der Wohlfahrt der von ihr Betroffenen beurteilt werden, sondern nur nach politischen, und das hieß in diesem Fall nationalen Maßstäben. Was möglicherweise zunächst wie eine technische Frage aussehen mochte, in der es um kostengünstige Produktionsweisen ging, sei in Wirklichkeit ein Beispiel für das ewige Ringen von Völkerschaften um Lebensraum; in diesem Sinn gelte, dass «wir das Deutschtum des Ostens als solches für etwas halten, das geschützt werden und für dessen Schutz auch die Wirtschaftspolitik des Staates in die Schranken treten soll. Es ist der Umstand, dass unser Staatswesen ein *Nationalstaat* ist, welcher uns das Recht zu dieser Forderung empfinden lässt.»

Klar sei, so fuhr Weber fort, dass die ostelbischen Agrarier, jene preußischen Junker, auf deren Fähigkeit und Entschlossenheit, den preußischen Staat zu verwalten und zu schützen, die Dynastie sich so lange gestützt hatte, mittlerweile eine im Niedergang begriffene Klasse verkörperten, so sehr auf ihre wirtschaftlichen Probleme fixiert, dass sie das nationale Interesse nicht mehr wahrzunehmen vermöge und daher nicht mehr zum Regieren legitimiert sei. Die Frage laute nur noch, in welche Hände ihre Macht übergehen solle. Der Mittelstand sei vorläufig noch nicht reif genug, die Aufgaben zu bewältigen, vor denen das Land stehe, da die lange Regierungszeit Bismarcks ihm vitale Energien entzogen habe. «Die gewaltige Sonne, welche im Zenit Deutschlands stand und den deutschen Namen in die fernsten Winkel der Erde leuchten ließ, war, so scheint es fast, zu groß für uns und hat die langsam sich entwickelnde politische Urteilsfähigkeit des Bürgertums ausgebrannt.»

Der untere Mittelstand steckte nach Webers Überzeugung noch ganz überwiegend im Sumpf eines politischen Philistertums, und die Arbeiterschaft zeigte «keinen Funken jener katilinarischen Energie der Tat, aber freilich auch kein[en] Hauch der gewaltigen *nationalen* Leidenschaft», wie die französischen Revolutionäre von 1793 sie an den Tag gelegt hätten. Trotz des großen Schrittes zu einem geeinten Deutschland, den das deutsche Volk 1871 getan habe, sei es in eine unpolitische und unhistorische Lethargie verfallen und leide unter dem «schwerste[n] Fluch, den die Geschichte einem Geschlecht als Angebinde mit auf den Weg zu geben vermag: [dem] harte[n] Schicksal des politischen *Epigonentums*».

Woher sollte für Deutschland die Rettung kommen? Weber verwies auf Großbritannien und Frankreich, Länder mit einer Bevölkerung, deren größere Einigkeit und Reife in seinen Augen eine «Resonanz der Weltmachtstellung [war], welche den Staat stetig vor große machtpolitische Aufgaben stellt und den Einzelnen in eine chronische politische Schulung nimmt, die er bei uns nur, wenn die Grenzen bedroht sind, akut empfängt». Sei das nicht ein nacheifernswertes Beispiel? Brauchte Deutschland nicht eine «große Politik», die den Menschen klar machen würde, wie wichtig machtpolitische Fragen waren? «Wir müssen begreifen, dass die Einigung Deutschlands ein Jugendstreich war, den die Nation auf ihre alten Tage beging und seiner Kostspieligkeit halber besser unterlassen hätte, wenn sie der Abschluss und nicht der Ausgangspunkt einer deutschen Weltmachtpolitik sein sollte.»

Für Deutschland sei es demnach, so schloss Weber, höchste Zeit, «eine ungeheure politische Erziehungsarbeit ... zu leisten» und sich von dem «weichen Eudämonismus, [der], wenn auch in noch so vergeistigter Form, hinter der Illusion selbständiger ‹sozialpolitischer› Ideale» gewuchert habe, ebenso abzunabeln wie von der «unsäglich spießbürgerliche[n] Erweichung des Gemütes, welche politische Ideale durch ‹ethische› ersetzen zu können meint und diese wieder harmlos mit optimistischen Glückshoffnungen identifiziert». Weber rief die Deutschen auf, sich ihrer Verantwortung gegenüber der Geschichte bewusst zu werden:

Nicht unserer Generation ist beschieden zu sehen, ob der Kampf, den wir führen, Früchte trug, ob sich die Nachwelt *zu uns als ihren Ahnen* bekennt. Es wird uns nicht gelingen, den Fluch zu bannen, unter dem wir stehen: Nachgeborene zu sein einer politisch großen Zeit – es müsste denn sein, dass wir verstünden, etwas anderes zu werden: Vorläufer einer größeren. ... Es [sind] nicht die Jahrtausende einer ruhmreichen Geschichte, unter deren Last eine große Nation altert. Sie bleibt jung, wenn sie die Fähigkeit und den Mut hat, sich zu sich selbst und den großen Instinkten, die ihr gegeben sind, zu bekennen, und wenn ihre führenden Schichten sich hinaufzuheben vermögen in die harte und klare Luft, in welcher die nüchterne Arbeit der deutschen Politik gedeiht, die aber auch durchweht ist von der ernsten Herrlichkeit des nationalen Empfindens.

Wie wir von Mommsen erfahren, war es Weber ein Anliegen, die deutsche Politik von der Herrschaft konservativer Bürokraten zu befreien. Um dies zu erreichen, versuchte er dem liberalen Bürgertum ein bejahendes Verhältnis zur Macht einzuflößen – die Liberalen sollten «ein für alle Mal ... ihre negative Einstellung zum Staat ablegen». Dabei zeichnete sich seine Antrittsvorlesung, wie er selbst einräumte, durch eine an Brutalität grenzende Unverblümtheit aus, die nicht nur in zynischen klingenden Sätzen wie «Für den Traum von Frieden und Menschenglück steht über der Pforte der unbekannten Zukunft der Menschengeschichte: lasciate ogni speranza» zum Ausdruck kam, sondern auch darin, dass Weber offenbar bereit war, in einer Zeit, in der sein Land sich als quicklebendige Brutstätte kultureller und wissenschaftlicher Höchstleistungen präsentierte, diese als eitles Beiwerk abzutun, das von den wirklich wichtigen Geschäften ablenke. Das waren Töne, die man von deutschen Universitätsprofessoren kaum einmal zu hören bekommen hatte, nicht einmal in den Tagen, da Heinrich von Treitschke im Zenit seines Einflusses stand; hierin lag vielleicht die eigentliche Bedeutung dieser Vorlesung.

Der Ruf nach einem deutschen Imperialismus war an sich nicht neu. Sieht man einmal von der Kolonialpropaganda der 1880er Jahre ab, so war es Kaiser Wilhelm II. selbst gewesen, der seit seinem Appell an den Brandenburgischen Provinziallandtag im Jahr 1892 – «Brandenburger, zu Großem sind wir noch bestimmt, und herrlichen Tagen führe ich euch noch entgegen!» – ohne Unterlass und in bombastischem Ton sowohl im privaten Kreis als auch in der Öffentlichkeit von den großen Aufgaben geredet hatte, die es außerhalb der Grenzen des alten Europa in Angriff zu nehmen gelte, und von einer deutschen Zukunft «weniger in Europa als in der ganzen Welt». Weber hatte nicht mehr getan, als diese weltpolitische Mission von einer Ebene, in der es nur um die Mehrung des deutschen Ansehens ging, in die höhere Sphäre der Verantwortung vor der Geschichte und einer unentrinnbaren Bestimmung zu erheben. (Später sprach er zunehmend mehr von einer «tragischen Bestimmung».)

Warum eine solche Bestimmung gerade für Deutschland galt, darüber ließ Weber sich weder damals noch später in klarer Form aus; während er auf der einen Seite hin und wieder das Argument anführte, Deutschland könne ohne einen ausgedehnten Außenhandel in seiner wirtschaftlichen Entwicklung nicht mit den anderen Industrieländern gleichziehen, war er auf der anderen Seite wenig geneigt, irgendwelche utilitaristischen oder auch nur innenpolitischen Motive für eine imperialistische «Weltpolitik» gelten zu lassen, vielleicht weil er seine Spielart des Imperialismus von der Bülows und Wilhelms II. abgrenzen wollte. Seine Rhetorik suggerierte stattdessen hehre, gleichsam in der Natur des Nationalstaats liegende Motive, die bei den Liberalen uralte Träume und Instinkte wachriefen, die sich mit der Idee des Reichs und den damit assoziierten Vorstellungen von Ausdehnung und Machtzuwachs verbanden, Vorstellungen, denen 1848 etwa der liberale Historiker F. C. Dahlmann in der Paulskirche auf unverblümte Weise Ausdruck verliehen hatte:

Die Bahn der Macht ist die einzige, die den gährenden Freiheitstrieb befriedigen und sättigen wird ... Deutschland muss als solches endlich in die Reihe der politischen Großmächte des Weltteils eintreten.¹⁴

Hier lassen sich vielleicht sogar Anknüpfungspunkte an den berühmten Aufsatz Leopold von Rankes aus dem Jahr 1833 finden, etwa an die These, Großmächte müssten sich nun einmal wie Großmächte verhalten und trügen eine spezielle Verantwortung.

Davon und vom beständigen Vorkommen der Wörter «Geschichte», «groß» und namentlich «Macht» einmal abgesehen, ist das eigentlich Verblüffende an dieser Antrittsvorlesung das ihr implizit zugrunde liegende Dogma, Deutschland müsse den vorgezeichneten Weg gehen, um nicht im ewigen darwinistischen Überlebenskampf der Nationen zu unterliegen. Wie Roger Chickering in seinem Beitrag über Dietrich Schäfer in dem Band *Max Weber und seine Zeitgenossen* aufgezeigt hat, unterschied sich Weber in dieser Hinsicht kaum von anderen, grobschlächtigeren Nationalisten, die mit ihrem lautstarken Propagandagedröhn in den 1890er Jahren den Ton angaben.

Was Weber betraf, so erlitt er einige Jahre später einen Nervenzusammenbruch und war nicht mehr in der Lage, seinem Lehrauftrag nachzukommen. Er arbeitete aber weiterhin wissenschaftlich, schrieb hin und wieder und blieb seiner Überzeugung treu, eine aktive Weltpolitik sei für Deutschland ein Gebot der Notwendigkeit und der Verantwortung. Wie Jürgen Kocka in seinem Artikel über Otto Hintze in *Max Weber und seine Zeitgenossen* herausarbeitet, war es gerade das leidenschaftliche Bekenntnis Webers zur Idee einer deutschen Weltpolitik, das ihn zu einem so überaus strengen Kritiker der «politische Fehler und Inkonsequenzen der deutschen Machtstaatspolitik» (412) werden ließ. Bei aller Kritik ließ er jedoch immer wieder durchblicken, dass die Mitwirkung in der Weltpolitik, ob gekonnt oder nicht, per se einen edlen Charakter hatte und die Staaten, die sich daran beteiligten, auf ein höheres kulturelles Niveau hob – eine Verknüpfung von Macht mit Kultur, die aus dem Munde eines so überzeugten Nietzscheaners wie Weber einer war, seltsam anmutet, zumal Nietzsche selbst in seinen *Unzeitgemäßen Betrachtungen* ausdrücklich davor gewarnt hatte. Deutlich trat diese Haltung in den Äußerungen Webers über kleinere Staaten und Völker hervor; ein bemerkenswertes Beispiel findet sich in der schön gestalteten, kompetent edierten historisch-kritischen Ausgabe der Aufsätze und Reden Webers aus den Kriegsjahren. Es handelt sich um einen Leserbrief an die Zeitschrift *Die Frau,* geschrieben im Februar 1916 als Kommentar zu einem von der Zeitschrift veröffentlichten Artikel eines schweizerischen Autors, der in einer Auseinandersetzung mit Gertrud Bäumer (mit der Weber befreundet war) über widerstreitende moralische Verpflichtungen in Kriegszeiten eine ausgeprägt christliche und pazifistische Position vertreten hatte. Im Anschluss an eine herablassende Bemerkung über kleine Völker wie Dänen, Schweizer, Holländer und Norweger erklärte Weber:

Weil wir ein Machtstaat sind, und weil wir also, im Gegensatz zu jenen ‹kleinen› Völkern, unser Gewicht in dieser Frage der Geschichte in die Waagschale werfen können, – deshalb eben liegt auf uns, und nicht auf jenen, die verdammte Pflicht und Schuldigkeit vor der Geschichte, das heißt: vor der Nachwelt, uns der Überschwemmung der ganzen Welt durch jene beiden Mächte [Anglo-Amerika und Russland] entgegenzuwerfen. Lehnten wir diese Pflicht ab, – dann wäre das Deutsche Reich ein kostspieliger eitler Luxus kulturschädlicher Art, den wir uns nicht hätten leisten sollen und den wir so schnell wie möglich zugunsten einer ‹Verschweizerung› unseres Staatswesens: einer Auflösung in kleine, politisch ohnmächtige Kantone, etwa mit kunstfreundlichen Höfen, wieder beseitigen sollten, – abwartend, wie lange unsere Nachbarn uns diese beschauliche Pflege der Kleinvolk-Kulturwerte, die dann für immer der Sinn unseres Daseins hätten bleiben sollen, gestatten würden. (Max Weber, Zur Politik im Weltkrieg, 96).

In unerhörter Weise jede diplomatische Zurückhaltung fahren lassend, fügte Weber hinzu:

In der antimilitaristischen ‹Neutralität› der Schweizer und ihrer Ablehnung des Machtstaats liegt gelegentlich ebenfalls ein guter Teil recht pharisäischer Verständnislosigkeit für die Tragik der historischen Pflichten eines nun einmal als Machtstaat organisierten Volks. (97)

Dass es schließlich zum Krieg kam, überraschte Weber nicht, nachdem die Außenpolitik Wilhelms II. seiner Einschätzung nach auf glanzvolle, aber substanzlose Triumphe gesetzt hatte, anstatt die Dinge voranzutreiben, die im wirklichen nationalen Interesse Deutschlands lagen. In Webers Augen war der 1914 ausgebrochene Krieg, wie Mommsen es formuliert hat, die blutige Rechnung für ein Vierteljahrhundert großsprecherischer und prahlender deutscher Außenpolitik, die alle Mächte gleichermaßen vor den Kopf gestoßen hatte. (Mommsen, Max Weber und die deutsche Politik, 206)

Gleichzeitig interpretierte er ihn aber auch als einen Verteidigungskrieg – namentlich gegen den bedrohlichen Expansionismus des Zarenreichs – einen Krieg, den Deutschland möglichst schnell auf dem Verhandlungsweg beenden müsse, um sich wieder der Aufgabe zuwenden zu können, seine weltpolitische Stellung zu festigen, dieses Mal auf einem solideren Fundament.

Weber, der in dieser Zeit als Reserveoffizier die Verwaltung eines Militärlazaretts leitete, war tief beeindruckt vom heroischen Opfermut der Frontsoldaten und von der Eintracht, die an der Heimatfront herrschte. Wie er 1914 an einen Freund schrieb:

Denn *einerlei*, wie der Erfolg ist – *dieser Krieg ist groß und wunderbar.* (ebd.)

Oder 1915 an seine Mutter:

Die Probe darauf, dass wir ein großes Kulturvolk sind, haben wir abgelegt. Menschen, die inmitten einer raffinierten Kultur leben, die dann *trotzdem* draußen dem Grausen des Krieges gewachsen sind ..., und die dann *trotzdem* so zurückkommen, so *grundanständig,* wie die große Mehrzahl unserer Leute – das ist echtes Menschentum ... (207)

Hin und wieder erlag er den niedrigeren Instinkten, die in Kriegszeiten an die Oberfläche drängen, so etwa in seinem Aufruf, Anteile an der siebenten deutschen Kriegsanleihe im September 1917 zu zeichnen, den man in *Max Weber zur Politik im Weltkrieg* nachlesen kann. Über weite Strecken ist dieser Text eine rüde Attacke auf die verbündeten Kriegsgegner und ihre hartnäckige Weigerung, in Friedensverhandlungen einzutreten. An ihrer Spitze stünden «rohe Schurken und Abenteurer», die sich in ihren öffentlichen Äußerungen über Deutschland einer Sprache bedienten, die ein ehrenhaftes Volk nicht gebrauchen dürfe, die den öffentlichen Diskurs über den Krieg «in den Ausdrücken eines Zirkusboxers» bestritten und deren Truppen an der Westfront in zunehmendem Maß aus Barbaren bestünden, ein Auswurf afrikanischer und asiatischer Wilder und als Räuber- und Lumpengesindel der Erde (Max Weber, Zur Politik im Weltkrieg, 317f.)

und an der Ostfront aus disziplinlosen Horden, deren Ausschreitungen an die Eroberungszüge der Mongolen erinnerten.

Noch heftigeren Unwillen hob er sich jedoch für diejenigen auf, die auf deutscher Seite für Rüstung und Kriegsführung verantwortlich waren, und Marianne Weber zitiert einen düsteren Ausspruch aus dem März 1916: «Mir ist als ob eine Horde Irrsinniger uns regierte».[15] Mit einer Klarheit des Blicks, die man nur wenigen seiner Zeitgenossen bescheinigen kann, sah er voraus, auf welch fatale Weise das Beharren auf Gebietserwerbungen (das ganz überwiegend dazu diente, Forderungen nach inneren Reformen abzuwehren) jede Aussicht auf einen erträglichen Frieden untergrub.[16] Die Weigerung der deutschen Regierung, jede auf belgisches Territorium gerichtete Annektierungsabsicht zu verneinen, peinigte ihn ebenso wie die tölpelhaften Fehlleistungen der obersten Heeresleitung in der Polenfrage und, schlimmer als alles andere, das wahnwitzige Insistieren auf dem unbeschränkten U-Boot-Krieg. Seine Aufsätze zu diesen Themen, veröffentlicht in *Max Weber zur Politik im Weltkrieg*, sind Musterbeispiele für einen hellwachen Verstand und eine fundierte strategische Urteilskraft. Andererseits akzeptierte Weber auf eine für ihn typische Art die Politik seiner Regierung letzten Endes mit einer fast fatalistisch anmutenden Begründung. So schrieb er, als die verhängnisvolle Entscheidung für den U-Boot-Krieg gegen die alliierte Schifffahrt 1917 gefallen war:

Trotzdem ist es ‹va banque›, wenn man will. Es sind einige sehr wichtige Steine für uns im Brett und eine Anzahl mir ganz unbekannter gegen uns. Die Abschätzung ist sehr schwierig. ... Haß der Welt gegen uns ist besser, als die bisherige kühle Verachtung, die nicht wiederkommen wird. ... Man leidet darunter, daß man nicht ‹dabei› ist. ... Ich leide jetzt weniger als alle die 25 Jahre, wo ich die hysterische Eitelkeit dieses Monarchen alles verderben sah, was mir heilig und teuer war. Jetzt ist ‹Schicksal› geworden, was vorher menschliche Dummheit verschuldete. Und mit dem ‹Schicksal› wird man fertig. Es wird sich auch später lohnen, ein Deutscher und nichts anderes zu sein, auch wenn es übel gehen sollte. (Gesammelte Politische Schriften, 467f.)

Bekanntlich ging die Geschichte in der Tat böse aus, und schon sehr bald fiel das Reich in sich zusammen, und Wilhelm II. machte sich auf den Weg in sein holländisches Exil. Nach Meinung Webers kam die Abdankung des Kaisers zu spät, als dass sie die Dynastie noch hätte retten und die Ereignisse vom November 1918 verhindern können, die in seinen Augen eine blutige Dummheit waren, die den ehrwürdigen Namen einer Revolution nicht verdienten. Er übte jedoch keine öffentliche Kritik am Kaiser und nahm sogar Ludendorff und Hindenburg gegen den Vorwurf in Schutz, voreilig um einen Waffenstillstand ersucht zu haben. In der Zeit, die ihm blieb, verwandte Weber seine Energien und Ideen darauf, das Fundament für eine neue Staatsordnung zu legen, indem er wichtige Beiträge zur Gründung der Demokratischen Partei leistete und an den Verfassungsberatungen teilnahm, die im Dezember 1918 im Innenministerium stattfanden.

Wäre Weber ein besserer Politiker gewesen, so hätte er vielleicht in diesen entscheidenden Monaten eine maßgeblichere Rolle spielen können, doch offenbar bewog die offene Kritik, die er an Deutschlands erster Nachkriegsregierung, dem Rat der Volksbeauftragten, übte, deren sozialdemokratischen Chef Friedrich Ebert dazu, von der geplanten Berufung Webers zum Innenminister abzusehen, und später verspielte er durch seinen naiven Glauben daran, dass man ihn gleichsam automatisch zum Mitglied der Nationalversammlung machen werde und er daher eine formelle Bewerbung nicht nötig habe, die Chance, an den Verfassungsdebatten in diesem Organ mitzuwirken. Davon einmal abgesehen, waren, wie Mommsen schreibt,

Webers letzte politische Ideale, die unverändert der Machtstellung des deutschen Nationalstaats in der Welt galten, der Situation des Jahres 1919 keineswegs angemessen. (332)

Dasselbe gilt für Webers Vorstellungen darüber, wie im Rahmen einer demokratischen Verfassung die Machtbefugnisse der Regierung organisiert und verteilt werden sollten. Zu einem Zeitpunkt, da die Deutschen sich auf ein mutiges neues republikanisches Experiment einließen, richtete er den Blick zurück zu jenem Bismarck, dem er einst vorgeworfen hatte, dem bürgerlichen Mittelstand den Schneid abgekauft und die parlamentarischen Institutionen zur Ohnmacht verurteilt zu haben. Er traute den «Sozialisten» nicht zu, dass sie Deutschland so regieren könnten, wie es nach seiner Ansicht regiert werden musste, und was das Bürgertum betraf, so hatte er offenbar den Eindruck, dieses habe in den Jahren seit 1895, als er an dessen politisches Selbstbewusstsein appelliert hatte, die bejahende Einstellung zum Staat, die er von ihm forderte, noch immer nicht entwickelt. Nach seiner Überzeugung brauchte Deutschland in der Situation, in der es sich jetzt befand, einen von plebiszitärer Zustimmung getragenen, cäsaristisch regierenden Staatsmann nach Art Bismarcks. Das sprach in seinen Augen nicht gegen die Notwendigkeit eines starken Parlaments. Offenbar glaubte Weber ursprünglich sogar, das Parlament könne die denkbar beste Schule für den Führungsnachwuchs des Landes sein. Doch sehr bald gelangte er zu der Überzeugung, der Reichstag bedürfe als Gegengewicht einer charismatischen Führerfigur; diese dürfe ihre Wurzeln nicht im Parlament und in den Parteien haben, sondern müsse, getragen von der Zustimmung des Volkes, die Politik der Nation mit einem Minimum an parlamentarischer Einflussnahme gestalten und lenken können, so lange der Erfolg ihr recht gab. Blieb der Erfolg aus, sollte diese Figur abgehalftert werden, wobei nie konkret deutlich wurde, wie das in der Praxis vor sich gehen würde.

In seinem Beitrag über Gaetano Mosca und Vilfredo Pareto in *Max Weber und seine Zeitgenossen* nennt David Beetham diesen Gedanken

‹die wirklich substanzielle Erneuerung der liberal-demokratischen Theorie›, da er ‹gerade jene Kombination demokratischer und dezisionistischer Bestandteile betonte, welcher die liberale Theorie bedurfte› (239f.)

Das ist kein Urteil, dem sich jeder Leser freudig anschließen wird. Als Weber in den Verfassungsberatungen vom Dezember 1918 vorschlug, den Präsidenten der neu zu schaffenden Republik nach diesem Schema zu definieren, erntete er heftige Kritik von links; man warf ihm vor, er wolle ein Präsidialsystem errichten, das allzu sehr einer Monarchie ähnelte, und sein Vorschlag wurde verworfen. Ob sein Modell, wäre es denn verwirklicht worden, den Niedergang der Weimarer Republik verhindert oder beschleunigt hätte, kann natürlich niemand sagen – dennoch ist dies eine Frage, die in den Reihen der Weber-Bewunderer hitzigste Kontroversen auszulösen vermag. Mommsen berichtet über die empörte Reaktion so mancher Teilnehmer am Heidelberger Soziologenkongress von

1964, als in mehreren Referaten eine lineare Verbindung zwischen Max Weber und dem Politologen Carl Schmitt angedeutet wurde, dem sogenannten «Mephistopheles der Vor-Hitler-Periode», der die These aufstellte, eine vernünftige Politik setze die Abkehr von liberalen Moralvorstellungen und die Bejahung von Gewalt und Konflikt als den grundlegenden Realitäten des politischen Prozesses voraus. Schmitt trieb die Theorie des Dezisionismus auf die Spitze, indem er erklärte, dass derjenige als Souverän anzusehen sei, der die zur Beseitigung der Notlage führenden Entscheidungen treffe. Er berief sich auf dieses Argument, um Hitlers blutiges Vorgehen gegen die SA im Juni 1934 zu rechtfertigen.

Mommsen kommt zu dem vernünftigen Fazit, es sei offensichtlich, dass Schmitt sich bei seinem Unterfangen, aus den theoretischen Prämissen Webers das plebiszitäre Prinzip in logischer Konsequenz weiterzudenken, durchaus auf die Theorien Webers berufen konnte, umso mehr,

als bei Max Weber die spezifisch demokratischen Grundwerte hinter den nationalen Machtinteressen der Nation stark zurücktraten. (437)

Das charismatisch-plebiszitäre Führermodell verwirklichte sich 1933 dann allerdings in einer merklich anderen Form, als Weber es sich vorgestellt hatte. Gleichwohl findet Mommsen, es sei nicht zu leugnen,

dass Webers Lehre von der charismatischen Führerherrschaft, verbunden mit ihrer radikalen Formalisierung des Sinns der demokratischen Institutionen, ihr Teil dazu beigetragen hat, das deutsche Volk zur Akklamation eines Führers, und insofern auch Adolf Hitlers, innerlich willig zu machen. (ebd.)

Die Folgen waren bekanntlich noch viel verheerender als alles, was der «Holzfäller von Doorn» verbrochen hatte.

Unter einem schlechten Stern

Am 14. Juni 1922, mitten in einer Zeit steigender Inflationsraten in Deutschland und wachsender Unzufriedenheit mit der Reichsregierung, an deren Spitze damals Josef Wirth und Walther Rathenau standen und sich um die Erfüllung der im Versailler Vertrag festgelegten Friedensbedingungen bemühten, fand in München eine Zusammenkunft bayerischer Monarchisten und anderer «Systemgegner» statt. Wie aus einem der Mitteleuropa-Berichte des britischen Geheimdienstes SIS unter Berufung auf eine in München ansässige «sichere Quelle» hervorgeht, gehörten zu den Teilnehmern der Versammlung der frühere Generalquartiermeister des deutschen Heeres, Erich Ludendorff, der frühere Kommandeur des Königlich-Bayerischen Infanterie-Leibregiments, Franz Ritter von Epp, zu der Zeit in Thüringen als Freikorpsführer aktiv, der Erzmonarchist Gustav von Kahr, der wenig später zum Generalstaatskommissar in Bayern avancieren sollte, ein «Vertrauensmann des Bischofs Waitz von Innsbruck» namens Mertl als Vertreter der Vaterländischen Vereinigungen Münchens, ein Herr Pittinger vom Bayerischen Ordnungsblock und ein gewisser Adolf Hitler, Kopf der Münchener Ortsgruppe der Nationalsozialistischen Deutschen Arbeiterpartei, einer noch jungen, sehr kleinen Organisation, die jedoch im Anwachsen begriffen war, obwohl ihre Grundsätze und Ziele noch keineswegs klar definiert waren.

Das Protokoll der Besprechung ist es wert, aufmerksam gelesen zu werden. Nachdem die Versammelten einen Bericht über die zwiespältige Reaktion der Bevölkerung auf Propagandaaufrufe in ländlichen Teilen Bayerns zugunsten der Wiedereinsetzung der Wittelsbacher zur Kenntnis genommen hatten, entspann sich eine Debatte über die Probleme beim Aufbau einer zentralen Organisation der politischen Gruppierungen, die sich für die Restitution eines starken Deutschland einsetzten, Probleme, die sich aus der Anzahl und Heterogenität der Gruppen sowie aus ihrer unterschiedlichen taktischen Ausrichtung ergaben. Die vorherrschende Meinung schien zu sein, es müssten Kompromissformeln gefunden werden und die verschiedenen Gruppen müssten dafür gewisse Zugeständnisse machen.

Den Versammlungsteilnehmer Hitler schien dies zu empören. Nach einigen Zwischenrufen, deren Zielrichtung dunkel blieb, ergriff er das Wort und gab seinen Mitdiskutanten in scharfem Ton zu verstehen, sie täten nichts anderes, als in den Fußstapfen der «kapitalistischen Judenregierung» in Berlin zu wandeln, die ihn kürzlich ins Gefängnis geworfen habe, weil er «dem nationalistischen Proletariat die Wahrheit» habe sagen wollen. (Hitler war in der Tat im Januar 1922 in Haft genommen worden, nachdem er eine Versammlung einer Oppositionsgruppe in Münchener Löwenbräukeller gestört und dabei dem Führer der Gruppe Verletzungen zugefügt hatte; von der dreimonatigen Freiheitsstrafe, zu der er verurteilt worden war, hatte er nur vier Wochen abgesessen.) Es bleibe nichts anderes übrig, verkündete er, als sich für eine gewisse Zeit mit der äußersten Linken zusammenzutun, «um sie aus den Händen der Juden zu befreien und sie später zu benutzen, um die Macht in unsere eigenen Hände zu nehmen». Kompromisse seien Halbheiten, und davon habe das Volk genug.

Die Anregung Hitlers, die Zusammenarbeit mit den Bolschewisten zu suchen, löste wüstes Geschrei aus und Rufe wie «Werft ihn hinaus!» So sehr gerieten die Teilnehmer in Rage, dass der Versammlungsleiter Hitler aufforderte, den Saal zu verlassen; er folgte der Aufforderung mit finster drohender Miene und dem Ausruf: «Ihr werdet den Verrat, den ihr heute am deutschen Volk begeht, noch bereuen! Euch wird zu spät klar werden, welche Macht ich hinter mir habe.»[17]

Lässt man einmal außer Acht, was dieser Vorfall uns über die zentrale Rolle verrät, die der Antisemitismus im Denken Hitlers seit Anbeginn seiner Politikerkarriere spielte und dass er schon damals bereit war, politische Grundsätze taktischen Erwägungen zu opfern, so ist das eigentlich Verblüffende daran die Unerschrockenheit, mit der Hitler, ein kleiner Ex-Gefreiter, der in die Politik gegangen war, Männer wie Ludendorff und Epp herausforderte, die immerhin landesweit bekannte Größen waren. Ebenso verblüffend erscheint sein unerschütterliches Zutrauen in die eigene Fähigkeit, politische Kräfte mobilisieren zu können, denen es gelingen würde, Deutschland umzukrempeln. Die Zielgenauigkeit, mit der er seine Vorsätze wahr machte, die Form, die die von ihm angekündigte Umgestaltung annahm, und die schrecklichen Konsequenzen, die sich aus ihr ergaben, haben den Historikern mehr als ein halbes Jahrhundert lang Stoff zum Nachdenken geliefert. Was dabei an Ergebnissen herauskam, hat Klaus P. Fischer in einer weiträumig angelegten Arbeit, die wegen ihrer wissenschaftlichen und literarischen Qualität eine große Leserschaft verdient, kritisch zusammengefasst und klug auf den Punkt gebracht.

I

Es fällt immer wieder schwer, sich klar zu machen, dass das Dritte Reich nur zwölf Jahre gedauert hat, und entsprechend leicht erliegt man der Versuchung, wegen des enormen Ausmaßes der in diesem kurzen Zeitraum begangenen Verbrechen die nationalsozialistische Erfahrung zum zentralen Ereignis in der Geschichte der Deutschen zu erklären. Dies dürfte der Grund dafür sein, dass Historiker, die sich mit dem Aufstieg und Fall des Dritten Reichs befasst haben, oft Opfer einer, wie Fischer es nennt, «optischen Täuschung» und «trügerischer oder irreführender Theorien über politische Ursachen und psychische Motive» geworden sind, sich nährend aus der Unterstellung, solche Fehlentwicklungen müssten

tief in der deutschen Geschichte und im deutschen Wesen verwurzelt sein.
... In seiner extremsten Ausprägung hat dies zu der Praxis geführt, viele Persönlichkeiten oder Ereignisse in der deutschen Geschichte zu Vorläufern von Adolf Hitler und Auschwitz zu machen. Und dieselbe Zumutung, die der deutschen Vergangenheit widerfuhr, hat man auch auf die deutsche Zukunft ausgedehnt, indem man den Schatten Hitlers noch über der Gegenwart schweben lässt. (259)

Diesem germanophoben Standpunkt steht der exkulpierende gegenüber, der die Erfahrung des Nationalsozialismus als einen historischen Fehltritt ohne systematischen Bezug zu irgendetwas in der deutschen Vergangenheit wertet oder auch die These vertritt, die nationalsozialistischen Exzesse seien das Ergebnis fehlgeleiteter Bemühungen gewesen, etwas für das deutsche Volk zu tun, und seien außerdem überbewertet worden. Fischer hält diese Haltung für ebenso verfehlt wie die gegenteilige und zeigt, dass die Versuche, die deutsche Schuld zu trivialisieren, indem behauptet wird, die deutsche Bevölkerung habe nicht gewusst, was die Nazis taten, oder die anderen Völker hätten ebenso schlimm gehandelt wie die Deutschen (worauf die Argumentation Ernst Noltes im so genannten Historikerstreit hinauslief), ebenso interessengeleitet wie unhaltbar seien.

So ist Fischer eine Darstellung gelungen, die zwischen den Extremen navigiert. Er bilanziert die Brutalitäten der Nazis ohne jede Beschönigung und leitet den Aufstieg der NS-Bewegung und die Zustimmung, die sie bei den Deutschen fand, aus den besonderen historischen Gegebenheiten ab, die in den sechzig Jahren, die der Machtergreifung Hitlers 1933 vorausgingen, das Sein und Bewusstsein in Deutschland bestimmten. Konkreter gesprochen, zeigt er, dass das Unvermögen des 1871 gegründeten Reichs, die tiefen Klüfte, die sich in der deutschen Gesellschaft angesichts der historischen Verspätung aufgetan hatten, mit der die nationale Einheit kam, zusammen mit den psychologischen Auswirkungen der militärischen Niederlage von 1918 und der tiefen psychischen Kränkung durch die als ungerecht empfundenen Bedingungen des Versailler Friedensvertrages den Weg in die Katastrophe des Dritten Reiches ebneten. Dazu kam, dass die Weimarer Republik weder in der Lage war, ein tief reichendes nationales Identitätsproblem zu lösen, noch die von der Inflation von 1923 und der Weltwirtschaftskrise der 30er Jahre verschärften wirtschaftlichen Schwierigkeiten in den Griff zu bekommen. Zu all dem gesellten sich schließlich die charismatische Persönlichkeit Adolf Hitlers, der es verstand, sich diese Umstände für seine Ziele und Zwecke zunutze zu machen, und die Kurzsichtigkeit des konservativen Establishments, das in einem leichtfertigen Spiel mit dem Feuer Hitler in den Sattel half.

Die wichtigsten dieser Faktoren, die dem Totalitarismus der Nazis Vorschub leisteten, waren der Erste Weltkrieg und seine Nachwehen. Fischer bezeichnet zwar das Reich von 1871–1918 als eine hybride Nation, deren Modernisierung durch einen institutionalisierten Feudalismus behindert wurde, äußert aber die Überzeugung, das Land die Herausforderungen der industriellen Zivilisation mit Erfolg hätte bewältigen können, wenn es nicht zum Trauma der militärischen Niederlage gekommen wäre. Andererseits aber verweist er darauf, dass die Politik, die das feudale Regime des Deutschen Reiches betrieb, um sich selbst vor den Kräften des Umbruchs zu schützen, den Krieg und die Niederlage geradezu unausweichlich machten. Er nennt in diesem Zusammenhang insbesondere die von Wilhelm II. forcierte Hinwendung zu einem Imperialismus, der den Massen nationale Gesinnung einflößen und sie von Forderungen nach sozialen Reformen ablenken sollte, und die Bereitschaft, wichtige politische, namentlich außenpolitische Belange in den Händen unverantwortlicher Ministerien und Beamter zu belassen, die keinerlei parlamentarischer Kontrolle unterlagen. Die Eilfertigkeit, mit der deutsche Intellektuelle, gerade auch das Gros der akademischen Elite, nach dem Sieg von 1871 liberalen Ideen den Laufpass gaben, machte diese Tendenzen umso gefährlicher, denn dadurch wurden die deutschen Universitäten zu Hochburgen einer kritiklosen Bejahung einer auftrumpfenden Diplomatie, deren sich der Kaiser befleißigte. Fischer schreibt:

Beeindruckt von den Erfolgen der preußischen Militärmacht, gelangten viele Intellektuelle zu der Überzeugung, die Macht sei das eigentliche Elixier des Lebens. Selbst ein Friedrich Nietzsche, der seine Landsleute ermahnte, eine reine Machtpolitik ohne geistigen Tiefgang werde das deutsche Volk abstumpfen und brutalisieren, widmete sein eigenes Leben einem Ideal, das er den «Willen zur Macht» nannte – ein Begriff, dessen die Nazis sich später dankbar und mit großem Gepränge bedienten. (24)

Diese Denkhaltung war nicht der unwichtigste Grund für die Euphorie, mit der die Deutschen 1914 den Kriegsausbruch begrüßten, und für das Vertrauen, das sie in den darauffolgenden vier Jahren der Reichsregierung immer wieder schenkten. Was den Krieg selbst betrifft, so begnügt Fischer sich im Wesentlichen mit einer – allerdings schneidenden – Kritik an der deutschen Heeresleitung, jener Ansammlung «genialer Militärs, die von einer Katastrophe in die nächste stolperten». Militärische Fehlleistungen waren freilich kein exklusives Vorrecht Deutschlands, so dass nach Fischers Ansicht ein ähnlich strenges Urteil auch über die französischen und britischen Truppenbefehlshaber gefällt werden könnte. Bei den deutschen Militärbefehlshabern trat jedoch zum einen ihre entscheidende Mitwirkung am Ausbruch des Krieges im Sommer 1914 hervor, zum anderen das Geschick, mit dem sie 1918 die Verantwortung für die Niederlage von sich abwälzten. Sie setzten durch, dass die Zivilregierung sich mit der Bitte um einen Waffenstillstand an die Alliierten wandte und behaupteten dann, dem Heer sei ein Dolchstoß in den Rücken versetzt worden.

Unter einem so bösen Stern geboren, wurde die Weimarer Republik im Lauf ihres kurzen Lebens auch noch von einer Reihe weiterer Probleme heimgesucht. Sie wurde auf den Ruinen des Kaiserreichs weniger im Zeichen gründlicher Erwägungen als im Geist der Improvisation errichtet, und selbst Männer wie Gustav Stresemann, die zu ihren engagiertesten Führungsfiguren aufstiegen, freundeten sich nur widerstrebend mit ihr an und sahen lange Zeit in ihr nicht mehr als das kleinste unter mehreren zur Wahl stehenden Übeln. In ihren ersten Jahren war die Weimarer Republik eine machtlose Erscheinung, dem drakonischen Regiment des Versailler Vertrages und der völligen Aushöhlung des Geldwerts in der Inflationszeit unterworfen; die wenigen Jahre des Wohlstands, die ihr vergönnt waren, endeten in der 1930 einsetzenden Weltwirtschaftskrise. Mit ihrem scheinbaren Unvermögen, sich bei den anderen Mächten Respekt zu verschaffen, verscherzte sie sich das Wohlwollen deutscher Patrioten; die älteren gesellschaftlichen Eliten nahmen ihr übel, dass sie es an Achtung vor deutscher Tradition und Geschichte fehlen ließ; die Kirchen und Universitäten standen dem kulturellen Pluralismus, den die Republik zu fördern schien, im Großen und Ganzen ablehnend gegenüber. Keine ihrer politischen Parteien war der Republik leidenschaftlich zugetan, einige sagten ihr offen den Kampf an. Als sie 1933 ihr Leben aushauchte, erfüllte das zwar manche Deutsche mit unguten Vorahnungen, aber nur sehr wenige mit Bedauern.

Diese traurige Geschichte erzählt Fischer mit viel Elan und in großer Ausführlichkeit. Hie und da bedient er sich für den Leser vielleicht etwas befremdlicher charakterologischer Kurzattribute. So nennt er den Romanautor und Sozialkritiker Heinrich Mann den «abtrünnigen Bruder Thomas Manns» – man fragt sich warum. Oder er charakterisiert den Industriellen Hugo Stinnes, den Oswald Spengler nach Fischers eigener Darstellung für den klügsten Menschen hielt, dem er je begegnet war, als «eingebildeten Fatzke» – was will er uns damit sagen? Und was darf man sich unter einem «finsteren Finanzexperten» vorstellen – mit diesem Epitheton bezeichnet er Gottfried Feder. Diese Unart wächst sich glücklicherweise nicht zur Gewohnheit aus, auch wenn Ernst Jünger an späterer Stelle rätselhafterweise als «der deutsche Maurice Barrès» vorgestellt wird. Im Großen und Ganzen zeichnet Fischer ein unzweideutiges und prägnantes Bild von den wichtigsten handelnden Figuren der Periode.

Indem er zeigt, welch idealen Nährboden für das Gedeihen Hitlers und seiner Partei die Verhältnisse in der Weimarer Republik boten, erhält auch das, was er über die Zunahme des Antisemitismus in Deutschland und die besondere Rolle, die die deutsche Jugend dabei spielte, zu berichten weiß, eine eindringlichere Qualität. Antijüdische Ressentiments hatten, wie er in den Anfangskapiteln seines Buches belegt, schon in Zeiten des Kaiserreichs zu den Besorgnis erregenden Faktoren der deutschen Wirklichkeit – wie auch der in anderen Ländern – gehört. Das galt in verstärktem Maß, nachdem zum Ende des 19. Jahrhunderts die Zuwanderung armer Juden aus den Ländern Osteuropas eingesetzt hatte, die sich äußerlich und kulturell stark von den assimilierten deutschen Juden unterschieden. Walther Rathenau, selbst Jude, hatte wahrscheinlich diese «Ostjuden» vor Augen, als er sich einmal besorgt darüber äußerte, dass die Juden dabei seien, sich zu einem fremden Organismus im deutschen Volkskörper zu entwickeln. Gleichwohl trat organisierter Antisemitismus in Deutschland nur sporadisch zutage, bis nach der Niederlage von 1918 und der großen Inflation die Juden pauschal zu Sündenböcken für alle Misshelligkeiten, die dem Land widerfuhren, gemacht wurden. Die herausragende Rolle, die Juden im Weimarer Kulturleben spielten, ließ den Vorwurf laut werden, sie propagierten vorsätzlich Unsittlichkeit und Moralverfall. Die Ermordung Walther Rathenaus 1922, offenbar das Werk von Leuten, die es als Schande empfanden, dass ein Jude als deutscher Außenminister amtierte, war ein Indiz für eine Radikalisierung rassistischer Einstellungen. Die antisemitische Propaganda der Nazis fiel auf fruchtbaren Boden.

Fast ebenso bedenklich war die Entfremdung der deutschen Jugend von der Republik. In Thomas Manns Roman *Doktor Faustus* verkündet der Hallenser Student Konrad Deutschlin:

Der Jugendgedanke ist ein Vorrecht und Vorzug unseres Volkes, des deutschen, – die andern kennen ihn kaum. ... Die deutsche Jugend repräsentiert, eben als Jugend, den Volksgeist selbst, den deutschen Geist, der jung ist und zukunftsvoll, – unreif, wenn man will, aber was will das besagen! Die deutschen Taten geschahen immer aus einer gewissen gewaltigen Unreife, und nicht umsonst sind wir das Volk der Reformation.[18]

Wie wir von Fischer erfahren, gehörten von 9 Millionen Jugendlichen, die es in den 1930er Jahren in Deutschland gab, 4,3 Millionen einer der vielen Jugendorganisationen an, die in ihrer überwiegenden Mehrheit die demokratischen Reformen der Weimarer Zeit ablehnten und eine ausgeprägte Vorliebe für völkische Ideen und Traditionen hatten. Er zitiert einen Berliner Pastor, der 1932 schrieb:

Weil viele dieser Jugendlichen die bittere Erfahrung der Arbeitslosigkeit durchmachten, ... konnte der politische Radikalismus sie an sich binden, indem er sich aller ihrer Lieblingsideen bemächtigte. Der Führergedanke schlug um in die Unterstützung der Diktatur eines labilen Österreichers, aus der warmen Zuneigung zum Volk wurde ein eiskalter Antisemitismus, der Zusammenhalt innerhalb der Jugendgruppe verwandelte sich in einen gehässigen Kampf gegen diejenigen, die es wagten, anderer Meinung zu sein.

Die Entfremdung junger Deutscher von ihrem Staat bewirkte, dass sie sich zu Tausenden dem Nationalsozialismus zuwandten. Das kann auch erklären, weshalb die Reichswehr keinen Eifer zeigte, die Machtergreifung Hitlers zu verhindern. Schon 1930 hatte der britische Militärattaché in seinen Berichten Reichswehroffiziere mit der Aussage zitiert, der Nationalsozialismus sei «die Jugendbewegung». Sie sei «nicht aufzuhalten»![19]

Was den «labilen Österreicher» betraf, so fühlt sich Fischer offensichtlich bemüßigt, den diversen psychologischen Theorien Tribut zu zollen, mit denen versucht worden ist, das Phänomen Hitler zu erklären; nachdem er sie alle herbeizitiert hat, kommt er zu dem vergleichsweise zahmen Fazit, Hitler habe wohl hauptsächlich an einer «soziopathischen oder antisozialen Persönlichkeitsstörung» gelitten, der Antisemitismus sei «der Sauerstoff seines politischen Lebens» und, er sei überdies unfähig gewesen, Liebesbeziehungen, vor allem solche zu Frauen, zu unterhalten, sei als systematischer Manipulator persönlicher Beziehungen erschienen, habe den Erfolg und die brutale Kraft bewundert und sich in «unrealistischen Fantasien und großen Illusionen» ergangen. Erst das Chaos, das in der Nachkriegszeit über Deutschland kam, habe ihm die Möglichkeit verschafft, «seine Pathologie in einem wachsenden Kreis von Gleichgesinnten zu normalisieren», nämlich in den Reihen der Deutschen Arbeiterpartei, in die er Ende 1919 eintrat.

Fischer bringt es aber nicht über sich, es dabei zu belassen, sondern präsentiert an späteren Stellen des Buches eine neue Liste von Symptomen und eine neue klinische Diagnose Hitlers als einer «soziopathischen (kriminellen) Persönlichkeit». Der aufmerksame Leser bemerkt freilich, dass es an einer Stelle des Buches ausdrücklich heißt, man könne Hitler nicht als einen in irgendeiner Weise geistesgestörten Menschen bezeichnen, und in der Tat demonstriert Fischer, dass die Fantasien des «labilen Österreichers» in vielerlei Hinsicht eben nicht unrealistisch waren. Wie gut es ihm gelang, seine «Pathologie zu normalisieren», bewies er dadurch, dass er auf höchst beeindruckende Weise die Führung einer Partei an sich riss, die die Herrschaft über Deutschland eroberte und ihn zum Diktator erhob.

In einem gelungenen Kapitel mit der Überschrift «Wer unterstützte Hitler?» schafft Fischer in diesem Punkt jede erdenkliche Klarheit, indem er schreibt:

Es war Hitlers organisatorisches und charismatisches Genie, das die Attraktivität der NS-Partei für einen breiten Querschnitt der deutschen Bevölkerung begründete. Wie aus Mitgliederlisten der Partei und aus der Auswertung von Wahlergebnissen hervorgeht, konnte sie Anhänger über den harten Kern ihrer ursprünglichen Klientel hinaus gewinnen und dabei in gesellschaftlichen Gruppen Punkte sammeln, die eigentlich inkompatibel zueinander waren. Hitler hatte offenbar intuitiv erfasst, dass das Wahlverhalten der Menschen nicht nur von ihrer Schichtzugehörigkeit bestimmt wird, sondern auch von Einstellungen und Vorurteilen. Er ging davon aus, dass wenn es ihm gelang, die Massen zu ‹nationalisieren›, ihnen ethnische Vorurteile einzuimpfen, die Chance bestand, heterogene gesellschaftliche Elemente unter Ausblendung der zwischen ihnen bestehenden wirtschaftlichen Klüfte zu einer ‹Volksgemeinschaft› zusammenzuschweißen. Er behielt damit recht. Zwischen 1923 und 1933 schuf er so das Fundament einer ‹Sammelpartei›, mit einem Konzept, das so neuartig war, dass es sich dem Verständnis der meisten damaligen Beobachter entzog. (261)

Dennoch konnte diese Partei selbst bei der Wahl, in der sie am besten abschnitt, im Juli 1932, nicht mehr als drei Achtel aller Stimmen auf sich vereinigen. Angesichts der Polarisierung, die in der deutschen Politik herrschte, lag die NSDAP mit diesem Anteil jedoch, wie Fischer betont, über dem Durchschnitt aller anderen Parteien und ließ die NSDAP somit, wie Thomas Childers es ausgedrückt hat, als die «lange gesuchte mittelständische Sammlungspartei» erscheinen.[20] Als die Weimarer Politik in den letzten Monaten des Jahres 1932 zu einem intriganten Wettstreit der Dunkelmänner und Strippenzieher degenerierte, war Hitler derjenige, der sowohl die Wählerbataillone in der Hinterhand hatte, um die ihn alle seine Gegenspieler beneideten, als auch über genügend politische Raffinesse verfügte, um die einzige Gruppe auszumanövrieren, die ihn noch hätte aufhalten können: die reaktionären Nationalisten um Hindenburg.

Fischer bezeichnet das Staatsgebilde, das aus der Machtergreifung der Nazis Ende Januar 1933 hervorging, als totalitären Rassenstaat, weil die programmatische Essenz der neuen Machthaber die Institutionalisierung des Rassismus und die Normierung des Menschen war. Auf die denkbar prägnanteste Formel brachte dies Josef Goebbels, Hitlers Chefpropagandist, der einmal erklärte, dass das Ziel der nationalsozialistischen Revolution ein totalitärer Staat sein müsse, der alle Bereiche des öffentlichen Lebens durchdringe. Im Sinne dieses Ziels brachten die Jahre zwischen 1933 und 1945 die Perfektionierung von Herrschafts- und Kontrollinstrumenten durch Organe von Partei und Staat, die Formulierung und Durchführung zunehmend radikalerer rassistischer Programme und zugleich die Mobilisierung der Wirtschaft und der Massen für Krieg und Eroberung. Fischer beschreibt diesen Prozess in einer Abfolge starker Kapitel; er beginnt mit einer Darstellung des Führers und seines Führungsstils, der Partei und der staatlichen Organe sowie der SS, fährt dann fort mit einer ausführlichen Übersicht über das Leben im nationalsozialistischen Deutschland (Schulwesen, Familie, Rolle der Frau, Religion, Kultur, Wirtschaft) und brilliert mit vier gewichtigen Kapiteln über den Weg in den Krieg, den Blitzkrieg, die neue Ordnung im nazistischen Europa (wo er den Schwerpunkt weniger auf die Beziehungen zu den besetzten, beherrschten und neutralen Staaten legt als auf die Verbrechen der Nazis und den Holocaust) und der Periode der sich abzeichnenden Niederlage zwischen Stalingrad und der Kapitulation.

Zu allen diesen Themenkomplexen hat Fischer interessantes zu sagen (allerdings heute von der Forschung widerlegt): etwa wie Hitlers Bohemien-Mentalität eine gewisse Unordnung im Verwaltungswesen förderte und alle möglichen Doppelzuständigkeiten zwischen konkurrierenden Machtzentren geschaffen wurden, wobei freilich keine Sekunde ein Zweifel an der Einzigartigkeit seiner Stellung im Zentrum des gesamten Systems aufkam. Männer wie Göring, Goebbels und Himmler, so unumschränkt ihre Macht in ihrem jeweiligen Bereich sein mochte, waren nichts ohne ihren Führer; erstaunlicherweise blieben sie ihm in unerschütterlicher Loyalität verbunden, bis ihr Deutschland um sie herum in Trümmer sank.

Was die NSDAP betrifft, so betont Fischer, ihre Geschichte sei «eigentlich überhaupt keine Geschichte gewesen, sondern eine Abfolge von Sackgassen und abgebrochenen Entwicklungen». (309) Das einzige wirklich revolutionäre Element in ihr, die SA – von der Ernst Röhm sagte, sie werde «Deutschland aus den Angeln heben» –, wurde von Hitler im Juni 1934 aus Rücksicht auf die Reichswehr zerschlagen, ein Schritt, der die Kräfte schwächte, die tief greifende Veränderungen in der gesellschaftlichen Struktur des Landes wollten. Während die Partei nach Kräften versuchte, die traditionellen Institutionen des Staates zu infiltrieren, dockten die alten Eliten, um ihre Stellung und ihren Einfluss zu bewahren und in den Jahren der territorialen Expansion neue Bastionen erobern zu können, bei der NSDAP an. Das galt für das preußische Offizierskorps ebenso wie für mächtige, modern denkende Industrielle. Die Folge war, wie Fischer feststellt, dass es nicht zu der ursprünglich verheißenen Angleichung innerhalb der Partei kam. Vielmehr galt: Von einer Rangstufe zur nächsthöheren in der Partei nahm der Anteil derer, die den alten gesellschaftlichen Eliten angehörten, zu.

Über das Leben in Nazi-Deutschland schreibt Fischer, das Regime habe die Menschen «aus ihrer Innenwelt herausgeholt und sie zu Mitakteuren in einer ununterbrochenen Abfolge von Großinszenierungen gemacht, arrangiert und dirigiert von einem Mann mit Sinn für das Dramatische». (341) So war es tatsächlich, und die Filme Leni Riefenstahls über die großen Parteitagsspektakel beeindruckten nicht zuletzt auch viele im Ausland und trugen dazu bei, dass man dort keinen zwingenden Grund sah, Deutschland in die Schranken zu weisen. Andererseits konstatiert Fischer auch, dass die Deutschen sich im Dritten Reich «selten sicher, entspannt oder mit sich selbst im Reinen fühlten». (341) Von den späten 30er Jahren an registrierten die geheimen Polizeiberichte aus dem Land ein tiefes Unbehagen bei den Menschen und nicht wenig Unmut über die beständigen Eingriffe der Partei ins Privatleben und das Auf und Ab der Wirtschaft. Manche äußerten die Befürchtung, das Regime werde sich nicht dauerhaft halten können, und es gab eine nicht unbeträchtliche Zahl von Fällen, in denen Menschen die Teilnahme an vorgeschriebenen Praktiken und Ritualen ablehnten oder sogar Verfolgungsopfern Hilfe leisteten.

Die geheimen Sicherheitsorgane der Nazis stellten sich auf den Standpunkt, solche individuellen Verweigerungen seien im Großen und Ganzen harmlos und es gebe keine Anzeichen für einen fundamentalen Groll gegen das Regime; immerhin aber widerlegte das, was sich in diesen Berichten niederschlug, die hochfliegenden Behauptungen des Regimes über eine im Entstehen begriffene harmonische Volksgemeinschaft. Die Frage, die einem nach der Lektüre von Fischers exzellentem Buch immer wieder durch den Kopf geht, lautet: Bewirkten die Versuche der Nazis, den Einfluss der Familie und der Kirche auf die Erziehung des Nachwuchses zurückzudrängen, eine staatlich gelenkte Jugendkultur zu schaffen und sowohl auf dem Land als auch in der Arbeiterschaft traditionelle Strukturen zu zerschlagen, am Ende nicht das Gegenteil dessen, was damit beabsichtigt war? Produzierten sie nicht mehr Skeptizismus und Individualismus als Konformität? Und hatte die Schnelligkeit, mit der die Deutschen sich nach dem Krieg mit der Demokratie anfreundeten, damit etwas zu tun?

Hitler selbst, ein Österreicher, der offenbar zu keiner Zeit eine nennenswerte Zuneigung zu den Deutschen entwickelte und ihnen in seinem letzten Willen und Testament den bitteren Vorwurf machte, sie hätten ihn nie verstanden und nie hart genug gearbeitet, um seine Visionen zu verwirklichen, war, wie es scheint, nicht so sehr an der Schaffung eines neuen Deutschland interessiert (was das Ziel des echten Nazis Josef Goebbels war) als daran, sich Europa untertan zu machen und es einer rassischen Säuberung zu unterwerfen. Von 1938 an zeigte Hitler nicht mehr viel Interesse an innenpolitischen Vorhaben, sondern wandte sein Augenmerk seinem eigentlichen Ziel zu, indem er zunächst einmal die Unabhängigkeit Österreichs und der Tschechoslowakei vernichtete und sich den Weg für die Eroberung Polens und den darauf aufbauenden großen Krieg freiräumte.

II

In seinen bemerkenswerten Pariser Tagebüchern aus der Kriegszeit, *Strahlungen,* berichtet Ernst Jünger von einem befreundeten Offizier, der ihm im Anschluss an ein Gespräch mit einem Theologen gesagt habe, dass das Böse immer zuerst in Gestalt Luzifers erscheine, um sich danach in Diabolos und am Ende in Satanas zu verwandeln. Das sei, hatte er hinzugefügt, die Sequenz vom Lichtbringer zum Spalter, zum Zerstörer. Der Gedanke hatte Jünger zutiefst beeindruckt, und einige Wochen später schrieb er: «Was den Fall Kniébolo [sein Deckname für Hitler] betrifft, so wird der Übergang von Diabolos zu Satanas immer deutlicher.»[21] Diese Tagebucheinträge wurden Anfang 1942 geschrieben und enthielten zweifellos Bezüge zu den Aktivitäten der Einsatzkommandos im Osten, Aktivitäten, die seit Beginn des Russlandfeldzugs im Juni 1941 ständig intensiviert worden waren.

Die Wurzeln des Holocaust reichten freilich noch viel weiter zurück, wie Fischer deutlich macht; die kurze Übersicht, die er zu diesem Komplex gibt, findet ihre Ergänzung in einer bewundernswert gut recherchierten Arbeit von Henry Friedlander, Professor für Geschichte am Brooklyn College der City University of New York und dort Leiter des Bereichs Jüdische Studien. Friedlander weist darauf hin, der Holocaust sei die extremste Ausprägung des Gedankens gewesen, die Gesellschaft lasse sich durch den gewaltsamen Ausschluss unerwünschter Elemente aus dem genetischen Reservoir verbessern, eine Idee, die auf den Darwinismus und biologisch-rassische Theorien des 19. Jahrhunderts zurückging und durch die Popularität der Eugenik-Bewegung zu Beginn des 20. Jahrhunderts Auftrieb erhielt. In den Vereinigten Staaten interessierten sich die Eugeniker vor allem für Intelligenzquotienten und sorgten sich um das, was sie als biologische Degenerierung der unteren Gesellschaftsklassen empfanden. In Deutschland rückte man eher die Rassen- als die Klassenzugehörigkeit in den Vordergrund und entwickelte eine viel stärkere Abneigung gegen «Mischlinge». Parallel zur Zunahme des Antisemitismus stieg in Deutschland die «Rassenhygiene» (das war das bevorzugte Synonym für Eugenik) zu einer Herzensangelegenheit der Radikalen auf, und es war bezeichnend, dass 1931 einer der namhaftesten Wortführer derer, die innerhalb der NS-Bewegung den nordischen Überlegenheitskult pflegten, öffentlich erklärte: «Hitler ist der erste Politiker mit wirklich breitem Einfluss, der erkannt hat, dass der zentrale Auftrag aller Politik die Rassenhygiene ist, und der diesem Auftrag aktiv nachkommen wird.»

Mit dieser Feststellung lag der Mann zweifellos richtig. Schon im Juli 1933 trat ein Gesetz in Kraft, das für Personen, die an angeborenem Schwachsinn, Schizophrenie, manisch-depressiven Psychosen, erblicher Epilepsie, schweren angeborenen Körperbehinderungen (einschließlich Taubheit und Blindheit), schwerem Alkoholismus und ähnlichen Gebrechen litten, die Zwangssterilisierung vorschrieb. Im Oktober 1939 unterzeichnete Hitler eine auf den 1. September 1939, den Tag des Kriegsbeginns, rückdatierte Ermächtigung, mit dem Euthanasieprogramm zu beginnen und so die «innere Reinigung» Deutschlands einzuläuten.

Die Ersten, die dem so genannten Gnadentod überantwortet wurden, waren behinderte Kinder; mindestens 5000 wurden in den Kriegsjahren ermordet. Doch bald wurden auch Erwachsene in das Programm einbezogen. Friedlander zeigt, dass die verbreitete Meinung, bei den Euthanasie-Opfern habe es sich um geistig Behinderte gehandelt, nicht ganz der Wahrheit entspricht. In den Listen tauchen viele Menschen mit körperlichen Defekten auf, die weder geistig behindert noch seelisch krank waren. In zahlreichen Fällen fielen Anstaltspatienten nur deshalb dem «Gnadentod» zum Opfer, weil man sie für unheilbar und nicht leistungsfähig hielt, daher für «unnütze Esser». Man sprach auch von der «Tötung unwerten Lebens». Die wissenschaftlichen Erkenntnisse, mit denen das Programm gerechtfertigt wurde, waren zu großen Teilen unhaltbar, und oft floss in die Entscheidung der ärztlichen Gutachter, welche Patienten «unwertes Leben» verkörperten, der Gesichtspunkt der Arbeitsfähigkeit mit ein. Sie wandten damit, so Friedlander, «ein Kriterium an, auf das später die SS-Ärzte bei der ‹Selektion› an der Rampe in Auschwitz zurückgriffen – und ihr Vorgehen war nicht minder willkürlich».

Im August 1941 erteilte Hitler wegen aufkommender öffentlicher Proteste den Befehl, das Euthanasieprogramm zu unterbrechen, doch ging die Ermordung behinderter Kinder gleichwohl weiter, und auch bei den Erwachsenen wurden die Tötungen nach einiger Zeit wieder aufgenommen, allerdings wurden die Tatorte in die eroberten Gebiete im Osten verlegt, wo neue Tötungszentren errichtet wurden. Zusätzlich wurden unter Anwendung der Selektionskriterien aus dem Euthanasieprogramm die Insassen der schon länger bestehenden Konzentrationslager überprüft, und die zuerst für die Tötung «unwerten Lebens» entwickelte Methode der Vergasung wurde in der Folge auch bei der Ermordung von Zigeunern (über die Friedlander viele Erkenntnisse präsentiert) und später bei der Vernichtung der Juden eingesetzt.

Zu den Dingen, die das Buch Friedlanders so eindrucksvoll machen, gehört die detaillierte Darstellung des administrativen Apparats für das Euthanasieprogramm, dessen Fäden in der Kanzlei des Führers zusammenliefen, und der Befehlsstrukturen, die sich von Reichsleiter Philipp Bouhler über die Leiter der acht Abteilungen der Organisation, Männer, die Friedlander ohne Umschweife beamtete Mörder nennt, bis zu den Aufsehern und Ärzten (Mördern mit Doktortitel, deren Mitwirkung man für erforderlich hielt, um den wahren Charakter der Operation zu verschleiern), den Krankenschwestern und schließlich den «Brennern» erstreckten, die die Leichen aus den Gaskammern holten, ihnen die Goldzähne herausbrachen und sie dann in die Krematorien brachten. In dem Buch findet sich auch ein bewegendes Kapitel über die Opfer, das keine Zweifel daran lässt, dass Jünger mit dem Recht hatte, was er über die Verwandlung «Kniébolos» schrieb.

Wie Hitler Hitler wurde

Es widerstrebt uns verständlicherweise, weltbewegende Geschehnisse auf triviale Ursachen zurückzuführen. Wenn wir uns auf die Suche nach geschichtlichen Erklärungen begeben, favorisieren wir große und persönliche Kräfte, langfristige Trends und maßgebliche politische und kulturelle Entwicklungen, während wir das Situationsbezogene, das Unerwartete und das Zufällige am liebsten aussortieren. So neigen wir bei dem Versuch, die Machtergreifung Adolf Hitlers Ende Januar 1933 zu erklären, dazu, weit in die deutsche Geschichte zurückzugehen und in die Ursachenforschung die Entwicklung der deutschen Politik seit dem Scheitern der Revolutionen von 1848 einzubeziehen, einschließlich solcher Faktoren wie der Vormachtstellung einer feudalen Elite und einer nationalistischen Mittelschicht im politischen Leben Deutschlands bis ins 20. Jahrhundert. Wir verweisen ferner gerne auf die – durch die Entstehung einer militanten Arbeiterbewegung hervorgerufenen – sozialen Spannungen, die Schwäche und Zersplitterung des deutschen Liberalismus, die Anfälligkeit von Teilen der deutschen Bevölkerung für pseudowissenschaftliche Rassetheorien, eine zu militärischen Abenteuern neigende Außenpolitik und die verheerenden und anhaltenden Auswirkungen des militärischen Zusammenbruchs von 1918.

Das Vertrackte an solchen Erklärungsansätzen ist, dass sie etwas Deterministisches an sich haben, d. h. den Eindruck erwecken, es habe zwangsläufig so kommen müssen, wie es gekommen ist, Alternativen habe es letzten Endes nicht gegeben. Henry Ashby Turner geht in seinem faszinierenden Buch *Hitler's Thirty Days to Power: January 1933* gegen dieses Denkschema an.[22] Über die großen geschichtlichen Wirkfaktoren schreibt er:

Obgleich diese Faktoren in vielen Fällen notwendige Voraussetzungen für das spätere Geschehen waren, reichen sie allein zu einer Erklärung nicht aus. Sie können uns verstehen helfen, wie das Dritte Reich möglich wurde, aber sie können nicht erklären, wie es tatsächlich dazu kam. (218)

Sie können in der Tat nichts Erhellendes beispielsweise zu der Frage beitragen, die im Zentrum von Turners Buch steht: wie es kam, dass ein Politiker, dessen Kurswert so drastisch gefallen war, dass angesehene Zeitschriften ihn am 1. Januar 1933 für «ausgebrannt» hielten, nur vier Wochen später als Kanzler der Republik vereidigt wurde, deren Zerstörung er betrieb. Diese verhängnisvolle Wende der politischen Fortüne war, darauf legt Turner großen Wert, keineswegs unausweichlich; sie war das Ergebnis einer Kette von Koinzidenzen, unglücklichen und glücklichen Zufällen und der politischen Leidenschaften und Torheiten eines kleinen Zirkels von Politikern, darunter als Hauptakteure der Präsident der Republik, Paul von Hindenburg, sein Sohn Oskar und sein Stabschef Otto Meissner, dazu die amtierenden bzw. früheren Reichskanzler Kurt von Schleicher und Franz von Papen und der Chef der Deutschnationalen Volkspartei, Alfred Hugenberg.

I

Die Schwierigkeiten, in denen Hitler Ende 1932 steckte, waren gravierend und drohten sich noch zu verschärfen. Bei der Reichstagswahl vom November 1932 hatte die NSDAP zwei Millionen Stimmen weniger erhalten als bei der Wahl im Juli desselben Jahres und 34 Reichstagsmandate eingebüßt. Es war der erste ernsthafte Rückschlag, den die Partei nach drei Jahren eines ununterbrochenen Aufstiegs erlitten hatte, und er war umso schwerer, als er die NS-Bewegung zu einem Zeitpunkt traf, da ihr finanzielle Probleme und eine wachsende Unzufriedenheit in der Anhängerschaft mit Hitlers Alles-oder-nichts-Kurs zu schaffen machten (also der Weigerung Hitlers, auf ein politisches Bündnis mit einer anderen Partei einzugehen, ohne dass man ihm die Kanzlerschaft garantierte).

Der Rücktritt Gregor Strassers als Leiter des Organisationsausschusses der Partei am 8. Dezember beschwor die Möglichkeit des Wegbrechens eines größeren Teils der Mitgliederschaft herauf, und gleichzeitig zeigte eine heftige Fehde, die zwischen dem Führer der fränkischen SA und dem dortigen Gauleiter entbrannte, dass die Loyalität der paramilitärischen Kräfte der Partei ihre Grenzen hatte. Es war damit zu rechnen, dass Reichskanzler Kurt von Schleicher, ein Mann, der sich nicht ohne Grund den Ruf eines gewieften politischen Strippenziehers erworben hatte, aus diesen

Problemen Hitlers politisches Kapital schlagen würde. Es gab außerdem Anzeichen dafür, dass das Land die lang anhaltende Wirtschaftskrise, die den Rahmen für den bemerkenswerten Siegeszug der NSDAP seit 1930 geliefert hatte, zu überwinden begann, ein Umstand, der aus der Sicht Hitlers einen erneuten Urnengang zu einem riskanten Wagnis machte.

Nur jemandem, der felsenfest davon überzeugt war, vom Schicksal zum Führer Deutschlands auserkoren zu sein, konnte es gelingen, in dieser Situation unerschütterlich zu bleiben. Hitler hatte diesen Glauben, und in der Tat kam ihm das Schicksal in diesem Moment zu Hilfe, und zwar in Gestalt Franz von Papens. Papen hatte sein eigenes Scheitern als Kanzler, für das er Intrigen seines Rivalen Schleicher verantwortlich machte, noch nicht verwunden und sann auf Rache. Nach einer Rede im Berliner Herrenclub, in der er sein Bedauern darüber zum Ausdruck brachte, dass die jüngsten Bemühungen, die Nazis ins Kabinett zu holen, misslungen waren, führte er ein Gespräch mit dem Kölner Bankier Kurt von Schröder, der mit den Nazis sympathisierte. Papen machte dabei keinen Hehl aus seinen Gefühlen gegenüber Schleicher, die im Übrigen von Reichspräsident Hindenburg geteilt würden. Er ließ durchblicken, dass er bereit sei, sich mit dem NS-Führer zu treffen.

Diese Äußerungen führten zu einer an Hitler gerichteten Einladung, am 4. Januar im Hause Schröders in Köln mit dem Ex-Kanzler zusammenzutreffen. Für den Führer der NSDAP war das ein völlig unerwarteter Glückstreffer. Papen und er wurden sich schnell darin einig, dass das Kabinett Schleicher durch ein Regierungsbündnis zwischen Nationalsozialisten und Nationalkonservativen ersetzt werden müsse, ein Bündnis, das den Reichspräsident ermächtigen würde, mit Notverordnungen zu regieren und das die Linksparteien ein für alle Mal vernichten müsse. Die beiden konnten sich zwar nicht einig werden, wer in einer solchen Regierung das Amt des Kanzlers übernehmen würde – Hitler zeigte sich in dieser Frage so unnachgiebig wie eh und je –, versprachen einander aber, im Gespräch zu bleiben. Für Hitler war dieses Treffen ein bedeutender Schritt nach vorn. Es bedeutete, so schreibt Turner, das Ende seiner politischen Isoliertheit und machte ihn zu einem

wichtigen Faktor einer dramatisch veränderten politischen Konstellation. Er hatte endlich den Ring der Berater durchbrochen, die den eigentlichen

Inhaber der Macht – den Reichspräsidenten von Hindenburg – vor ihm abschirmten. Ein ehemaliger Reichskanzler, der sich im Amt die Bewunderung einflussreicher konservativer Kreise und die Zuneigung des Staatsoberhauptes gesichert hatte, hatte ihm ein Bündnis angeboten. (65)

Tatsächlich befand sich Hitler damit in einer Position, in der er eigentlich nichts anderes mehr zu tun hatte, als abzuwarten, sich auf keinerlei gefährliche Initiativen einzulassen und die Früchte der Illusionen und Unverantwortlichkeiten zu ernten, die sich die anderen Mitwirkenden an diesem politischen Drama leisteten. Turner setzt die Indizien des Falles zu einer faszinierenden Geschichte jener dreißig Tage zusammen.

Die Schlüsselfigur in dem Spiel, in dem alle Beteiligten letztlich ihre Trümpfe Hitler überließen, war der alte Feldmarschall; in seiner Hand lag es, Kanzler zu ernennen und sie zu den Notverordnungen zu ermächtigen, mit denen sie auch dann noch regieren konnten, wenn der Reichstag ihnen die Unterstützung versagte. Hindenburg war inzwischen 85 Jahre alt und sowohl körperlich als auch geistig nicht mehr ganz auf der Höhe seiner Kräfte. Nach der Machtergreifung Hitlers machte der Witz die Runde, der greise Präsident habe sich am Abend des 30. Januar 1933, als er vom Balkon der Reichskanzlei aus die in Reih und Glied vorbeimarschierenden Braunhemden beobachtete, zu seinem Stabschef Otto Meissner umgedreht und gesagt: «Ludendorff, ich wusste gar nicht, dass wir so viele russische Gefangene gemacht haben.» Das war unfair, der Präsident war sicherlich noch bei klarem Verstand. Er war sich der Prärogativen und Pflichten seines Amtes bewusst und sehr wohl fähig, sie mit eindrucksvoller Autorität auszuüben. Auf der anderen Seite umgab er sich gerne mit Menschen, die Manieren hatten und sich ihm unterordneten; er war anfällig für Schmeicheleien, und da er selbst einem «altmodischen» Ehrbegriff anhing, neigte er dazu, anderen zu glauben, was sie ihm sagten.

Hindenburg hatte Franz von Papen in sein Herz geschlossen, einen Mann, der ihm, wie er einmal sagte, stets in wahrhaft feudaler Treue verbunden gewesen war; dagegen wurde er mit Papens Amtsnachfolger Schleicher, dem Liebedienerei überhaupt nicht lag, nicht richtig warm. So ist es wohl zu erklären, dass er Papen – der auch nach seiner Entlassung als Reichskanzler noch Zugang zum Reichspräsidenten hatte, diesen in irreführender Weise über die

Zusammenkunft in Köln informierte, indem er behauptete, Hitler fordere nicht mehr das Amt des Reichskanzlers für sich, sondern sei bereit, eine Koalition mit konservativen Kräften in Erwägung zu ziehen –, dazu autorisierte, heimlich mit Hitler in Kontakt zu bleiben – und dies trotz der persönlichen Aversionen, die der Reichspräsident gegen den NS-Führer hegte, und der Tatsache, dass er sich damit praktisch zum Mitverschworenen in einem Komplott gegen seinen eigenen Kanzler machte.

In der zweiten Jahreshälfte 1932 hatte Franz von Papen, der sich jetzt als treibende Kraft einer Hintertreppenverschwörung betätigte, eher durch seine Eleganz als Herrenreiter als durch geistige Brillanz von sich reden gemacht. Zum Zeitpunkt seiner Ernennung zum Reichskanzler hatte der französische Botschafter in Berlin, André François-Poncet, Papen bescheinigt, er zeichne sich dadurch aus,

> dass ihn weder seine Freunde noch seine Feinde ganz ernst nehmen. Er trägt im Gesicht den Stempel eines unverbesserlichen Leichtsinns, den er nicht loswerden kann. Im Übrigen ist er keine herausragende Persönlichkeit ... Er gilt als oberflächlich, konfus, hinterhältig, ehrgeizig, eitel, durchtrieben und intrigant. (58)

Keines dieser Persönlichkeitsmerkmale, ausgenommen das erstgenannte, sollte Papen in dem Spiel, das zu spielen er sich vorgenommen hatte, zum Nachteil gereichen; seine Oberflächlichkeit hinderte ihn allerdings daran, sich auch nur annähernd über die potenziellen Folgen seines Handelns klar zu werden. Seine Entschlossenheit, Schleicher zu Fall zu bringen, machte ihn blind für alle anderen Überlegungen, und als es ihm nicht gelang, Hitler von seiner Forderung nach der Kanzlerschaft abzubringen, verlegte er sich mit achselzuckender Nonchalance darauf, Hugenberg und die Deutschnationalen, die beiden engsten Berater des Reichspräsidenten, Oskar von Hindenburg und Otto Meissner, und den Feldmarschall selbst davon zu überzeugen, dass es ein guter Schachzug wäre, Hitler als Regierungschef zu akzeptieren. Das war sicherlich keine leichte Aufgabe, und Papen musste vermutlich seine ganze Verschlagenheit ins Spiel bringen, um sein Ziel zu erreichen; so gewann er die Zustimmung Hindenburgs letztlich nur, weil er den alten Herrn in dem Glauben ließ, Hitler werde sich beim Regieren auf parlamentarische Mehrheiten stützen und keine Notverordnungen benötigen – eine Zusicherung, die sich nach der Vereidigung des NS-Führers als vollkommen haltlos erwies.

Noch heute, siebzig Jahre später, muss man sich über die bodenlose Frivolität Papens wundern, seinen unerschütterlichen Glauben daran, dass keiner ihm das Wasser reichen könne und dass es ihm leicht fallen würde, einen Reichskanzler Hitler unter Kontrolle zu halten. Als Ewald von Kleist-Schmenzin, der später seinen aktiven Widerstand gegen die Nazis mit dem Leben bezahlte, Papen in letzter Minute klar zu machen versuchte, wie gefährlich es sei, Hitler zum Kanzler zu machen, erhielt er zur Antwort:

Was wollen Sie denn! Ich habe das Vertrauen Hindenburgs. In zwei Monaten haben wir Hitler in die Ecke gedrückt, dass er quietscht. (196)

Die vielleicht originellsten Passagen in Turners Buch sind die über Schleicher, dessen Verhalten in der Krise seiner Kanzlerschaft den Historikern seit jeher Rätsel aufgegeben hat. Kurt von Schleicher galt allgemein als politischer General *par excellence*. 1928 war er zum Chef des Ministeramts der Reichswehr aufgerückt, einer Verbindungsinstanz zwischen der Reichswehr und den Ministerien und Reichstagsfraktionen, und hatte in dieser Funktion erheblichen Einfluss auf die politischen Entscheidungsprozesse gewonnen. Schleicher hatte 1930 den Plan ausgearbeitet, das Patt zwischen den politischen Parteien durch die Berufung eines «unpolitischen» Kabinetts zu überwinden, bestehend aus Persönlichkeiten, die nicht durch die enge Bindung an eine Partei in ihren Handlungsmöglichkeiten eingeschränkt waren, sondern ihre Politik einzig und allein am nationalen Interesse ausrichten würden, bevollmächtigt vom Reichspräsidenten und den von ihm sanktionierten Notverordnungen. In diesem Sinn hatte Schleicher maßgeblich an der Bildung der Regierung Heinrich Brüning im Mai 1930 und der Berufung des Kabinetts Papen im Juni 1932 mitgewirkt, ebenso aber auch an der Abhalfterung beider. Als er im November 1932 Papen ablöste, rechnete alle Welt damit, er werde einen starken Kanzler abgeben. Er erfüllte diese Erwartung nicht.

Man muss Schleicher im Gegenteil bescheinigen, dass er an hochgradiger Leichtgläubigkeit litt, erstaunlich bei einem Mann mit so viel politischer Erfahrung. Sein größter Fehler beruhte auf seiner Überzeugung, dass er glaubte, auf die Unterstützung Hindenburgs zählen zu können, die der alte Mann ihm zu Beginn seiner Kanzlerschaft zugesagt hatte. Das war eine Grundvoraussetzung für sein Verbleiben im Amt, denn er hatte keinen Rückhalt im Parlament und musste damit rechnen, dass der Reichstag, wenn er Ende Januar, wie vorgesehen, wieder zusammentrat, ein Misstrauensvotum gegen ihn verabschieden würde, falls Hindenburg ihn nicht ermächtigte, dem durch eine sofortige Auflösung des Parlaments zuvorzukommen. Erst am 23. Januar 1933 erfuhr Schleicher bei einer Unterredung, dass Hindenburg entschlossen war, ihm eine solche Auflösungs-Verordnung nicht zu gewähren.

Offenbar wurde ihm erst in dieser Situation klar, dass man ihm zum Abschuss freigegeben hatte; aber diese Erkenntnis schien ihn nicht anzuspornen, mit ganzer Kraft um den Erhalt seiner Machtstellung zu kämpfen, sondern lähmte im Gegenteil seine Energie. Wie Turner zeigt, hätte die Weimarer Verfassung Schleicher einige Möglichkeiten gegeben, sich im Amt zu halten; er hätte zum Beispiel um eine Verlängerung der Parlamentsferien ersuchen können, bis das Kabinett zur Vorlage des neuen Haushalts in der Lage gewesen wäre; damit hätte seine Amtszeit zumindest bis ins Frühjahr hinein gewährt, und manches hätte dann vielleicht anders ausgesehen. Doch die Erkenntnis, dass frühere Weggefährten wie Franz von Papen und Oskar von Hindenburg sich gegen ihn verschworen hatten und dass Hindenburg nicht mehr zu seinem Versprechen stand, ihm die fürs Regieren erforderliche Unterstützung zu gewähren, scheint ihn tief erschüttert und in seiner wachsenden Amtsmüdigkeit bestärkt zu haben, zumal die exponierte Stellung des Reichskanzlers seinem Naturell nicht so entsprach wie die zurückgezogene Position im Reichswehrministerium, die er unter den Reichskanzlern Brüning und Papen bekleidet hatte. All dies deutet, wie Turner schreibt, darauf hin, dass

dem Mann, der zwischen Adolf Hitler und dem Reichskanzleramt stand, die Grundvoraussetzung für den Erfolg im Machtkampf auf höchster Ebene fehlte: der Wille zur Macht. (174)

Anstatt nach neuen Mitteln und Wegen zu suchen, wie er sein Amt hätte verteidigen können, suchte Schleicher am Mittag des 28. Januar den Reichspräsidenten auf und wiederholte seine Bitte um Ermächtigung zur Auflösung des Reichstags. Hindenburgs

Weigerung markierte praktisch das Ende seiner Kanzlerschaft, auch wenn der Präsident ihn bat, bis zur Ernennung eines Nachfolgers im Amt zu bleiben.

Schleicher entschloss sich daraufhin zu einem ziemlich bizarren Manöver: Er versuchte, den Einfluss der Reichswehr ins Spiel zu bringen, um eine erneute Kanzlerschaft Papens, mit der er offenbar rechnete, zu verhindern. Am Nachmittag des 29. Januar suchte General Kurt von Hammerstein Hitler auf und sagte ihm für seine Kandidatur die Unterstützung der Reichswehr zu, sofern er sie brauchen sollte; im gleichen Atemzug brachte er die Hoffnung zum Ausdruck, Hitler werde im Falle seiner Berufung zum Kanzler Schleicher als Reichswehrminister übernehmen. Das einzige Ergebnis dieses Vorstoßes – ebenso wie eines zweiten, von Schleichers Mitarbeiter Werner von Alvensleben unternommen, bei dem Hitler allem Anschein nach ein Eingreifen der Potsdamer Garnison in Aussicht gestellt wurde für den Fall, dass die «Palastclique» nur ein Spiel mit ihm treiben wolle; in diesem Falle werde man «den ganzen Schweinestall Wilhelmstraße ausmisten»[23] – bestand darin, dass wilde Gerüchte über einen bevorstehenden militärischen Staatsstreich durch Berlin liefen. Das wiederum half Papen, Hugenberg und seine anderen Partner zu einer Einigung zu drängen und Hindenburg auf die Vereidigung des neuen Kabinetts, mit Hitler als Kanzler, am 30. Januar festzunageln.[24]

Turner legt Wert auf die Feststellung, dass es nicht unbedingt so hätte kommen müssen. An jeder Wegmarke habe es Alternativen gegeben, und wenn Schleicher nur einen ausgeprägteren Machtwillen besessen hätte und fähiger gewesen wäre, hätte er sowohl Papen als auch Hitler ausmanövrieren können, indem er auf die meistversprechende der ihm zu Gebote stehenden Optionen zurückgegriffen hätte: ein Militärregime mit dem Segen des Reichspräsidenten und mit einem General als Reichskanzler. Das wäre bei einer Bevölkerung, die des endlosen politischen Gezerres überdrüssig war, vielleicht sogar gut angekommen, und es hätte jedenfalls Deutschland und Europa die fürchterlichen Wunden erspart, die das Dritte Reich ihnen zufügte. Eine solche konservative Militärdiktatur wäre, wie Turner schreibt, frei gewesen

von einem fanatischen Radikalismus. ... Ein solches Regime wäre autoritär gewesen, aber nicht totalitär, nationalistisch, aber nicht rassistisch, schlimm, aber keine dämonische Geißel der Menschheit. ... Genauso wenig hätte es sich dem Antisemitismus verschrieben oder gar die systematische Ermordung der Juden betrieben. ... Der Menschheit wäre nicht nur die traumatische Erfahrung des Holocaust erspart geblieben, sondern auch die Millionen Toten und furchtbaren Verwüstungen des Zweiten Weltkrieges. (228)

Man wird sich erlauben dürfen, diesen Thesen mit Skepsis zu begegnen. Es lässt sich nun einmal nicht voraussehen, wie sich Regierungen unter dem Druck der Umstände verhalten, am allerwenigsten im außenpolitischen Bereich. Auch Turner räumt ein, dass ein deutsches Militärregime wahrscheinlich versucht hätte, die in Versailles festgelegten Ostgrenzen durch einen Krieg gegen Polen zu revidieren, doch wäre dieser Konflikt nach seiner Überzeugung von kurzer Dauer gewesen und hätte viel zur «Klärung der internationalen Atmosphäre in Europa» beitragen können. Der polnische Korridor war freilich nicht das einzige Resultat des Versailler Vertrages, das den deutschen Militärs ein Dorn im Auge war, und der Appetit kommt schließlich beim Essen. Und was den Antisemitismus betrifft, so tut man gut daran, sich zu vergegenwärtigen, dass die Deutschnationale Volkspartei (die einstmalige Konservative Partei), die der stärkste Stützpfeiler eines solchen Militärregimes gewesen wäre, seit der Verabschiedung ihres Tivoli-Programms im Jahr 1892 stets ein Zentrum antisemitischer Stimmungsmache gewesen war.

Der Überzeugungstäter

Es hat in den obersten Rängen der Nationalsozialistischen Deutschen Arbeiterpartei durchaus nicht ganz an literarischen Begabungen gefehlt. Adolf Hitler schrieb immerhin zwei Bücher, und Alfred Rosenberg war ein unermüdlicher Pamphletist und der Autor einer antisemitischen und antichristlichen Monographie mit dem Titel *Der Mythus des 20. Jahrhunderts,* eines zwar langatmigen, aber viel gelesenen Werkes. Albert Speer führte in den Jahren seiner Haft in Spandau ein Tagebuch und schrieb später ein Buch über das Innenleben des Dritten Reiches, wie er es kennen gelernt hatte; von Joachim von Ribbentrop heißt es, er habe nach der Verkündung seines Todesurteils in Nürnberg darüber geklagt, dass er seine «schönen Memoiren» nun nicht mehr zu Ende schreiben könne. Der mit Abstand produktivste aller Autoren aus der ersten Garde der Nazis war jedoch Joseph Goebbels, der schon als Heranwachsender mit Lyrik, Theaterstücken und autobiographischen Romanen experimentierte, 1922 für Zeitungen zu schreiben begann (eine Gepflogenheit, die er beibehielt) und 1924 anfing, jenes Tagebuch zu führen, das er getreulich bis an sein Lebensende fortschrieb.

Die Eintragungen, die in den ersten Jahren drei- oder viermal pro Woche von Hand niedergeschrieben wurden und sich selten über mehr als eineinhalb Seiten erstreckten, wuchsen sich von 1941 an zu ausführlichen täglichen Diktaten aus. Goebbels opferte diesem Steckenpferd in der Regel eine Stunde und produzierte dabei manchmal Texte von 25 oder 30 Manuskriptseiten Umfang. Als Ganzes verkörpern die Goebbels'schen Tagebücher eine erhebliche Investition an Zeit und geistiger Energie. Selbst wenn man einen gewissen Narzissmus, der vor allem in den ersten Bänden zutage tritt, und ein gewisses Maß an Selbsttäuschung von Anfang bis Ende in Rechnung stellt (vor allem in der Darstellung seines Verhältnisses zu Hitler), sind die Goebbels-Tagebücher eindeutig das wichtigste von der NS-Bewegung hinterlassene Dokument, die reichste Quelle an Informationen über die internen Fehden, Debatten und Krisen der Partei sowie natürlich über das Leben des Tagebuchschreibers, seinen Charakter und seine Ideen.

Lange Zeit waren diese Tagebücher nur Historikern zugänglich, und auch das nur in stark eingeschränkter Form. 1934 ließ Goebbels selbst eine redigierte Fassung seiner Eintragungen aus den Jahren 1932 und 1933 unter dem Titel *Vom Kaiserhof zur Reichskanzlei* publizieren, doch 1945 fielen seine Tagebücher zum größten Teil in die Hände der sowjetischen Eroberer Berlins und blieben über ein Vierteljahrhundert für die wissenschaftliche Forschung unzugänglich. Kopien von Teilen der Goebbels-Tagebücher aus den Kriegsjahren gelangten in die USA; sie bildeten den Grundstock für Louis Lochners drei Jahre nach Kriegsende erschienene Ausgabe der Tagebücher für die Jahre 1942–43.[25] Weitere Zufallsfunde kamen in gedruckten Ausgaben der Tagebücher für die Jahre 1925, 1926 und 1945 heraus,[26] doch selbst jetzt noch waren diese Veröffentlichungen nur ein relativ kleiner Teil des Gesamtwerks. 1969 übergaben die Sowjets aus bis heute nicht ganz geklärtem Anlass der Regierung der DDR große Teile des noch fehlenden Tagebuchmaterials, und 1972 rang sich Ost-Berlin zu dem Entschluss durch, die Goebbels-Tagebücher im Westen veröffentlichen zu lassen. Weil sich eine Publikation für den kommerziellen Buchmarkt als unzweckmäßig erwies, übernahmen das Bundesarchiv der BRD und das Institut für Zeitgeschichte in München die Edition. Nachdem Transkription und Verifizierung abgeschlossen waren, brachte das Institut für Zeitgeschichte von 1987 an die wieder aufgetauchten Teile der handgeschriebenen Tagebücher in vier umfangreichen Bänden heraus; anschließend kamen die in Maschinenschrift vorliegenden Teile an die Reihe – sie werden mindestens sechs weitere Bände füllen. Die Herausgeber sprechen von «Fragmenten», sind aber zuversichtlich, dass sie von den handgeschriebenen Tagebucheintragungen mindestens zwei Drittel, wahrscheinlich sogar drei Viertel erfasst haben, von den maschinengeschriebenen Teilen sogar noch mehr.[27]

Dank dieser großen editorischen Leistung hat sich die historische Einschätzung des Mannes, der diese Tagebücher geschrieben hat, erheblich verändert. Frühere Veröffentlichungen über Goebbels fußten auf einem sehr bescheidenen dokumentarischen Fundament, einem Umstand, der einer äußerst dürftigen Typisierung dieses Mannes Vorschub leistete. So kamen Darstellungen zustande, in denen Goebbels als Loki [der wohl dämonischste und rätselhafteste Gott der Germanen] in Hitlers Ensemble von Wagner-Gestalten, als Machiavellist *par excellence* oder auch als reiner Techniker der Propaganda ohne eigene Ideen porträtiert wurde; Analysen seiner Politik und seines Denkens hatten hingegen Seltenheitswert. Erst in den letzten Jahren sind gründlichere Studien unter einem größeren Blickwinkel möglich geworden, etwa die Werke von Ralf Georg Reuth und Ulrich Höver: ersteres eine eigenwillige Chronik von Goebbels' Leben, die ein besonders erhellendes Licht auf seine Jugend und seine politische Entwicklung wirft, letzteres eine Studie zur Genese und Konsistenz seiner politischen Ideen. Schließlich demonstriert Russel Lemmons in seinem Buch über die Zeitung *Der Angriff,* wie sich aus der kombinierten Analyse der Goebbels'schen Tagebücher und seiner Presseveröffentlichungen neue Erkenntnisse über die Hitlerzeit gewinnen lassen.

I

Joseph Goebbels kam 1897 in Rheydt zur Welt, einer damals noch zu Mönchengladbach gehörenden Industriestadt. Sein Vater, ein Katholik mit Leib und Seele, hatte es in einem Rheydter Fabrikbetrieb vom Bürogehilfen zum Chefbuchhalter gebracht und war während des Ersten Weltkriegs zum Geschäftsführer und Prokuristen aufgestiegen. Er hatte hohe Ambitionen für die Zukunft seiner Söhne, doch Joseph, der jüngste von ihnen, hatte das Pech, dass er als Kind an einer Knochenhautentzündung erkrankte; obwohl die Familie alles aufbot, was die Region an ärztlicher Kunst hergab, blieb davon eine Lähmung des rechten Beines zurück, mit der Folge, dass sich bei dem Jungen ein Klumpfuß bildete. Diese Behinderung warf einen Schatten über das Leben des Joseph Goebbels und dürfte das Hauptmotiv für die ausgeprägte Misanthropie gewesen sein, die bei ihm später zutage trat. Untauglich für sportliche Betätigung, geschweige denn für den Wehrdienst wurde er zum leidenschaftlichen Leser, für seinen Vater Grund genug, ihn zu einem Hochschulstudium zu ermuntern; trotz beträchtlicher finanzieller Probleme unterstützte ihn der Vater bis zur Promotion im November 1921.

Der Zeitpunkt war für den Berufseinstieg eines Hochschulabsolventen nicht besonders günstig, denn er konnte einem potenziellen Arbeitgeber nichts anderes als eine Dissertation über einen längst vergessenen romantischen Dramatiker aus dem 19. Jahrhundert vorweisen. Deutschland litt noch unter dem Trauma der Niederlage von 1918, der jungen Republik machte der Mangel an demokratisch Gesinnten schwer zu schaffen, und die Deutsche Reichsmark, deren Kurs im Juli 1914 bei 4,20 Dollar gestanden hatte, war auf den 45. Teil ihres damaligen Wertes gefallen und rutschte mit zunehmender Geschwindigkeit noch weiter ab. In der Einleitung zu seiner Dissertation hatte Goebbels über die Seichtigkeit der Zeiten geklagt und zugleich eine «fast bis zur Siedehitze hinauf gesteigerte Glut und Sehnsucht nach etwas Höherem und Besserem als das, was wir leben und erstreben» konstatiert. Er bedauerte, dass nirgendwo ein «starkes Genie» in Sicht sei, «das aus dem Chaos der Zeit auf neuen Wegen zu neuen Zeiten führt».

Beständig von Armut und Depressionen gequält, führte Goebbels lange Gespräche mit seiner Geliebten Else Janke über die Voraussetzungen für den Anbruch eines «neuen Zeitalters», und 1923 verlegte er seine ganze Energie in die Niederschrift eines Romans mit dem Titel *Michael Voormann. Ein Menschenschicksal in Tagebuchblättern*. Das stark vom literarischen Expressionismus beeinflusste Werk artikulierte, um Höver zu zitieren,

die Suche der aus dem Krieg heimgekehrten Generation des späten Expressionismus nach absoluten Werten, nach dem zeitlos Menschlichen und nach neuem Lebenssinn, ihre Abkehr vom ‹Bürgerlichen› und ihre Hinwendung zum Proletariat, die Absage an Rationalismus und Objektivismus, der Hang zum ‹Dämonischen›, zu Ekstase und Rausch, Verzweiflung und Vitalismus, Gefühlshingabe und Tatwillen ... (42)

Wie ein roter Faden zog sich durch die Schrift die Absage an jene Art von Parteipolitik, wie sie in der Weimarer Republik betrieben wurde; ihr stellte der Verfasser das Ideal einer Welt gegenüber, «wiederaufgebaut von Völkern, die ... den Massenwahn überwinden und den Weg zurück zum Grundsatz der Persönlichkeit finden werden.»[28] Auch eine erste Andeutung dessen fehlte nicht, was sich zu Goebbels' brennendster Leidenschaft auswachsen sollte, nämlich seines Hasses auf die Juden.

Wie wir von Reuth erfahren, gab es keine erkennbaren familiären Motive für diesen Judenhass: Goebbels' Eltern bekannten sich stolz zu ihren jüdischen Freunden, die vermögender und besser gestellt waren als sie. Goebbels selbst hatte gehofft, den angesehenen Literaturkritiker Friedrich Gundolf als seinen Doktorvater gewinnen zu können, und war enttäuscht, als das nicht gelang. Der Umschwung in seiner persönlichen Einstellung hing offenbar mit der Stellung zusammen, die er im Januar 1923 bei der Kölner Niederlassung der Dresdner Bank angetreten hatte. Das geschah im Moment der Besetzung des Ruhrgebiets durch die Franzosen. Frankreich wollte die Fortzahlung der deutschen Reparationen erzwingen, verursachte aber durch sein Vorgehen eine dramatische Beschleunigung des Wertverfalls der deutschen Währung. Goebbels muss wohl zu der Überzeugung gelangt sein, die herzbewegenden Szenen, die er beobachtete oder über die er aus den Zeitungen erfuhr, gingen auf das Konto der Juden. Der Umstand, dass er selbst sich bei den Verlagen Mosse und Ullstein um eine Anstellung beworben hatte und nicht zum Zug gekommen war, spielte zweifellos auch eine Rolle. In jedem Fall war Goebbels 1924 ein ebenso vehementer Antisemit wie Adolf Hitler, freilich mit dem Unterschied, dass Goebbels anders als Hitler, der den Rassenaspekt im Auge hatte, die Juden hasste, weil er sie mit dem Kapitalismus und Materialismus identifizierte, der wie er meinte, das Land wie ein Geschwür zerfraß.

Goebbels' Eintritt in die Politik ließ nicht mehr lange auf sich warten. Adolf Hitlers gescheiterter Putschversuch vom November 1923 in München hatte ihn ebenso aufgewühlt wie der nachfolgende Prozess gegen die Putschisten und seine Inhaftierung in Landsberg. Goebbels begann, Artikel für ein populistisches Blatt namens *Völkische Zeitung* zu schreiben, das in Kreisen der Anhänger Hitlers gern gelesen wurde, und 1924 nahm ein Freund ihn zu einer Großkundgebung mit prominenten völkischen und nationalsozialistischen Rednern in Weimar mit; dort machte er Bekanntschaft mit Erich von Ludendorff und Julius Streicher (der das antisemitische Blatt *Der Stürmer* herausgab) und mit dem ranghöchsten NS-Funktionär in Norddeutschland, Gregor Strasser. Goebbels war zutiefst beeindruckt. Er hatte plötzlich das Gefühl, wie er seinem Tagebuch anvertraute, einer «Elite der Ehrlichen und der Treuen» anzugehören. «Das tut so wohl und gibt eine große Sicherheit und Befriedigung», fügte er hinzu. «Gleichsam eine große Verbrüderung. Im Geiste des Volkes. ... Kämpfer in einer Front. Unter dem Zeichen des Hakenkreuzes.» Es war die Geburtsstunde von Goebbels' politischer Laufbahn. Er gründete eine Ortsgruppe der Nationalsozialistischen Freiheitsbewegung Großdeutschlands und zeigte sich bei deren Zusammenkünften als begabter Redner. Er avancierte zum Schriftleiter der Wochenzeitung *Völkische Freiheit* und schrieb die meisten Artikel für das Blatt selbst. Am 8. November 1924 widmete er eine ganze Ausgabe der Zeitung dem zu dieser Zeit in Landsberg in Haft sitzenden Adolf Hitler; er rühmte ihn als «den Steuermann in der Not, den Apostel der Wahrheit, den Führer zur Freiheit, den Bekenner, den Fanatiker der Liebe, den Rufer im Streit...»

Von Goebbels' erster Begegnung mit Hitler, die wahrscheinlich im Juli 1925 stattfand, ist nichts überliefert, aber seine Reaktion nach den beiden daraufffolgenden Begegnungen (am 6. November in Braunschweig und zwei Wochen später bei einer NS-Kundgebung in Plauen) bestätigte offenbar all das, was er dem Parteichef an Vorschusslorbeeren zugedacht hatte. «Alles hat dieser Mann, um König zu sein», schrieb er. «Der geborene Volkstribun. Der kommende Diktator.» Und dann das Bekenntnis: «Wie lieb ich ihn.» Einige Wochen nach der Begegnung in Plauen schrieb er an Hitler: «Bis dahin waren Sie mir Führer. Da wurden Sie mir Freund. Ein Freund und Meister, dem ich mich bis zuletzt in einer gemeinsamen Idee verbunden fühle.» Über all die erbitterten Fehden und Hahnenkämpfe hinweg, die in den daraufffolgenden Jahren innerhalb und zwischen den diversen nationalsozialistischen und völkischen Gruppierungen abliefen und die Reuth verhältnismäßig ausführlich schildert, blieb Goebbels dieser Haltung treu. Wann immer es in politischen Debatten zu größeren Meinungsverschiedenheiten mit Hitler kam, ordnete er sich «dem Chef» unter, wie er ihn von jetzt an nannte, selbst wenn er damit gegen Zusagen verstieß, die er anderen, wie etwa seinen Verbündeten der ersten Stunde, Gregor und Otto Strasser, gegeben hatte. Dafür erntete er damals, wie auch später von Historikerseite, den Vorwurf, ein Mann ohne Grundsätze zu sein, jederzeit bereit, Verrat zu üben und den Populismus der völkischen Bewegung den Launen des Diktators zu opfern. Reuth selbst scheint nahe daran, sich diesen Vorwurf zu eigen zu machen. Es ist gewiss richtig, dass es Goebbels nie in den Sinn gekommen wäre, der Bewegung den Rücken zu kehren, nur weil Hitler seinen Ideen eine Absage erteilte, wie Otto Strasser es nach einer Auseinandersetzung über die künftige Wirtschaftspolitik tat, in der Hitler ihm erklärte, er sei schließlich doch nicht so verrückt, die deutsche Schwerindustrie kaputt zu machen: Es handle sich um eine Elite, der ein Führungsanspruch zugebilligt werden müsse.[29]

Hin und wieder nahm Goebbels Anstoß an den konservativen sozialpolitischen Ideen Hitlers und an der Hartnäckigkeit, mit der er auf dem Standpunkt beharrte, politische Veränderungen müssten auf legalem Weg erfolgen. Nach der Rede Hitlers auf der Führertagung der Partei im Februar 1926 in Bamberg schrieb er: «Welch ein Hitler? Ein Reaktionär?» (283) Doch er wusste, dass die Bewegung ohne Hitler keine Erfolgschance hatte und dass es in Krisenzeiten galt, sich dem Willen des Führers zu beugen. Wie Höver einleuchtend darlegt, taten solche kleinen Kapitulationen den persönlichen Überzeugungen Goebbels' keinen Abbruch und hinderten ihn auch nicht daran, weiterhin bei seiner radikaleren Linie zu bleiben, in der Hoffnung, Hitler im Lauf der Zeit für seinen Kurs gewinnen zu können. Der SA-Führer Walter Stennes nannte Goebbels einmal den «Stalin der Bewegung, der über die Reinheit der Idee wacht» (304), und nach dem Zweiten Weltkrieg schrieb Graf Schwerin von Krosigk, der nach 1933 mit ihm am Kabinettstisch gesessen hatte:

Goebbels vertrat von Anfang an den radikalen Flügel der Bewegung. Er hat es bedauert, dass der Nationalsozialismus nicht in gewaltsamer Form an die Macht kam. (415)

Goebbels hatte bereits an Profil gewonnen, als er Hitler kennen lernte. Im Wahlkampf des Jahres 1924 hatten seine Artikel weithin Aufsehen erregt, und er war dabei, sich den Ruf eines beliebten Volksredners, insbesondere vor proletarischen Zuhörern, zu erwerben. Nach Überzeugung Reuths erkannte Hitler sehr schnell, «dass der kleine, humpelnde Mann nicht nur der ideologische Kopf des Strasser-Flügels und ein brillanter Propagandist», sondern darüber hinaus ihm, Hitler, vollkommen ergeben war. «Hitler schmeichelte und ‹umhegte› Goebbels daher» und merkte ihn sich für höhere Aufgaben vor; als Ende 1926 ein neuer Gauleiter für Berlin ernannt werden sollte, entschied er sich für den jungen Rheinländer.

In der Reichshauptstadt hatten die Nazis unter anderem das Problem, dass sie mit nur 500 Parteimitgliedern keine effektive Rolle auf der Ebene der proletarischen Massenpolitik spielen konnten, in der die militant auftretende Kommunistische Partei eine zunehmend beherrschende Stellung gewann; dazu kam die Rivalität zwischen den Parteiführern und den Kommandeuren der Berliner SA. Goebbels verfügte, wie sich zeigte, genau über die Mischung aus Ideenreichtum und Rücksichtslosigkeit, derer es bedurfte, um diese schwierige Situation zu meistern. Auf die Gefahr hin, sich Ärger mit der Parteizentrale in München einzuhandeln, arrangierte er sich mit der SA, indem er deren Forderung nach politischer Mitsprache ebenso entgegenkam wie ihrer Vorliebe für gewalttätige Straßenschlachten als einem Mittel für die Übernahme der Macht in der Stadt. Provokative Aufmärsche in Arbeitervierteln und Schlägereien mit den Kommunisten waren während der Amtszeit Goebbels' an der Tagesordnung. Zur alltäglichen Normalität gehörte auch sein krasser Antisemitismus, den er in seiner bösartigen Verunglimpfungskampagne gegen den stellvertretenden Polizeipräsidenten von Berlin, Bernhard Weiss, exemplarisch machte und ihm den Spottnamen «Isidor» gab. 1931 organisierte Goebbels auf dem Kurfürstendamm, dem vornehmsten Flanierboulevard Berlins, ein zweistündiges Pogrom.

Um diese Politik der Mobilisierung, die der Partei Hunderte von Neumitgliedern zuführte, zu unterfüttern, gründete Goebbels eine neue Zeitung, die er *Der Angriff* nannte. Dieser Schritt ergab sich fast zwingend aus dem Umstand, dass die militanten Taktiken der Partei die Berliner Polizeiführung im Mai 1927 dazu veranlassten, sie für aufgelöst zu erklären und ihr sämtliche Paraden, Versammlungen und andere öffentlichen Aktivitäten zu verbieten. Die Partei ging in den Untergrund; ihre Gliederungen tarnten sich teilweise als Kegelclubs, Gesangsvereine oder sogar Bibelgruppen. Das konnte jedoch nicht darüber hinwegtäuschen, dass die Bewegung praktisch keine Propaganda mehr machen konnte und die Mitgliederwerbung einstellen musste. Die Gründung eines lokalen Parteiorgans eröffnete einen Ausweg aus diesem Dilemma, sie ermöglichte die Aufrechterhaltung einer organisatorischen Struktur und damit den Fortbestand der Partei.

Der Angriff war anfangs ein acht Seiten umfassendes Wochenblatt, das bis zum ersten nennenswerten Wahlerfolg der Nazis im September 1930 nie eine höhere Auflage als 50 000 Exemplare erreichte. In den ersten Jahren von Goebbels persönlich redigiert, war die Zeitschrift als Kampfblatt angelegt, angefüllt mit polemischen Hasstiraden gegen die Kommunisten, die Juden und das Weimarer «System», dem in stereotyper Weise Starrheit, Korruption und Gleichgültigkeit gegenüber den Bedürfnissen der arbeitenden Masse vorgeworfen wurden. Dem stellte *Der Angriff* die Vision eines geläuterten, kraftvollen nationalen Staates unter einer produktiven Führung entgegen. Wie Russel Lemmons in seinem geistreichen, höchst informativen Buch über die Zeitschrift schreibt:

Der Angriff bemühte sich, das Denken der Menschen zu nazifizieren, und zwar nicht nur in den traditionellen Kernbereichen der Politik – der Außen-, Wirtschafts- und Innenpolitik –, sondern auch auf Gebieten, die herkömmlicherweise nicht unbedingt als politisch galten: Rolle der Frau, Kindererziehung, Bücher, Musik, sogar Sport. Die NS-Ideologie bezog eindeutige Positionen zu allen diesen Themen. ... *Der Angriff* verkörperte, kurz gesagt, den Versuch der NSDAP, einer künftigen totalitären Gesellschaft den Boden zu bereiten, einer Gesellschaft, in der der Führer und seine Adlaten in allen Dingen des öffentlichen und privaten Lebens das letzte Wort haben würden und niemand über hinreichende Informationen verfügen würde, um gegen sie Position beziehen zu können. (137)

Unverhüllte Indoktrinierung gehörte zu den Markenzeichen des Blattes. Immer wieder platzierte Goebbels darin ausführliche Artikel über die grundlegenden Dogmen des Nationalsozialismus, in denen er etwa die Anschauungen der Partei über den Nationalismus propagierte. In erklärtem Gegensatz zum «bürgerlichen Patriotismus» definierte er den völkischen Nationalismus als Hingabe an das eigene Volk. Den Antisemitismus erhob er zu einem Glaubensartikel, der für alle Parteimitglieder verbindlich sein müsse, denn die Juden müssten aus Deutschland hinausgeworfen werden, damit der Klassenhass überwunden werden könne, den sie durch ihre Anwesenheit als Fremdkörper schürten. Keineswegs verdienten die Juden Mitleid, denn ihre Verbrechen stempelten sie zu Untermenschen, denen christliche Nächstenliebe nicht zustand.

Goebbels sprach im *Angriff* (ebenso wie in seinem Tagebuch und in seinen Reden) wiederholt vom Sozialismus als einem wesentlichen Bestandteil der nationalsozialistischen Ideologie, wobei seine Formulierungen in diesem Punkt freilich bei aller Emphase etwas unscharf waren. Der Sozialismus war für Goebbels eine Einstellung, nicht eine Doktrin oder ein System. Wie jener nationalsozialistische

Redner, den er einmal einem ländlichen Publikum zurufen hörte: «Wir wollen keinen höheren Brotpreis! Wir wollen keinen niedrigeren Brotpreis! Wir wollen einen nationalsozialistischen Brotpreis!», erstrebte Goebbels einen Zustand, in dem alles und alle einer vorgegebenen Schablone entsprechen sollten, und zwar einer Schablone von populistischem und revolutionärem Zuschnitt. Goebbels' Sozialismus war vorwiegend negativ definiert, nämlich durch seinen Hass auf das Groß-, aber auch das Kleinbürgertum. Die notwendige Neuordnung der Gesellschaft könne man niemals, so predigte er immer wieder, von den Bankiers und Industriellen erwarten, ebenso wenig aber auch von Sprücheklopfern und Hurrapatrioten aus dem Kleinbürgertum, denn diese Elemente seien im Grunde ängstlich und um ihr eigenes Wohl besorgt. Der Geist, aus dem heraus eine wahre Volksgemeinschaft erwachsen könne, sei, so betonte Goebbels immer wieder, nur in den Reihen der arbeitenden Männer und Frauen des Landes zu finden, in deren «Opfergeist und berserkerhaften Freiheitswillen». Diese in der nationalsozialistischen Bewegung latente revolutionäre Kraft zu mobilisieren, hielt Goebbels für seine besondere Pflicht, sowohl in der Kampfzeit als auch in den Jahren 1942 bis 1945, in denen er vergeblich Maßnahmen zur Organisierung des totalen Krieges forderte.

Goebbels schmückte seine doktrinären Predigten mit dem ständig wiederkehrenden Lobpreis Hitlers. In der Tat war das Bild, das er hier von seinem Führer entwarf, der wohl wichtigste Faktor in der Erschaffung und Kultivierung des Hitler-Mythos, des Kults um die der propagandistischen Retorte entsprungene öffentliche Figur des Führers (die mit der Privatperson Adolf Hitler keineswegs identisch war) und des Bestrebens, diese Figur zu einer Eintracht und nationale Einheit stiftenden Kraft zu machen, zuerst innerhalb der NS-Bewegung, später im Dritten Reich.[30] *Der Angriff* war im Rahmen dieser Kampagne ein wichtiges Werkzeug, denn er wertete das Bild des Führers auf mannigfaltige Weise auf, durch Zeichnungen und Fotografien, durch Aufsätze von Autoren wie Houston Stewart Chamberlain (der Hitler als Lösung aller Probleme Deutschlands pries) und durch eine dramatisierende Berichterstattung über die Reichstagswahl von 1930 und die Präsidentschaftswahl von 1932. In der letzteren, in der Hitler gegen den populären Amtsinhaber Feldmarschall von Hindenburg kandidierte, koordinierte Goebbels die im *Angriff* erscheinenden Beiträge mit der Berichterstattung anderer NS-Zeitungen überall im Reich, wobei er aus taktischen Gründen jede direkte Kritik an Hindenburg vermied, dafür aber umso heftiger dessen Anhänger attackierte und den Eindruck erweckte, sie seien eine Ansammlung aus Schiebern, Spekulanten, Juden und Sozialdemokraten. Im Gegensatz dazu erschien Hitler – der erste deutsche Politiker, der seine Wahlkampfreisen im Flugzeug absolvierte – als strahlender Held, der gleichsam vom Himmel herabkam, um den einfachen Menschen Wahrheit und Erlösung zu bringen. *Der Angriff* nahm insofern die Anfangssequenz von Leni Riefenstahls Dokumentarfilm *Triumph des Willens* über den Reichsparteitag von 1934 vorweg, in der, untermalt von der anschwellenden Musik der *Meistersinger*-Ouvertüre, das Flugzeug Hitlers durch die über den Türmen und Zinnen Nürnbergs hängende Wolkendecke bricht.

Hitler belohnte Goebbels, der die Partei in Berlin so stark gemachte hatte, im April 1930 mit der Ernennung zum Propagandachef für das ganze Land. Damit war der Berliner Gauleiter in die höchsten Ränge der Partei aufgestiegen. Das linderte nicht seine Angst, konservative Kräfte in Hitlers Münchener Umgebung und altgediente «Parteibonzen», die nach den langen Kampfjahren endlich einen Posten ergattern wollten – Leute wie Alfred Rosenberg, Hermann Göring oder Gregor Strasser –, könnten Hitler dazu bewegen, sich den bürgerlichen Rechtsparteien als Regierungspartner anzudienen. (Im November 1932 unternahm Gregor Strasser in der Tat den Versuch, die Partei in die Regierung des Generals von Schleicher einzuklinken.) Diese Aussicht beunruhigte auch andere Parteimitglieder, und im April 1931 unternahm der Berliner SA-Führer Walter Stennes, früher ein Bundesgenosse von Goebbels, einen Putschversuch gegen die politische Führung der Partei in Berlin, der er vorwarf, sie habe die «revolutionäre Schwungkraft der SA» durch Zugeständnisse an bürgerlich-liberalistische Tendenzen geschwächt. Damit sei der «Lebensnerv einer Bewegung getroffen worden, von der erwartet werden konnte, dass sie das soziale Elend des deutschen Volkes beheben werde».

Zwar stellte sich Goebbels bei der Bewältigung dieser Krise wie gewohnt auf die Seite Hitlers, doch teilte er Stennes' Befürchtungen, die sich sogar noch verstärkten, als Hitler im Januar 1932 einen Vortrag vor dem Düsseldorfer Industrieclub hielt – offensichtlich in dem Bemühen, der Großindustrie zu versichern, eine an die Macht gelangte NSDAP werde nicht an deren wirtschaftliche Interessen rühren. Um dem starken Unmut entgegenzuwirken, den dies auf dem linken Flügel der Partei auslöste, verstärkte Goebbels seine Anstrengungen, den nationalsozialistischen Einfluss in den Betrieben und Gewerkschaften voranzutreiben. Darüber hinaus lieferte er ein Meisterstück an argumentativer Beharrlichkeit, um den sich anfänglich sträubenden Hitler zu einer Kandidatur gegen Hindenburg bei der Präsidentschaftswahl im April 1932 zu überreden. Der Wahlkampf eröffnete ihm, wie gesehen, die Chance für großflächige Attacken auf die bürgerlichen Parteien und ihre Gleichgültigkeit gegenüber den Interessen der arbeitenden Klassen.

Nach dem Sturz der Regierung Brüning hegten sowohl der neue Kanzler von Papen als auch sein Amtsnachfolger von Schleicher die Hoffnung, zumindest Teile der NS-Bewegung hinter sich bringen zu können. Goebbels, der darüber zunehmend nervöser wurde, schrieb im Juni 1932 in sein Tagebuch, es sei dringend notwendig, sich aus der «kompromittierenden Nachbarschaft dieser bürgerlichen Halbstarken zu verdrücken. Sonst sind wir verloren.» Diesen Vorsatz verwirklichte er, indem er die Regierungen Papen und Schleicher unter Ausschöpfung aller propagandistischen Mittel in die Mangel nahm, um sodann im November Hand in Hand mit den Kommunisten in Berlin einen gewalttätigen Transportarbeiterstreik vom Zaun zu brechen, ein Schritt, der bewusst darauf zielte, die bürgerliche Öffentlichkeit im ganzen Land zu schockieren.

Reuth, der nachweist, dass Hitler diese Initiative Goebbels' befürwortete, ist sich nicht sicher, ob dies eine nutzbringende Strategie war – er verweist auf die Verluste der NSDAP bei der Reichstagswahl im gleichen Monat. Höver ist der Meinung, diese Verluste seien langfristig durch den Ansehensgewinn der NSDAP bei der Arbeiterschaft aufgewogen worden. Die möglicherweise wichtigste Folge der Zusammenarbeit zwischen Nazis und Kommunisten beim Berliner Transportarbeiterstreik war aber wohl, dass sie indirekt half, Hitler Ende Januar 1933 zum Reichskanzler zu machen, denn die nationalistische Rechte, die Bankiers und die Reichswehr, fanden diese Zusammenarbeit so alarmierend, dass sie sich der Illusion hingaben, Hitler könne durch eine Beteiligung an der Macht gezähmt werden.

Reuth, der von Goebbels' Charakter verständlicherweise sehr wenig hält – an einer Stelle sagt er, Goebbels sei zu jeder Untat bereit gewesen, denn sein fanatischer Wille habe auf grenzenloser Menschenverachtung, Zynismus und Hass beruht –, räumt gleichwohl, wenn auch eher widerstrebend, ein, dass der Beitrag des Propagandachefs zum Aufstieg der Partei an die Schalthebel der Macht nicht weniger als maßgeblich war. Er schreibt:

Goebbels' Propaganda erst ... gab der eher behäbig anmutenden süddeutschen Bewegung die Dynamik; erst sie gab der Bewegung Breite, indem sie Unüberbrückbares scheinbar überbrückte, indem sie zusammenhielt, was eigentlich nicht zusammenpasste. Wenn Goebbels ... immer wieder seine hasserfüllte Propaganda gegen Bourgeoisie und ‹Reaktion› richtete und dem Sozialismus das Wort redete, dann band er damit den proletarisch-sozialistischen Teil der Parteibasis an sich und letztlich an den ‹Reaktionär› Hitler, dem er sich verschrieben hatte. Das seiner inneren Gespaltenheit, seiner psychischen Deformation entsprechende Handeln war es, das entscheidend dazu beitrug, dass weder infolge der Bamberger Tagung, des Stennes-Putsches noch der Strasser-Krisen die Partei in zwei Lager auseinander fiel. (267)

II

Wäre es nach Goebbels gegangen, so hätte die NS-Ära mit einem gewalttätigen Vernichtungsschlag gegen die Kommunisten als Vergeltung für den Tod des SA-Sturmführers Maikowski in einem Straßenkampf in Berlin am 30. Januar 1933 begonnen, gefolgt vielleicht von ersten Schritten in Richtung auf die von Goebbels seit langem herbeigesehnte Vertreibung der Juden aus der Reichshauptstadt. Hitler gab ihm jedoch kein Zeichen zum Losschlagen, und so musste er sich diese Gratifikationen für später aufheben. Er hatte gleichwohl eine Menge zu tun, denn im März 1933 vereidigte ihn Hindenburg als Reichsminister für Volksaufklärung und Propaganda, eine Position, die neben anderen Dingen die Zuständigkeit für Presse, Rundfunk, Film und Theater beinhaltete. Goebbels leitete sofort einen Prozess der kulturellen «Gleichschaltung» ein. Was es damit auf sich hatte, enthüllte er in einem Vortrag vor den Intendanten und Direktoren der Rundfunkgesellschaften im Berliner Haus des Rundfunks: «Wir machen gar keinen Hehl daraus: Der Rundfunk gehört uns, niemandem sonst! Und den Rundfunk werden wir in den Dienst unserer Idee stellen, und keine andere Idee soll hier zu Worte kommen.» Für diejenigen, die sich einen der neu entwickelten billigen Volksempfänger kauften, die im Volksmund bald «Goebbels-Schnauzen» hießen, hatte dies eine Dauerfütterung mit Propaganda zur Folge, und es ist zu vermuten, dass viele von ihnen die von Goebbels rigoros betriebene Säuberung der Rundfunkanstalten von «Literaten, Liberalisten, Nur-Technikern, Geldverdienern und Spesenmachern», wie er sie nannte, früher oder später bedauerten. Die in dieselbe Richtung gehenden Bemühungen der Reichskulturkammer, die «Sünden» der Weimarer Zeit im Bereich des Theaters und der Kunst zu korrigieren, hatten niederschmetternde Folgen. In den Theatern traten an die Stelle der Meisterwerke der Weimarer Zeit Stücke, die die nationalsozialistische Bewegung verherrlichten, rustikale Schwänke und die politisch unverfänglichen Dramen Goethes und Schillers; schließlich musste Goebbels selbst einräumen, dass es nicht gut genug für «unsere Zeit» sei, auf der einen Seite nur die Klassiker und auf der anderen nur harmlose Trivialität zu haben.[31] Einen großen Teil der Verantwortung für die schiere Unsäglichkeit der nationalsozialistischen Malerei und Bildhauerei muss man Goebbels freilich zuweisen. Er stand nicht nur in Treue fest hinter Hitlers persönlichem Vorsatz, Deutschland von aller «entarteten Kunst» und allen jüdischen Künstlern zu befreien, sondern leistete auch der Banalität dessen Vorschub, was der Vollzug dieser «philiströsen» Säuberungsorder noch übrig ließ. So beschloss Goebbels 1936, die öffentliche Kunstkritik zu verbieten – mit der Begründung, sie maße sich an, über Kunst zu richten, was in seinen Augen eine Perversion des ursprünglichen Kritikbegriffs war, Folge der dominierenden Rolle der Juden in der Welt der Kunst. An die Stelle der Kritik werde, so schrieb er, eine Kunstberichterstattung treten, die «weniger wertend als vielmehr darstellend und damit würdigend auszufallen» habe.[32] Die Öffentlichkeit müsse das Recht haben, sich selbst eine Meinung zu bilden. Das kam einem Freibrief für die Produktion minderwertiger Kunst gleich und reduzierte die Kritik zugleich auf die Benennung und Besprechung staatlich erwünschter Sujets.

Eher der Rede wert war da schon Goebbels' Wirken als Filmproduzent. Im Juli 1933 rief er eine Filmbehörde ins Leben, die später in die Reichskulturkammer integriert wurde, und in seinem Ministerium richtete er eine Filmabteilung ein. Durch die Verstaatlichung von vier großen Filmproduktionsfirmen bekam er den größten Teil der deutschen Film- und Verleihwirtschaft in die Hand und war danach in der Lage, zu bestimmen, welche Filme auf den Markt kamen. Die Zurückhaltung, mit der er diese ihm zugewachsene Macht einsetzte, verrät uns etwas über sein Geschick als Propagandist: Er hatte genau verstanden, dass der Kinobesuch für die meisten Menschen ein Akt des Eskapismus war und dass das Regime sich dies zunutze machen konnte. Er ließ daher die Filmgesellschaften weiterhin das tun, was sie immer getan hatten. Von den 1097 abendfüllenden Spielfilmen, die zwischen 1933 und 1945 in Deutschland entstanden, waren nur 96 vom Propagandaministerium initiiert, und Goebbels achtete darauf, dass sie gut genug gemacht waren, um nicht als bloße Propagandamachwerke abgetan werden zu können.[33]

Goebbels war ein Verführer ersten Ranges, und sein Einfluss in der Welt des Films eröffnete ihm mannigfache Möglichkeiten, dieses Steckenpferd zu reiten. Eine der ersten Schauspielerinnen, für die er sich interessierte, war Leni Riefenstahl – die Fantasie verweigert sich der Vorstellung, was hätte herauskommen können, wenn diese beiden gigantischen Egos zueinander gefunden hätten –, doch er vermasselte die Sache, indem er ihr zu Weihnachten ein in rotes Leder gebundenes Exemplar von *Mein Kampf* und ein mit einem Relief seines Kopfprofils bestücktes bronzenes Medaillon schenkte; beides fand sie schmierig.[34] Reuth, der sich für diesen Aspekt des Goebbels'schen Wirkens mehr interessiert als Höver, berichtet detailliert über die stürmische, ganz und gar nicht diskrete Affäre des Ministers mit der jungen Schauspielerin Lida Baarova, die für seine Frau Magda, geschiedene Quandt, zu einem solchen Ärgernis wurde, dass sie im Oktober 1938 zu Hitler ging und ihn bat, einzugreifen. Der Führer, der große Zuneigung zu Magda und ihren Kindern empfand, riss sich immerhin von seiner Beschäftigung mit der Zerstückelung der Tschechoslowakei los, um Goebbels persönlich einzuschärfen, dass dessen Ehe «aus politischen Gründen» bestehen bleiben müsse; er befahl ihm, die Beziehung zu der Baarova zu beenden. Goebbels fügte sich missmutig der Anordnung, und sogleich ging es mit der Filmkarriere der jungen Frau steil bergab.

Einen guten Teil seiner Energien verwendete Goebbels während der gesamten Dauer des Dritten Reiches darauf, die Position von Rivalen zu unterminieren, die seiner Überzeugung nach ständig daran arbeiteten, ihm seinen Einfluss streitig zu machen. In Wirklichkeit hätte er für seine diesbezüglichen Sorgen Hitler verantwortlich machen müssen, denn es war der Führer, der seine eigene Machtposition stärkte, indem er die Kompetenzen seiner Minister aufsplitterte und sie gegeneinander ausspielte. So hatte Hitler Goebbels 1932 die alleinige Zuständigkeit für die Volksbildung versprochen, es sich später aber anders überlegt und dem Gauleiter von Hannover, Bernhard Rust, Kompetenzen in diesem Bereich übertragen. In ähnlicher Weise musste Goebbels die Zuständigkeit für die Presse nicht nur mit Otto Dietrich teilen, den Hitler mit der Aufgabe betraut hatte, die Zeitungsredaktionen zu überwachen und auf Kurs zu halten, und der direkten Zugang zum Führer hatte, sondern auch mit Max Amann, dem Präsidenten der Reichspressekammer und Direktor des parteieigenen Eher-Verlages. Sogar im Bereich der Propaganda musste Goebbels zu seiner großen Bestürzung Zuständigkeiten im Bereich der Auslandspropaganda an den Außenminister Joachim von Ribbentrop abtreten, der von da an auf der Liste der Leute, die er verabscheute, ziemlich weit oben stand.

Tatsächlich hatte Goebbels zu keiner Zeit einen weitgehenden Einfluss auf die Formulierung und den Vollzug der deutschen Politik; seine häufig wiederholte Mahnung, die Zeit für einen entscheidenden Schlag gegen das Judentum sei gekommen, fand bis 1938 keinen Anklang und wurde auch danach noch einmal bis 1941 auf Eis gelegt. Er hegte gegen manche der politischen Wege, die Hitler einschlug, Vorbehalte und lehnte andere heftig ab, zum Beispiel das Hofieren der deutschen Großindustrie und die allgemeine Orientierung der deutschen Außenpolitik nach 1938. Den Krieg fürchtete er offenbar. Wie der Staatssekretär im Auswärtigen Amt, Ernst von Weizsäcker, später geschrieben hat, ergriff Goebbels in einer Sitzung in der Reichskanzlei, die im September 1938, auf dem Höhepunkt der Sudetenkrise, stattfand, das Wort und erklärte Hitler, die deutsche Öffentlichkeit sei dagegen, in dieser Frage aufs Ganze zu gehen und einen Waffengang zu riskieren. Andererseits: Immer wenn Hitler einen Beschluss durchgesetzt hatte, bot der Meisterpropagandist seine ganze Kunst auf, um diesen nicht nur dem Publikum schmackhaft zu machen, sondern auch zu beweisen, dass die getroffene Entscheidung unter den gegebenen Umständen die einzig mögliche gewesen sei.

Als der Krieg einmal da war, und besonders nachdem das Kriegsglück Deutschland verlassen hatte, stellte Goebbels seine Propaganda mit großer Flexibilität auf die sich verändernde Situation ein. So erkannte er zum Beispiel, dass ein Herunterspielen der Siege der Westalliierten in Nordafrika nicht besonders sinnvoll war, wohingegen das Eingeständnis der erlittenen schweren Niederlage die Chance barg, dass die Deutschen noch enger und trotziger zusammenrücken würden. Goebbels brachte das Kunststück fertig, die katastrophale deutsche Niederlage in Stalingrad in ein Vorzeichen für den kommenden Endsieg umzudeuten. Er gewann jedoch sehr früh die Überzeugung, dass der Krieg anders geführt werden müsse, wenn seine Durchhalteparolen die gewünschte Wirkung tun sollten. Nach Stalingrad verkündete er, der Krieg im Osten dürfe jetzt nicht mehr nur militärisch, sondern müsse auch politisch geführt werden; man müsse die Völker des Ostens (die Hitler zur selben Zeit noch immer als «barbarische Horden» bezeichnete) ermuntern, sich von der Sowjetherrschaft zu befreien. Zur gleichen Zeit begann er Maßnahmen im Sinne eines «totalen Krieges» zu fordern, also die Mobilisierung sämtlicher menschlichen und materiellen Ressourcen Deutschlands, um ein Maß an Kampfeswillen und Opferbereitschaft zu erzeugen, wie es in der «Kampfzeit» der NS-Bewegung bei deren treuen Gefolgsleuten vorhanden gewesen sei.

Während Hitler den ersten Teil dieses Programms ablehnte, autorisierte er Goebbels, Pläne für den «totalen Krieg» zu entwerfen, was dieser sogleich tat. Er listete Opfer auf, die man den «oberen Zehntausend» abverlangen müsse, forderte die Aufhebung zahlreicher Wehrdienstbefreiungen und rechnete vor, dass dadurch zusätzlich eine halbe Million Mann für den Fronteinsatz mobilisiert werden könnte. Hitler billigte zwar den Plan, betraute mit seiner Umsetzung aber nicht Goebbels, sondern einen Dreierausschuss, bestehend aus Heinrich Lammers, Martin Bormann und General Keitel. Das war eine bittere Kränkung für Goebbels, umso mehr, als ihm klar war, dass unter der Führung dieses Trios nichts vorangehen würde. Erst nach dem Attentat auf Hitler im Juli 1944 wurde Goebbels endlich zum Reichsbevollmächtigten für den totalen Kriegseinsatz ernannt, doch zu diesem Zeitpunkt war es zu spät, um noch eine militärische Wende herbeizuführen. Die Rote Armee war schon im Anmarsch auf Berlin, und bis zum Tod Hitlers und seines Propagandaministers mitsamt dessen Familie im Bunker der Reichskanzlei waren es nur noch acht Monate.

Etwas überspitzt könnte man sagen, dass Goebbels der einzige wirkliche Nationalsozialist in den höheren Rängen der Partei war, der Einzige, der wirklich an die Ideen glaubte, deretwegen er sich ursprünglich der Bewegung angeschlossen und für die er als Gauleiter von Berlin gekämpft hatte. In seiner interessanten Arbeit über das politische Denken von Goebbels zeigt Ulrich Höver die Affinität seines Protagonisten zum Bolschewismus auf und fügt hinzu:

Was Goebbels fanatisierte und womit er andere fanatisierte, war eben nicht ‹Mobilisation› oder ‹Propaganda› als ‹Selbstzweck›, sondern war – wie beim Kommunismus – der mit dem Hass auf das Bestehende verbundene Glaube, für eine ‹politische Religion› zu kämpfen, für die ‹Erlösung› von ‹kapitalistischen Fesseln›, für die Schaffung einer ‹neuen Welt› und eines ‹neuen Menschen›. ... Damit gehörte er zu den revolutionären Sozialisten des 20. Jahrhunderts, denen es ... weit mehr noch als um die Verstaatlichung von Banken und Fabriken darum ging, ‹die Menschen zu sozialisieren›. (417)

Er war natürlich auch ein Ungeheuer, dem es am Ende leid tat, dass die Partei nicht noch größere Verbrechen begangen hatte – dass zum Beispiel Hitler seine Streitkräfte nicht so gründlich gesäubert hatte wie Stalin, sondern sich 1934 durch die Ermordung der führenden Kopfe der SA den Generälen angedient hatte. 1944 schrieb Goebbels:

Einzig in der Judenfrage haben wir eine so radikale Politik betrieben. Sie war richtig, und heute sind wir die Nutznießer. Die Juden können uns keinen Schaden mehr stiften. Trotzdem aber hat man vor Anpackung der Judenfrage immer und immer wieder betont, dass die Judenfrage nicht zu lösen sei. Man sieht, dass es möglich ist, wenn man nur will. Aber ein Spießer wird das natürlich nicht verstehen können. (472)

Verliebt in Hitler

Der junge Léandre in Molières Komödie *Scapins Streiche* braucht Geld, um seine Heirat finanzieren zu können. Sein Diener Scapin sucht Géronte, den Vater des jungen Mannes auf, und berichtet ihm, sein Sohn befinde sich an Bord einer türkischen Galeere, und man drohe, ihn nach Algier mitzunehmen, wenn Scapin nicht 500 *écus* bringe, um den Jungen auszulösen. Der um das Wohlergehen Léandres besorgte Géronte lässt sich nach und nach überreden, das Geld herauszurücken, tut es jedoch nur mit größtem Widerstreben und seufzt immer wieder: «Was zum Teufel wollte er auf dieser Galeere?»[35]

Das ist eine Frage, die in Bezug auf Albert Speer immer wieder gestellt worden ist und weiterhin gestellt werden muss. Alle seine Ausflüchte ändern nichts daran, dass er frühzeitig und freiwillig an Bord der Galeere ging, dass keine der Brutalitäten, deren sich der Kapitän und die Mannschaft schuldig machten, ihn dazu brachte, sich abzuseilen, und dass er bis zu dem Moment, in dem das Schiff kenterte, auf seinem Posten blieb und seine Pflicht tat. In Nürnberg erweckte er den Anschein, seinen Anteil an der kollektiven Verantwortung für die Verbrechen des Regimes übernehmen zu wollen, wobei er jedoch alle Vorwürfe, an bestimmten Untaten direkt beteiligt gewesen zu sein, von sich wies und sich als einfacher Techniker ohne politisches Interesse ausgab. Dieser Selbstdarstellung hatte er es wahrscheinlich zu verdanken, dass die Richter ihn nachsichtiger behandelten als manche anderen Angeklagten, die auf den ersten Blick auch keine größeren Verbrechen begangen hatten als er, wobei sicherlich der Beginn des Kalten Krieges ebenso eine Rolle spielte.

Bradley F. Smith hat geschrieben, die Entscheidung über das Schicksal Speers sei in einem Klima gefallen, in dem die von den westlichen Siegermächten gestellten Richter willens gewesen seien, sich gegenüber einem «geradlinigen und offenbar reuigen Intellektuellen mit ausgeprägt antisowjetischen Neigungen» wohlwollend zu zeigen.[36] Doch als 1969 die Memoiren Speers erschienen,[37] wies

Geoffrey Barraclough in der *New York Times Review of Books* darauf hin, dass seine Behauptung, er habe über und abseits von der Politik gestanden, eine Dreistigkeit sondergleichen war, zeigten die Unterlagen doch etwas ganz anderes: «Wenn der Kampf um die Macht ein wesentlicher Bestandteil der Politik ist», schrieb Barraclough, «dann waren die Ambitionen Speers ebenso politisch motiviert wie die aller anderen, die sich innerhalb der NS-Hierarchie bewegten. Sein Ehrgeiz war enorm, sein Hunger nach dem Aufbau eigener Machtbereiche unersättlich. ... Es war sein Ziel, eine wirtschaftliche Diktatur über ganz Europa auszuüben.» Dabei zögerte Speer auch nicht, von seinen Parteiverbindungen rücksichtslos Gebrauch zu machen. «Beinahe der erste Schritt, den er nach seinem Amtsantritt als Minister 1942 tat, bestand darin, dass er sich die Unterstützung Himmlers und seiner SS-Schergen sicherte, um die Führer der deutschen Wirtschaft durch Androhung von Konzentrationslager und Todesstrafe dazu zu bringen, dass sie spurten. Der Schaftstiefel, ein ebenso beredtes Symbol des Nationalsozialismus wie das Hakenkreuz, war Speers eigentliches und letztes Druckmittel.»[38]

Die Vorstellung, dass ein Mann in der Position Speers, der mit Hitler am Tisch saß und den anderen Satrapen des Führers in alternierender Zusammenarbeit und Rivalität verbunden war, von den Barbareien, die das Regime verübte, nichts gewusst haben sollte, erschien Barraclough absurd.

Dieser Ansicht neigte auch Gitta Sereny zu, als sie im Juli 1977 überraschend einen Brief von Albert Speer erhielt, in dem er ihr seine Anerkennung für einen Artikel kundtat, den sie kurz zuvor veröffentlicht und in dem sie einen Versuch David Irvings zerrupft hatte, zu beweisen, dass Hitler mindestens bis Oktober 1943 keine Kenntnis von der Ausrottung der Juden gehabt habe. Die in Ungarn geborene Sereny hatte bis zum «Anschluss» 1938 in Wien, anschließend in Frankreich und den USA gelebt. Seit 1958 arbeitete sie als Journalistin in London und widmete sich dabei vor allem zwei Leidenschaften: der Hilfe für in Not geratene Kinder (sie hatte sich schon 1940 in Frankreich um ausgesetzte Kinder gekümmert und 1946 an einem Hilfsprojekt der Vereinten Nationen mitgewirkt)[39] und den Verbrechen des Nationalsozialismus. Ihr Buch *Am Abgrund. Gespräche mit dem Henker* über den Kommandanten des Vernichtungslagers Treblinka, Franz Stangl, war eine Studie über die extremen Grausamkeiten, zu denen Menschen fähig sind. In einem zweiten Brief ließ Speer sie wissen, er habe dieses Buch gelesen, und es habe ihm schlaflose Nächte bereitet.

Frau Sereny wusste nicht viel über Speer, abgesehen davon, dass sie die beiden Bücher gelesen hatte, die er nach seiner Freilassung aus dem alliierten Militärgefängnis Spandau veröffentlicht hatte. Seine öffentlichen Auftritte, bei denen er ihr stets eine Spur zu glatt und forsch erschienen war, hatten ihr nicht behagt, und sie war sicher, dass seine Behauptung, er habe bis Nürnberg nichts von der Ermordung der Juden gewusst, eine Lüge war.[40] Andererseits war sie eine zu gute Journalistin, um eine solche Gelegenheit ungenutzt zu lassen; so rief sie Speer an. Zu ihrer Überraschung erlebte sie ihn als einen unsicheren, gehemmten und auf eine sie neugierig machende Weise traurigen Menschen. Weitere Telefonate schlossen sich an, man tauschte Zeitungsausschnitte aus, und am Ende reiste Frau Sereny nach Heidelberg, um Speer für das Londoner *Sunday Times Magazine* zu interviewen. Bis sie an die Niederschrift ihres Artikels ging, verbrachte sie drei Wochen lang täglich zwölf Stunden im Gespräch mit Speer oder mit der Lektüre von Dokumenten und Briefen, die er ihr vorlegte. Und das war nur der Anfang, denn die enge Beziehung, die sich zwischen den beiden entwickelte, blieb bis zu Speers Tod 1981 bestehen. Während dieser Zeit führte sie Gespräche mit seinen Angehörigen, Mitarbeitern und Bekannten, die allesamt in ihr Buch einflossen.

Dieses Buch verrät uns nicht viel mehr über die Geschichte des NS-Regimes, als das, was wir nicht schon gewusst hätten, und es ist auch keine Biographie im strengsten Sinn des Wortes, vermittelt es uns doch relativ wenig Einblick in das, was Speer in Ausübung seiner diversen Ämter geleistet hat; so bietet es zum Beispiel keine kritische Einschätzung seiner Leistungen als Rüstungsminister. Es ist vielmehr ein – auf jeden Fall faszinierender, in wesentlichen Teilen auch überzeugender – Versuch, Speer als Person zu verstehen, ihn durch die Brille derjenigen, die ihm am nächsten standen, zu sehen und zu den Wurzeln der mächtigen Schicht aus Schuldgefühl und Verleugnung vorzudringen, auf die die Autorin stieß, als sie unter der selbstgerechten Oberfläche der öffentlichen Figur, die nach 20-jähriger Haft ins Licht der Öffentlichkeit trat, nachgrub. Wie Frau Sereny später von Speers Anwalt Hans Flächsner erfuhr, hatte das machtvolle Plädoyer, das Lord Shawcross in Nürnberg gehalten hatte – mit einer eingehenden Schilderung von Massentötungen, verübt an jüdischen Männern, Frauen und Kindern –, Speer so tief verstört, dass er tagelang nicht hatte aufhören können, darüber zu reden. Es war vielleicht dieses Plädoyer, das in ihm ein intensives Gefühl persönlicher Schuld auslöste, auch wenn es vordergründig erst einmal bewirkte, dass er umso hartnäckiger beteuerte, nichts gewusst zu haben. Georges Casalis, der französische Gefängnispfarrer von Spandau, erzählte Frau Sereny, Speer sei zum Zeitpunkt seiner ersten Begegnung mit ihm der Mensch mit den schlimmsten Seelenqualen gewesen, an denen er jemals jemanden haben leiden sehen. Auch noch viele Jahre später, als Frau Sereny Speer kennen lernte, erlebte sie ihn als einen zutiefst zerrissenen Menschen. So schreibt sie:

Speers Ringen mit seinem Gewissen, sein «Kampf mit seiner Seele», wie Casalis, der ihn wie kein Zweiter verstand, es ausdrückte, ist der eigentliche Grund für dieses Buch. Die Ambivalenz zwischen seinem moralischen Bedürfnis, sich der lange verdrängten Schuld seines schrecklichen Wissens zu stellen, und dem überwältigenden Drang, dieses Wissen zu bestreiten oder zu «blockieren», war das große Dilemma seines Lebens, und es beherrschte ihn vom Nürnberger Prozess bis kurz vor seinem Tod. (22)

Von Anfang an war Frau Sereny überzeugt, das Leben und die Karriere Speers im Dritten Reich nur durch eine eingehende Analyse seiner Beziehung zu Hitler verständlich machen zu können. Die beiden Männer fühlten sich, so glaubte sie, durch ihre Defizite zueinander hingezogen. Beide waren so gut wie unfähig, persönliche Gefühle zum Ausdruck zu bringen. Casalis sagte über Speer und seine Frau, Sexualität sei ihnen völlig fremd gewesen, und seine Sekretärinnen und Mitarbeiter erwähnten häufig seine Kälte und Ichbezogenheit. «Beide [Speer und Hitler] waren von Menschen umgeben und blieben doch allein. Beide verfügten über außerordentlichen Charme und wurden von Frauen umworben, konnten jedoch kaum auf sie reagieren, obwohl weder der eine noch der andere homosexuell war. Beide scheuten nicht nur davor zurück, Gefühle auszudrücken, sondern verachteten dies sogar. Und doch ließen sich beide Männer, jeder auf seine Weise, in ihren Entscheidungen und einem Großteil ihrer Handlungen von Gefühlen leiten.»

In einer Beziehung, die der deutsche Psychoanalytiker Alexander Mitscherlich als eine komplex homoerotische, jedoch nicht offen homosexuelle beschrieben hat, erfüllte jeder der beiden die Bedürfnisse des anderen. Speer habe, meint Sereny, für Hitler etwas verkörpert, das er sich für sich selbst erträumt habe, während Hitler für Speer nicht nur derjenige gewesen sei, der ihm die Verwirklichung aller seiner Fantasien ermöglicht habe, sondern darüber hinaus auch der Held, der strenge und mächtige Beschützer, den er sich seit seiner Kindheit gewünscht habe. Frau Sereny impliziert, dass Hitler in dieser Beziehung der dominante Partner war und dass er es verstand, mit Hilfe der Verführungskraft seiner grandiosen Visionen das Moralempfinden Speers zu korrumpieren.

Ein Faktor, der diese Korrumpierung erst ermöglichte, war jedoch, wie Barraclough diagnostiziert, Speers eigener politischer Ehrgeiz. Er trat 1931 in die NSDAP ein, angeregt durch die Reden Hitlers und getrieben von der Überzeugung, dem Nationalsozialismus gehöre die Zukunft. Bewusst trat er gleichzeitig der SA bei, dem nach außen hin am auffälligsten und aggressivsten in Erscheinung tretenden Verband innerhalb der Hitlerpartei, und ein Jahr später dem NS-Kraftfahrkorps, wodurch er ins Blickfeld des Berliner Organisationsleiters der Partei, Karl Hanke, geriet. Hanke war es, der dem jungen Architekten im Juli 1932 den Auftrag erteilte, das neue Berliner Parteihauptquartier in der Voßstraße auszubauen, und im März 1933 den Folgeauftrag, das Propagandaministerium in der Wilhelmstraße umzugestalten. Von diesem Zeitpunkt an arbeitete Speer ausschließlich für die Partei, auch wenn er in Nürnberg aussagte, bis 1942 als freiberuflicher Architekt tätig gewesen zu sein. Speer zeichnete sich stets durch einen Blick für den am meisten versprechenden Weg und durch die Fähigkeit, schnell zu arbeiten, aus. Seine Beiträge zur dekorativen Ausstattung der Großkundgebung auf dem Tempelhofer Feld am 1. Mai 1933 und das Aufsehen, das er damit erregte, dass er innerhalb von nur acht Wochen das Privathaus von Joseph Goebbels umbaute und mit einem großen Empfangssaal versah, lenkten offenbar das Augenmerk Hitlers auf ihn, und kaum dass das Jahr 1934 angebrochen war, arbeitete Speer schon am Umbau der Berliner Residenz des Führers und wurde von diesem zum Mittagessen eingeladen. Über die erste dieser Essenseinladungen erzählte Speer im Gespräch mit Frau Sereny:

Können Sie sich das vorstellen? Da stand ich, jung, unbekannt und völlig unwichtig, und dieser große Mann, um dessen Aufmerksamkeit – und sei es nur für einen flüchtigen Augenblick – unsere ganze Welt konkurrierte, sagte zu mir: «Kommen Sie mit zum Essen.» Ich glaubte, ich würde umfallen. ... Da war ich, 28 Jahre alt, in meinen eigenen Augen völlig unbedeutend, und saß beim Mittagessen neben ihm, ... und war – wenigstens an diesem Tag – praktisch sein einziger Gesprächspartner. Mir war schwindlig vor Aufregung. (130)

Es blieb nicht bei dem einen Mal, sondern wurde zur Gewohnheit; etlichen, die es miterlebten, fiel auf, dass Hitler im Beisein Speers ungezwungener wirkte als in Gegenwart anderer Gäste, unbekümmert, ja sogar übermütig. Und was Speer betraf, so war er überwältigt und voller Bewunderung für Hitlers hoch entwickelte Auffassungsgabe und Urteilsfähigkeit. Wie er Jahre später in einer Podiumsdiskussion bei der BBC erzählte:

Es war bemerkenswert, wie schnell er die Bedeutung eines Plans erfasste, wie er – wie nur sehr wenige Menschen – fähig war, in drei Dimensionen zu denken und sich dank seines phänomenalen Gedächtnisses noch an Korrekturen erinnerte, die er Monate zuvor angebracht hatte. ... Ich fand das verblüffend, denn schließlich war er Staatsoberhaupt und hatte viele andere Sorgen, aber trotzdem konnte er sich hier, in seiner privaten Domäne, auf derart kleine Details einlassen. ... In diesen Stunden, wenn er sich als Architekt betätigte, war er wirklich vollkommen entspannt und gelöst. Man konnte ihm widersprechen, mit ihm diskutieren ...

Man kann wohl davon ausgehen, dass die eigenartige Freundschaft zwischen diesen beiden ausgesprochen ichbezogenen Männern in diesen lebhaften Diskussionen des Jahres 1934 Gestalt annahm, ebenso wie die Überzeugung Speers, der Führer wisse schon, was richtig sei, nicht nur in architektonischen Fragen. In der ersten, 1953 niedergeschriebenen Fassung seiner Erinnerungen schrieb er: «In jenen ersten Jahren in Hitlers Nähe ... war ich bereit, ihm zu folgen, wohin immer er uns führe würde.»

Er hatte natürlich handfeste materielle Gründe für diese Überzeugung. In dem Maß, wie seine Beziehung zum Führer immer vertraulicher wurde, wuchsen die Aufträge, die er von ihm erhielt, ins Gigantische – Entwurf und Bau der neuen Reichskanzlei in Berlin, des Zeppelinfeldes in Nürnberg als Kulisse für die großen Parteitage im September, schließlich die Neugestaltung der Reichshauptstadt Berlin. Im Januar 1937 ernannte Hitler Speer zum Generalbauinspektor (GBI) für Berlin, eine Position, wie sie ähnlich Karl Friedrich Schinkel, der bedeutendste deutsche Architekt des 19. Jahrhunderts, in der Regierungszeit von König Friedrich Wilhelm III. inne gehabt hatte.

Der darin implizierte Vergleich hätte Speer peinlich sein müssen, war er doch allenfalls ein kompetenter Architekt. Leni Riefenstahl, die seine Intelligenz und seinen Ehrgeiz bewunderte, hielt ihn als Architekten nur für «durchschnittlich». Schinkel war von seinen Bauherren stets finanziell ganz kurz gehalten worden und hatte dennoch solche Meisterwerke geschaffen wie die Neue Wache Unter den Linden, das Königliche Theater (das heutige Staatsschauspielhaus) am Gendarmenmarkt oder das Neue Museum im Lustgarten, Bauwerke, an denen sich Berlin-Besucher bis heute ergötzen. Speer hingegen fehlte es nie an Geld, doch alles, was er hinterließ, war eine Handvoll vulgärer Bauten, denen man es nicht gegönnt hätte, wenn sie den Bombenkrieg der Alliierten überlebt hätten, und einen Stapel von Skizzen und Plänen für ein Berlin mit breiteren Prachtstraßen, gigantischeren Triumphbögen und monströseren Kuppelbauten, als die Welt sie seit den Zeiten eines Nero gesehen hatte.

Zum Glück wurden diese Pläne nie in die Tat umgesetzt, aber im Zuge der vorbereitenden Arbeiten, die sich bis in die Kriegsjahre hinein erstreckten, wurde Speer tief in die Diadochenkämpfe hineingezogen, in denen es um die Zuteilung von Geldern, Arbeitskräften und Materialien für die Projekte der konkurrierenden Branchen des nationalsozialistischen Machtapparats ging. Wie wir von Frau Sereny erfahren, sagte Hitler um die Zeit, als er Speer zum GBI berief, im Gespräch mit Goebbels scherzhaft, es sei an der Zeit, dem Architekten ein paar Uniformen zu verpassen. Auch wenn Speer diese Geschichte ihr gegenüber mit einem Witz abtat, leitete sie daraus einen klugen Gedankengang ab:

Die Entscheidung Hitlers mochte durchaus bedeutsam gewesen sein. Vom Architekten wurde nicht erwartet, dass er eine Uniform trug, vom Amtsinhaber dagegen schon. Und wenn wir Speers Leben mit Hitler vom März 1937 an sorgfältig verfolgen, bis es sich im Februar 1942 durch seine Ernennung zum Reichsminister für Bewaffnung und Munition radikal veränderte, erkennen wir, was er später so vehement bestreiten sollte: dass er sich allmählich in die Politik hineinziehen ließ. Wir sehen einen Menschen, der von Hitler intuitiv oder ganz bewusst für ein höheres Amt vorbereitet wurde. (188)

Das wurde schon vor seiner Ernennung zum Minister offenkundig, als das Büro des GBI sich mit der Frage des jüdischen Immobilienbesitzes in Berlin auseinandersetzen musste. Man muss hier konstatieren, dass Speer im Blick auf die Juden offensichtlich an einer Sehstörung litt. Gitta Sereny, die zur Zeit des «Anschlusses» in Wien die Schule besucht und mit angesehen hatte, wie ältere jüdische Herrschaften vom johlenden Pöbel gezwungen wurden, mit der Zahnbürste städtische Gehwege zu reinigen, fragte Speer, der um dieselbe Zeit herum Wien besucht hatte, einmal, ob er irgendwelche antijüdischen Ausschreitungen gesehen habe. «‹Nein›, antwortete er. ‹Ich habe nichts dergleichen gesehen; ich war nicht lange dort. Ich wohnte im Hotel Imperial und tat meine Arbeit am Bahnhof, wo die Kundgebung stattfinden sollte. Ich bummelte ein wenig auf dem Ring und durch die alten Straßen der Innenstadt, ging ein paar Mal gut essen und trank guten Wein. Und ich kaufte ein Bild – es war ganz hübsch. Das ist alles.›» (227)

Später im gleichen Jahr verfiel Speer einer weiteren Wahrnehmungsstörung, als er am Morgen nach den wüsten Pogromen der «Reichskristallnacht» durch die Berliner Fasanenstraße ging. Über 7000 jüdische Geschäfte waren in dieser Nacht verwüstet, Synagogen und jüdische Gemeindehäuser zerstört oder schwer beschädigt, knapp 100 Juden ermordet und Tausende bedroht und geprügelt worden. Speer schrieb in seinen Memoiren, er habe die Glasscherben auf der Straße wohl gesehen, aber nicht darüber nachgedacht, woher sie gekommen waren oder was das Ganze für die betroffenen Menschen bedeutete; in der ursprünglichen Manuskriptfassung seines Buches war die «Reichskristallnacht» nicht einmal erwähnt.

1941 lief das Goebbels'sche Vorhaben, Berlin «judenrein» zu machen, auf vollen Touren, mit der Folge, dass in der Stadt Tausende von Wohnungen verfügbar wurden. Speers GBI-Behörde, die den Auftrag hatte, für die Bewohner Berlins, deren Häuser der geplanten Umgestaltung der Stadt weichen mussten oder die infolge von Bombenschäden obdachlos geworden waren, Wohnraum zu beschaffen, war scharf darauf, diese Wohnungen in die Hand zu bekommen, desgleichen die der 26 000 Juden, die vorläufig noch in rüstungswichtigen Betrieben arbeiteten, früher oder später aber ebenfalls aus Berlin abgeschoben würden. Speer schaltete sich zwar nicht direkt in die Verwaltungsabläufe ein, die zur Beschlagnahmung dieser Wohnungen führten, doch war es undenkbar, dass er den Grund für deren Leerstand nicht kannte. Dies räumt Frau Sereny ein, tut aber zugleich ihre Überzeugung kund, «dass Speer, auch wenn er gewiss schon 1941 wusste, dass die Berliner Juden deportiert wurden, ebenso gewiss keine Ahnung davon hatte, dass sie in den Tod gingen». (267) Vielleicht sollte man besser sagen, dass er sich weigerte, darüber nachzudenken, was mit ihnen geschah. In seinem letzten Buch *Der Sklavenstaat* schrieb er:

Wenn ich an das Schicksal der Berliner Juden denke, überkommt mich ein unabweichliches Gefühl des Versagens und der Unzulänglichkeit. Oft sah ich bei meiner täglichen Fahrt in mein Architekturbüro ... auf dem ... Bahnhof Nikolassee Menschenmassen auf dem Bahnsteig. Ich wusste, dass es sich um die Evakuierung Berliner Juden handeln musste. Sicher überlief mich für diesen Augenblick des Vorbeifahrens ein bedrückendes Gefühl, vermutlich hatte ich das Bewusstsein düsterer Vorgänge. Aber ich war den Prinzipien des Regimes in einem Maße verhaftet, das mir heute noch schwer verständlich ist. Parolen wie ‹Führer befiehl, wir folgen!› oder ‹Der Führer hat immer recht!› hatten einen hypnotischen Inhalt, auch gerade auf uns in der unmittelbaren Umgebung Hitlers. ... Vielleicht war es auch eine unbewusste Betäubung des Gewissens, wenn wir uns ganz und gar in die Arbeit vergruben.[41]

Nach seinem Aufstieg zum Rüstungsminister war es Speer nicht mehr möglich, vor den unappetitlicheren Aspekten dessen, was in Nazideutschland vor sich ging, einfach die Augen zu verschließen, und er verstrickte sich immer tiefer in die Verbrechen des Regimes. Das Hochgefühl, in das ihn die enorme Steigerung seiner Machtfülle und seiner Kompetenzen sowie sein zweifelsfrei erfolgreiches Wirken versetzten – die verschärfte Indienstnahme der Schwerindustrie für die Erfordernisse eines sich ständig ausweitenden Krieges, die Verfünffachung der Panzerproduktion im Verlauf seiner Amtszeit, die Steigerung der Jagdflugzeugproduktion von durchschnittlich 849 Maschinen pro Monat im Januar 1943 auf 3031 Maschinen im September 1944 – half ihm bei der Verdrängung dieser Dinge. Es gibt keinen Anlass, daran zu zweifeln, dass Speer in seinem kriegerischen Beruf aufging und dass es ihm Genuss und Genugtuung bereitete, Probleme zu lösen, vor denen andere verzagten, und die Intrigen derer zu konterkarieren, die, wie Hitlers mächtiger persönlicher Sekretär Martin Bormann, alles daran setzten, seine sich ausweitenden Machtbefugnisse zu beschneiden. Jeder weitere Sieg, den Speer errang, beruhte auf der Rekrutierung einer noch größeren Zahl von Arbeitskräften, und als es ihm nicht gelang, die Gauleiter von den Vorteilen einer totalen Mobilmachung (die auch die Einziehung von Frauen zum Arbeitseinsatz hätte einschließen müssen) zu überzeugen, blieb nichts anderes übrig, als die Arbeitskräfte aus dem Ausland zu holen. Der amerikanische stellvertretende Hauptankläger in Nürnberg beschuldigte Speer denn auch, er sei verantwortlich gewesen nicht nur für die Festlegung der Zahl der vom deutschen Rüstungsapparat benötigten ausländischen Arbeitssklaven, ... sondern auch für die Entscheidung, ausländische Zivilisten und Kriegsgefangene gegen ihren Willen für den unter brutalen, unmenschlichen und entwürdigenden Bedingungen erfolgenden Einsatz in der Rüstungs- und Munitionsherstellung, beim Bau von Befestigungen und bei aktiven militärischen Operationen zu rekrutieren.

Speer verteidigte sich mit dem Argument, er sei zwar in allgemeiner Hinsicht für die Rekrutierung ausländischer Arbeitskräfte verantwortlich gewesen, aber sämtliche Verstöße gegen internationales Recht, die man ihm zur Last legen könne, hätten schon vor seiner Amtsübernahme stattgefunden. Er habe, so erklärte er, keinen Einfluss auf die angewandten Rekrutierungsmethoden gehabt, und es sei nicht seine Aufgabe gewesen, sich über die Rechtmäßigkeit der Vorschriften, aufgrund derer die Fremdarbeiter zur Arbeit in Deutschland gezwungen wurden, kundig zu machen. Außerdem beharrte er mit Nachdruck darauf, die Lebens- und Arbeitsbedingungen der Fremdarbeiter seien angemessen, die Leute gut ernährt, gesund und zufrieden gewesen.

Demgegenüber zeigt Frau Sereny auf, dass Speer in wenigstens einem Fall, dem von der SS geleiteten unterirdischen Fabriklager Dora, aus eigener Anschauung wissen musste, dass die dort eingesetzten Arbeitssklaven erbärmlich schlecht behandelt wurden. Speer war jedoch nicht bereit, mehr einzuräumen, als dass diese Arbeitskräfte teilweise gegen ihren Willen nach Deutschland geholt worden seien und dass er nichts dagegen gehabt habe, dass sie gegen ihren Willen nach Deutschland gebracht wurden. Er habe im

Gegenteil, in der ersten Phase, bis zum Herbst 1942, seine ganze Tatkraft darauf verwendet, zu erreichen, dass möglichst viele Arbeitskräfte nach Deutschland kämen.

Speer wurde zu zwanzig Jahren Gefängnis verurteilt. Fritz Sauckel, der ehemalige Gauleiter von Thüringen, der sich gegen die Rekrutierung von Frauen ausgesprochen und es als Generalbevollmächtigter für den Arbeitseinsatz auf sich genommen hatte, Speer mit allen Arbeitskräften, die er benötigte, zu versorgen – was er dann auch mit großer Tatkraft und Improvisationsgabe tat –, wurde zum Tode verurteilt.

Speer wurde nicht der Mittäterschaft an der Ermordung der Juden angeklagt, und er beteuerte, wie wir gesehen haben, zeit seines Lebens, davon bis nach Kriegsende nichts gewusst zu haben. Frau Sereny zeigt auf, wie unglaubwürdig diese Behauptung ist. Schließlich war Speer von dem Augenblick an, da die Operation Barbarossa anlief, in die Organisation des Krieges in Russland eingebunden und blieb es bis zum bitteren Ende; seine Tätigkeit schloss häufige Reisen an die Front und in die besetzten Gebiete ein. In Anbetracht seiner zahlreichen Kontakte zu hochrangigen Offizieren hätte ihn nur eine Taubheit, ebenso patent wie seine uns bereits bekannt gewordene Blindheit, davor bewahren können, wenigstens zu ahnen, was vor sich ging. Aber er hielt hartnäckig an seiner vermeintlichen Unwissenheit fest und ließ sich in dieser Haltung nur einmal erschüttern, als 1971 die amerikanisch-jüdische Zeitschrift *Midstream* einen Artikel veröffentlichte, in dem der Nachweis dafür geliefert werden sollte, dass Speer unter den Zuhörern der berüchtigten Rede gewesen war, die Heinrich Himmler am 6. Oktober 1943 im Goldenen Saal des Posener Schlosses vor einer ausgewählten Gruppe von Gauleitern, Reichsleitern und Ministern gehalten hatte.

Die Veranstaltung in Posen war nach Überzeugung Serenys Ausdruck der «Entschlossenheit [Hitlers], die wichtigsten Männer in seiner Gefolgschaft in die ärgsten Taten einzubeziehen, die er verursacht hatte». (451) Himmler redete nicht um den heißen Brei herum, sondern erklärte seinen Zuhörern anschaulich, was seine Leute den Juden antaten, dass es in Deutschland schon kaum mehr welche gab und dass man die Juden in den besetzten Ländern bis zum Jahresende ebenfalls vernichtet haben werde; er fügte hinzu, dies sei eine Aufgabe, für die alle höheren Funktionsträger der

Partei gemeinsam die Verantwortung übernehmen müssten. Keiner von denen, die diese Rede Himmlers hörten, konnte sich danach noch irgendwelchen Illusionen über sein Schicksal hingeben, für den Fall, dass der Krieg verloren ging, und es ist verständlich, dass viele der Anwesenden den Abend damit verbrachten, sich sinnlos zu betrinken.

Die Frage lautete, ob Speer dabei war, als die Rede gehalten wurde. Er befand sich an diesem 6. Oktober in der Tat in Posen und hatte am Vormittag selbst eine Ansprache gehalten, in der er den Gauleitern eingeschärft hatte, ihre Versuche, die geltenden Einschränkungen für die Produktion von Verbrauchsgütern zu umgehen, werde man von nun an nicht mehr durchgehen lassen. Er sei jedoch, so beteuerte er später, aus Posen abgereist, bevor Himmler seine Rede gehalten habe, und sei am Abend im Führerhauptquartier bei Rastenburg eingetroffen. Dort habe er eine Unterredung mit Hitler geführt. Nach dem Erscheinen des *Midstream*-Artikels setzte Speer alle Hebel in Bewegung, um Zeugen zu finden, die die Richtigkeit seiner Darstellung bestätigen konnten, was ihm nur eingeschränkt gelang. Frau Sereny machte einige seiner Entlastungszeugen ausfindig und fand heraus, dass sie Speers Geschichte nur bestätigt hatten, weil ihm offenbar so viel daran gelegen war.

Ob Speer nun die Posener Rede Himmlers mit angehört hatte oder nicht, darauf kommt es in den Augen Serenys eigentlich nicht an; sein verzweifeltes Bemühen, seine Nichtanwesenheit zu beweisen, ist für sie vielmehr ein starkes Indiz dafür, dass er von dem in Gang befindlichen Völkermord wusste. Ihre Schlussfolgerung daraus lautet: «Wie weit entfernt er selbst auch von diesem systematischen Morden gewesen sein mag, in dem Moment, als er davon erfuhr und trotzdem seine Arbeit für Hitler fortsetzte, wurde er zum aktiv Beteiligten an diesem Verbrechen.» Nach langen Jahren des Leugnens kam Speer schließlich selbst zu dieser Einsicht. Am letzten Tag der Unterredungen, die Frau Sereny 1977 mit ihm führte, zeigte er ihr einen Brief, den er an den Direktor einer jüdischen Organisation in Südafrika, des «Board of Deputies», geschrieben hatte, als Reaktion auf dessen Bitte, ihn bei der Bekämpfung eines kurz zuvor erschienenen Buches zu helfen, das die These vertrat, der Holocaust sei nur ein Mythos. Speer hatte dem Mann eine eidesstattliche Erklärung übersandt, mit Erläuterungen zum Hintergrund der Judenverfolgung in Deutschland und mit Zitaten aus Aussagen, die unmittelbar an der Durchführung des Holocaust Beteiligte in den Nürnberger Prozessen gemacht hatten. In Bezug auf seine eigene Person wiederholte er, was er in Nürnberg über seine pauschale Mitverantwortung gesagt hatte, fügte aber einen bedeutsamen Satz hinzu: «Meine Hauptschuld sehe ich immer noch in der Billigung der Judenverfolgungen und der Morde an Millionen von Ihnen.» Hätte er einen solchen Satz in Nürnberg gesagt, er hätte sich damit nach Überzeugung Serenys an den Galgen gebracht.

Es bleibt die Frage, weshalb Speer Hitler weiterhin treu diente, als er die Wahrheit schon kannte. Abgesehen davon, dass er seine Macht genoss und keine Lust hatte, sie aufzugeben, gab es dafür auch praktische Gründe. So wie Hitler Speer brauchte, wenn seine Träume vom Endsieg noch Wirklichkeit werden sollten – «Speer ist immer noch unser bester Mann», sagte er zu Walther Funk, als sich die Dinge zum Schlechten wendeten –, brauchte Speer Hitler – oder doch die ihm von Hitler verliehene Macht –, um zu verhindern, dass die Politik der verbrannten Erde, die Hitler befahl, als ihm klar wurde, dass der Krieg verloren war, in die Tat umgesetzt wurde.

Das änderte nichts daran, dass die emotionale Bindung Speers an Hitler so intensiv blieb, wie sie es von Anfang an gewesen war. Gewiss ist es richtig, dass sein Verhältnis zum Führer nach seiner Ernennung zum Minister förmlicher geworden war und dass aus den trauten gemeinsamen Mittagessen der Vergangenheit, als der deutsche Feldzug im Osten ins Stocken geraten war, eher quälende Veranstaltungen wurden, mit langen Schweigeperioden, unterbrochen nur von Bemerkungen über die ausgezeichneten Leistungen von Hitlers vegetarischem Koch und Tiraden gegen die Wehrmacht. Die gefühlsmäßige Bindung zwischen ihnen blieb jedoch bestehen, und auch noch in den letzten kritischen Monaten des Krieges, als Speer sich bereits zu der Überzeugung durchgerungen hatte, die vom Führer angeordnete Politik der verbrannten Erde hintertreiben zu müssen, war es ihm stets ein tiefes Bedürfnis, dem Führer seine Loyalität zu versichern. In der ursprünglichen, im Gefängnis niedergeschriebenen Fassung seiner Erinnerungen berichtete Speer über eine Begegnung Ende März 1945, die Hitler herbeigeführt hatte, um die zwischen ihnen bestehenden Differenzen auszuräumen:

Als ich unten im Bunker ankam, stand Hitler wartend da, und er sah jetzt eher erschöpft aus als angespannt. «Nun?» fragte er – nur dieses eine Wort –, und ich log und log auch wieder nicht in diesem Augenblick, jedenfalls kam mir ohne Überlegen eine Antwort: «Mein Führer, ich stehe bedingungslos hinter Ihnen.» Er gab mir die Hand, die er mir beim Empfang nicht geboten hatte, und seine Augen füllten sich mit Wasser. (575)

Wie Speer weiter berichtete, bat er Hitler bei dieser Unterredung, ihm die alleinige Zuständigkeit für die Durchführung der «Politik der verbrannten Erde» zu übertragen bzw. zurückzugeben, was *de facto* bedeutete, ihm die Entscheidungsgewalt über deren Nichtdurchführung zu verleihen (von der er dann auch Gebrauch machte). Hitler habe «fast ohne Diskussion» zugestimmt und sei dabei noch sichtlich aufgewühlt gewesen. Das mag so gewesen sein oder auch nicht, das eigentlich Verblüffende an dieser Begegnung war ihr hoher Emotionsgehalt. Frau Sereny trifft sicherlich den Kern, wenn sie schreibt:

Es dauerte lange, bis seine Liebe zu Hitler abflaute, und dass er seinen Gefühlen nachgab und sich diese Zeit zugestand, war wohl sein verhängnisvollster Kompromiss. Denn er erlaubte ihm die endgültige Selbsttäuschung – dass er nicht aufgeben oder gehen könne, dass er den, er wusste es schon, unumgänglichen moralischen Standpunkt nicht einnehmen könne, weil, so redete er sich ein, er sich nur immer schonungsloser einsetzen musste, um das Land und das Volk vor der Zerstörung und der Entehrung zu bewahren. Entehrung durch Hitler, Bewahrung für Hitler – er wusste nicht mehr, was.

Mancher Leser des Buches von Gitta Sereny mag vielleicht seine exzessive Ausführlichkeit und die darin enthaltenen Redundanzen befremdlich finden. Es ist jedoch ein mit Leidenschaft geschriebenes Buch, das seinem erklärten Ziel auf bewundernswerte Weise gerecht wird. Es erklärt uns, was Speer an Bord der Galeere machte, und korrigiert, indem es dies tut, das Bild, das er in seinen eigenen Büchern mit so viel Sorgfalt gemalt hat. Darüber hinaus bietet es zahlreiche ungewöhnliche Einblicke in das Leben der führenden Kreise der NS-Bewegung. Zu den erstaunlichsten Eindrücken, die es vermittelt, gehören die Streiflichter, die Margret Speer, Eva Braun und Anni Brandt (die Frau des Direktors des Euthanasieprogramms) bei der gemeinsamen Teestunde auf dem Berghof, beim Baden oder auf kleinen Wanderungen zeigen, eifrig bemüht, ausschließlich über Nichtigkeiten zu reden.

Der Weg in den Krieg

I

In den ersten Jahrzehnten nach dem Ende des fürchterlichsten Krieges des 20. Jahrhunderts gerieten Historiker, die nach Antworten auf die Frage suchten, warum es zu diesem Krieg kam, häufig in Versuchung, auf eine Erklärung zurückzugreifen, die Philippe de Commynes, ein Soldat und Diplomat aus dem 15. Jahrhundert, vorgeschlagen hatte, um die Ursachen für die beispiellose Welle der Gewalt zu benennen, die nach dem Einmarsch Karls VIII. von Frankreich in Italien 1494 das Land überrollt hatte. Commynes sah sie «in der Grausamkeit mehrerer Fürsten und der Schlechtigkeit anderer, die genug Verstand und Erfahrung haben, sie aber missbrauchen wollen».[42]

Nach einer ähnlichen Formel teilten seine modernen Nachfolger die Schuld am Ausbruch des Zweiten Weltkriegs zwischen dem unmenschlichen Fanatismus Hitlers und den Schwächen und Fehlern seiner Widersacher auf; jedem Buch über die Verbrechen des deutschen Führers, das neu herauskam, folgte ein anderes auf dem Fuße, das die britische Appeasement-Politik, den französischen Defätismus oder den amerikanischen Isolationismus an den Pranger stellte.

Sir Winston Churchill gab den Grundton vor, indem er in einer hochpathetischen Passage des ersten Bandes seiner großen Geschichte des Krieges die Vorkriegsjahre als eine beschämende Periode in der Geschichte seines Landes bezeichnete. Großbritannien bot «ein Bild der aufgeblasenen Dummheit und Schwäche ..., die zwar frei von Arglist war, aber nicht frei von Schuld, und – obwohl sie nichts Böses beabsichtigte – entscheidend dazu beitrug, über unsere Welt die Schrecken und Verhängnisse hereinbrechen zu lassen, die schon in dem bisher erreichten Grad über jeden Vergleich mit allem von Menschen Erlebten hinausgehen.»[43] Viele andere Autoren stießen in dasselbe Horn, wenn auch mit nicht so großer literarischer Sprachgewalt.

Es lag viel Wahres in diesen frühen Analysen, aber auch eine Menge Übertreibung und unbillige Kritik an Entscheidungen ohne angemessene Berücksichtigung der Umstände; aus heutiger Sicht wirken sie nicht mehr so überzeugend wie früher. Über die ältere Literatur zur Appeasement-Politik hat David Dilks vor kurzem geschrieben:

Es gab eine Zeit, und sie ist nicht lange her, da nahmen sich die Antworten auf die Probleme der 1930er Jahre nur allzu simpel aus: Wirtschaftskrise und Arbeitslosigkeit hätten sich, durch eine Politik des *deficit spending* abwenden oder doch umgehend vertreiben lassen; die Beschwernisse der Deutschen hätten versorgt werden müssen, bevor die Siegermächte abrüsteten; die deutsche Wiederaufrüstung hätte verhindert werden müssen, zumal jedem, der sich die Mühe machte, *Mein Kampf* zu überfliegen, hätte klar sein müssen, was Hitler vor hatte; Roosevelts über den Atlantik ausgestreckte Hand hätte ohne weiteres ergriffen werden können, wenn man die Krisen des Jahres 1938 nur besser gemanagt hätte; Hitler bluffte in München nur – und wenn doch nicht, wäre er von seinen Widersachern in Deutschland gestürzt worden; Russland war bereit, wirksamen Beistand zu leisten. Ganze Bücher wurden geschrieben über die britische Deutschlandpolitik, als hätten der Ferne und der Nahe Osten und der Mittelmeerraum nicht existiert. Alle diese Ansätze werfen Fragen auf, um es mild auszudrücken, und manche enthalten nachweisliche Irrtümer. Bei anderen bietet sich eine Neuinterpretation im Licht einer reichhaltigeren Quellenlage und einer weiter reichenden Perspektive an. Es ist, so scheint mir, an der Zeit, beim Rückblick auf die 1930er Jahre größeren Nachdruck auf die Frage zu legen, weshalb die Regierenden so handelten, wie sie es taten, und zu erkennen, dass damals fast alle irgendwo Appeasement-Politiker waren.[44]

Es ist der große Pluspunkt von Donald Cameron Watts Arbeit über die unmittelbaren Ursachen des Krieges, dass sie sich genau von diesem Vorsatz leiten lässt. «Ich habe mich bemüht», schreibt er in seinem Vorwort, «die Geschichte, wie der Zweite Weltkrieg begann, unmittelbar aus den Hinterlassenschaften derer zusammenzusetzen, deren Handlungen (und Unterlassungen) in diesem Geschehen eine Rolle spielten. Dabei habe ich nicht nur die amtlichen Unterlagen verwendet, sondern, wo es möglich war, auch private Nachlässe, Briefe und Tagebücher sowie veröffentlichte und unveröffentlichte Erinnerungen von Amtsträgern und Politikern, aber auch von politischen Beratern und anderen Entscheidungsbeteiligten in allen betroffenen Ländern.» (XII)

Der letzte Satz ist keine hochtönende Leerformel. So sehr Watt sich zwangsläufig in erster Linie mit dem Verhalten der Hauptfiguren seines Dramas befasst, so wenig vergisst er jemals die in Nebenrollen auftretenden Akteure wie Griechen und Türken, Rumänen und Bulgaren, Jugoslawen und Finnen, Ungarn und Tschechen, Slowaken und Ruthenen, Skandinavier und Schweizer, Belgier und Holländer. Ihre Haltungen, ihre Dilemmata, ihre «Anflüge von Mut oder Vorsicht», seien von Bedeutung für das Geschehen gewesen, weil sie «zu der Ungewissheit, der Verwirrung und dem Verlust an Kraft und Entschlossenheit beitrugen, die Hitler erst den Weg für seinen Überfall auf Polen ebneten. Ihnen gehört die Aufmerksamkeit des Autors ebenso wie den Hauptakteuren Roosevelt, Stalin und Churchill.» (VII)

Die Geschichte dieser Staatsmänner und der anderen politischen Führer, die die Aufgabe hatten, ihre Länder durch die schwerste Krise ihres Zeitalters hindurch zu führen, erzählt Watt ohne Nachsicht gegenüber den Klischeevorstellungen der älteren Historikergenerationen. So verwirft er schroff die Behauptung, Neville Chamberlain habe ein heimliches Faible für die Deutschen gehabt, und die These, Roosevelt habe in den europäischen Vorgängen von 1938 und 1939 maßgeblich die Hand im Spiel gehabt, wenn die Stärke des amerikanischen Isolationismus ihn nicht daran gehindert hätte, diagnostiziert er als unhaltbar. Mit behänder Feder stellt er Fehlurteile der Geschichtsschreibung richtig, so zum Beispiel, wenn er ein großmütiges Verteidigungsplädoyer für Sir Robert Craigie hält, der mit Geschick und Geduld verhütete, dass die durch die japanische Blockade des britischen Stützpunkts in Tientsin in Nordchina im Frühjahr 1939 ausgelöste Krise in einem Moment, da in Europa die Kriegsgefahr näher rückte, britische Kräfte gebunden und abgelenkt hätte – und der zum Dank für seine Mühen als Mann des Appeasement abgestempelt und stigmatisiert wurde und dem seine Landsleute jede Anerkennung verweigerten.

Watt ist in den Urteilen, die er fällt, nie unschlüssig oder schwammig, das macht sein Buch umso interessanter und lesbarer. Zweifellos wird es Leser geben, die fragen werden, wie der Autor eine Aussage belegen will wie, Molotow sei einer der «gnadenlos dümmsten Männer gewesen, die in diesem [20.] Jahrhundert als Außenminister einer bedeutenden Macht amtierten» (113), doch würden wohl selbst Kritiker einräumen, dass diese Feststellung, so überzogen sie klingen mag, auf eine vielleicht bislang nicht genügend gewürdigte Ursache für Halbherzigkeiten und Widersprüche der sowjetischen Politik in den späten 30er Jahren hinweist.

Die Seitenhiebe, die Watt austeilt, können nicht nur vernichtend ausfallen, sie öffnen auch den Blick: so etwa sein Kommentar zum herablassenden Auftreten Mussolinis und Cianos beim Rom-Besuch von Chamberlain und Lord Halifax im Januar 1939, als sich die beiden Italiener, Führer der jugendlich kraftvollen faschistischen Bewegung über ihre scheinbar verkalkten Besucher mokierten. In Wirklichkeit verfügten die beiden Engländer, wie Watt betont, über ein beträchtliches physisches Stehvermögen, während «Mussolini und Ciano (früher ein tollkühner Flieger) inzwischen zu rundlichen Großstadtmöpsen und Schreibtischsitzern geworden waren, fit nur noch für die Leibesübungen des Boudoirs (wenn überhaupt noch für welche), und auch das nur in mäßiger Dosierung». Diese Passage spricht implizit auch vom Verfall ihres politischen Talents; die diplomatischen Akten aus der Folgezeit liefern dafür mehr als eine Bestätigung.

Wie kaum anders zu erwarten, ist es die Gestalt Adolf Hitlers, die das Buch beherrscht. Dabei stellt Watt von Anfang an eines klar: «Im Gegensatz zu dem, was manche Historiker seit einiger Zeit diskutieren, sei es aus einem apologetischen Instinkt heraus oder in dem Bemühen um eine inhumane Distanziertheit oder aufgrund eines überzogenen Respekts vor der Rolle des Zufalls in der Geschichte, war der Zweite Weltkrieg ein *gewollter* Krieg», gewollt von Hitler und seinen Komplizen. Gegen Ende des Buches kommt er auf diesen Punkt zurück und schreibt:

Was an den Ereignissen, die zum Ausbruch des Zweiten Weltkrieges führten, so außerordentlich erscheint, ist, dass der Wille Hitlers, diesen Krieg zu führen, stärker war als der Widerwille, den praktisch alle anderen dagegen empfanden. Hitler wollte den Krieg, ersehnte ihn, begehrte ihn – freilich nicht den Krieg gegen Frankreich und Großbritannien, zumindest nicht 1939. Niemand anders wollte ihn, auch wenn Mussolini eine Zeit lang gefährlich nahe daran war, sich selbst in Kriegsbegeisterung zu versetzen. In allen Ländern rechneten die militärischen Ratgeber mit der Möglichkeit der Niederlage und die Wirtschaftsexperten mit Ruin und Bankrott. (610)

Weder die Warnungen der Militärs und der Ökonomen, noch die verzweifelten Anstrengungen der Westmächte, wirksame Abschreckungsmaßnahmen zu ergreifen, machten den mindesten

Eindruck auf Hitler. Er wollte Krieg, und er bekam ihn, wenn auch nicht den, den er sich ausgerechnet hatte.

Hitlers Absichten waren im September 1938, unmittelbar nach der Münchener Konferenz, noch keinesfalls klar ersichtlich, am wenigsten für Neville Chamberlain. Der britische Premierminister stand zu der Zeit im Zenit seines Ansehens, hatte im Parlament eine solide Mehrheit hinter sich und genoss starken Rückhalt in der Presse und in der Bevölkerung, die zu großen Teilen jede Kritik am Premierminister als unpatriotisch empfand. So ließ der Rektor der Grundschule, die Watt damals besuchte, seine Schützlinge wissen, sie sollten sich von niemandem einreden lassen, Mr. Chamberlain habe in München einen Fehler gemacht. Im Gegenteil: «Er sei von Gott geschickt worden mit dem Auftrag, den Weltfrieden zu bewahren. Was er getan habe, sei edel und christlich gewesen, und das dürfe man ihm nie vergessen.»

Chamberlain selbst zweifelte nicht daran, dass die Politik, die zu «München» geführt hatte, die einzig richtige gewesen war. Schon 1934 hatten Militärexperten und hohe Beamte in einem eigens gebildeten Ausschuss die momentane Wiederaufrüstung des nationalsozialistischen Deutschland als die größte Bedrohung für die Sicherheit Großbritanniens bezeichnet und die größte Gefahr für das Jahr 1939 vorausgesagt. Großbritannien begann zwei Jahre später mit der Aufrüstung. Doch schon 1937 zeigte sich, dass die damit verbundenen Kosten jede Chance zur Erholung des Landes von der Wirtschaftskrise des Jahres 1931 minderten. Absehbar war zu diesem Zeitpunkt auch, dass die Möglichkeit militärischer Konflikte mit Japan und Italien überaus real war und dass das Land nicht über die Ressourcen verfügte, sich gleichzeitig an drei weit voneinander entfernten Fronten zu verteidigen. Wie logisch erschien es da, Konfliktpotenziale zu entschärfen und nach Möglichkeit einen der potenziellen Gegner zum Freund oder Verbündeten zu machen und genau das war dann auch die Rechtfertigung für die Appeasement-Politik.

Wenn man Chamberlain etwas vorwerfen kann, dann nicht so sehr die Entscheidung für diese Politik als vielmehr die Tatsache, dass er mit großer Selbstherrlichkeit an ihr festhielt und sich über jeden mokierte, der Zweifel am Erfolg dieser Politik anmeldete oder darzulegen versuchte, dass eine mit allen Kräften betriebene Stärkung kollektiver Sicherheitsvorkehrungen gegen potenzielle

Aggressoren für England der bessere Weg sein könnte, schon weil man damit dem moralischen Dilemma aus dem Weg ginge, für die Erhaltung des Friedens die Freiheit kleinerer Nationen opfern zu müssen – und letzteres war nun einmal die Essenz der Appeasement-Politik, wie das Schicksal Österreichs und der Tschechoslowakei 1938 nur zu deutlich zeigte.

Watt charakterisiert Chamberlain als «unermüdlich, kämpferisch, höchst effizient im Verteilen von Aufgaben, stets von dem Drang beherrscht, zu handeln und zu entscheiden, niemals vor unbequemen oder unpopulären Entscheidungen zurückscheuend». Die Entscheidung, auf Hitlers Forderung nach Eingliederung des tschechischen Sudetenlandes ins Deutsche Reich nicht mit einer Kampfansage zu reagieren, war keineswegs unpopulär. Die britischen Stabschefs hatten kategorisch erklärt, ein Krieg in diesem Jahr (1938) würde sehr wahrscheinlich mit einer Niederlage Großbritanniens enden; die Regierungen der Commonwealth-Staaten waren von der Aussicht auf einen Krieg wenig begeistert, manche machten nachdrücklich Front dagegen. Der überschwängliche Jubel der Massen, die Chamberlain in Croydon empfingen, nachdem er sich in München Hitlers Forderungen gebeugt hatte, zeigte, wie sehr die Bevölkerung hinter ihm stand.

Es steht nicht zweifelsfrei fest, dass Chamberlain vom Ergebnis seiner diplomatischen Mission in München so felsenfest überzeugt war, wie manche Historiker es ihm unterstellen, oder dass er wirklich glaubte, die englisch-deutsche Vereinbarung, zu deren Unterzeichnung er Hitler am Morgen nach der Konferenz überredet hatte, werde den «Frieden in unserer Zeit» dauerhaft sichern. Vielmehr schwankte er in den Wochen nach München zwischen Perioden eines vorsichtigen Optimismus, getragen von der Überzeugung, die Sudetenkrise habe den Deutschen die Gefahr eines Krieges drastisch genug vor Augen geführt, um ihnen Angst einzuflößen, und dies werde sie im Zusammenwirken mit den aktuellen wirtschaftlichen Problemen vor neuen Risiken zurückschrecken lassen, und Phasen, in denen er sich in finsteren Vorahnungen erging, so etwa wenn er in einem Brief schrieb, Hitler habe auf ihn einen «instabilen, wenn nicht sogar unzurechnungsfähigen» Eindruck gemacht, er glaube «ihm kein Wort und hoffe, ein Jahr für die Wiederaufrüstung gewonnen zu haben, bevor bei Hitler wieder die Eroberungslust die Oberhand gewinne».

Diese Ambivalenz zeugte davon, dass es die Selbstgewissheit, die das Verhalten Chamberlains auf dem Höhepunkt der Appeasement-Phase charakterisiert hatte, nicht mehr gab, und tatsächlich hatte er zu dem Zeitpunkt, als durch den deutschen Einmarsch in Prag im März 1939 seine düstersten Befürchtungen bestätigt wurden, bereits einen ganz anderen politischen Kurs eingeschlagen.

Im Verlauf der Minikrise vom Januar 1939 – ausgelöst durch einen Alarm, der sich später als unzutreffend erwies, eine deutsche Invasion in Holland stand nicht bevor (für Watt ein Hinweis auf die «seltsame Mischung aus Hypernervosität und Erregbarkeit» (108) im sonst so souveränen Foreign Office) – konsultierte Chamberlain seine Stabschefs: Sie teilten ihm mit, wenn Großbritannien einem deutschen Einmarsch in Holland tatenlos zusähe, so hätte das weltweit so tief greifende moralische Erschütterungen zur Folge, dass der Rückhalt des Landes im Fall eines künftigen Krieges mit Deutschland empfindlich an Boden verlöre. Da die nächsten politischen Schritte Hitlers nicht vorauszuberechnen waren, ergriff der Premierminister eine Reihe von Sicherheitsmaßnahmen. Im Februar bat er das Parlament, ihn zu einer Verdoppelung der britischen Rüstungskredite zu ermächtigen, und erhöhte den Etat für das Haushaltsjahr 1939–40 auf 580 Millionen Pfund. Um den Widerstandswillen in Frankreich und den Benelux-Ländern zu stärken, gab er Anweisung, ihnen für den Fall eines deutschen Angriffs britische Unterstützung zuzusichern. Und er verdoppelte seine Anstrengungen, einen Keil zwischen Mussolini und Hitler zu treiben, indem er dem Duce zu verstehen gab, jede kriegerische Aggression, die auf Grundlage einer falschen Einschätzung der Reaktion Englands und Frankreich unternommen würde, werde in eine «fürchterliche Tragödie» münden.

Sehr zufrieden mit dieser Eruption diplomatischer Energie, wiegte sich der britische Premier in der Zuversicht, den Diktatoren jetzt den Schneid abgekauft zu haben. Im März 1939 ließ er sich zu einigen unvorsichtigen Bemerkungen über die gestiegenen Friedensaussichten hinreißen. Allein, in der Kürze der Zeit hatten seine Initiativen noch keine abschreckende Kraft entfaltet, und am 15. März zerstörte Hitler alle Illusionen des britischen Premiers, indem er seine Panzer nach Prag rollen ließ. Zwei Wochen später brach Mussolini, bei dem der Wunsch, in der internationalen Presse Schlagzeilen zu machen, im Zweifelsfall immer stärker war als das

Gespür für das politisch Vernünftige, alle Zusagen, die er Chamberlain gegeben hatte, indem er Albanien besetzen ließ. Nur einen Monat später stürzte er sich in ein schicksalhaftes Militärbündnis mit Deutschland, den so genannten Stahlpakt.

«Der vorherrschende Eindruck in den Wandelhallen», schrieb Harold Nicolson am 17. März 1939 in sein Tagebuch, «ist der, dass Chamberlain entweder gehen oder eine vollständige politische Kehrtwende machen muss». (167) Das Letztere traf ein, und es kündigte sich bereits in einer Rede an, die Chamberlain am Abend dieses Tages in Birmingham hielt. Er stimmte darin zwei neue Motive an: Zum einen machte er deutlich, dass ein Krieg nicht mehr undenkbar sei; es könnte vielmehr eine Situation entstehen – als Folge einer erneuten Aggression, die wohl in erster Linie von Deutschland zu befürchten sei –, die Großbritannien zwinge, zu den Waffen zu greifen; zum Zweiten wies er darauf hin, dass das britische Sicherheitsinteresse sich nicht auf Westeuropa beschränke. Noch bevor Chamberlain zu seiner Rede anhob, war sein Außenminister Lord Halifax (ein Mann, vor dessen Integrität und Gewissenhaftigkeit Watt großen Respekt bezeigt, auch wenn er ihm gelegentliche «Anfälle von Alarmismus bis an den Rand des Panischen» attestiert) von aufgeregten und maßlos übertriebenen Hilferufen des rumänischen Botschafters Virgil Tilea aufgeschreckt worden, der behauptete, deutsche Truppen seien an der Grenze seines Landes aufmarschiert. Halifax zeigte sich davon so stark beeindruckt, dass er innerhalb weniger Stunden Depeschen nach Athen, Ankara, Bukarest, Belgrad, Paris, Warschau und Moskau aufgeben ließ, in denen er dringend um Stellungnahme zu dieser Nachricht bat und sich nach der Bereitschaft der Regierungen dieser Länder erkundigte, Gegenmaßnahmen in Erwägung zu ziehen.

Dieses überhastete und nicht unbedingt durchdachte Vorgehen zog eine ganze Menge nach sich: einen sowjetischen Vorschlag, eine Konferenz zwischen der Sowjetunion, Frankreich, Großbritannien, Polen und Rumänien zur Besprechung eines eventuellen gemeinsamen Vorgehens einzuberufen; einen Gegenvorschlag Chamberlains, eine von Großbritannien, Frankreich, Polen und der Sowjetunion gemeinsam zu unterschreibende Absichtserklärung zu formulieren, dass man einander künftig bei jedem die Unabhängigkeit irgend eines Staates in Europa bedrohenden

Vorgang konsultieren werde; eine Flut schriftlicher und mündlicher Vorstöße und diplomatischer Manöver seitens der Polen, Rumänen und Franzosen; eine Spaltung des britischen Kabinetts in der Frage, ob es überhaupt ratsam sei, sich mit den Sowjets auf irgendetwas einzulassen; Forderungen Finnlands, Japans, Portugals, Kanadas und Südafrikas, ein Auseinanderbrechen Europas in ideologische Blöcke zu verhindern, und vieles mehr. Was letztlich bei all dem herauskam, war nicht ein umfassender Pakt gegen jede weitere Aggression, sondern ein Bündel britischer Sicherheitsgarantien für Griechenland, die Türkei, Rumänien und Polen, deren Implikationen jedoch nicht sorgfältig zu Ende gedacht waren. Watts wohl abgewogene Meinung zu diesem Vorgang und seinem Endresultat besagt, das britische und das französische Kabinett hätten sich «zu Garantien nötigen und drängen lassen, die sie nicht wahr machen konnten oder wollten, und zu einem Abschreckungssystem, das sie nicht verstanden und das sie in den letzten Augusttagen in eine Situation versetzte, in der sie nur noch verzweifelt der Erkenntnis auszuweichen versuchten, dass ihre Politik eben doch keine Abschreckungswirkung gezeigt hatte». (610)

Eine wirksame Abschreckungspolitik setzt eine Meinungsbildung darüber voraus, dass die eigenen Interessen in einer von einem Widersacher bedrohten Region wichtig genug sind, um ihre Verteidigung zu einem verbindlich festgelegten politischen Ziel zu machen – und dazu die Bereitschaft, dies dem Widersacher unmissverständlich zu signalisieren, mit Drohungen, die sowohl glaubhaft als auch kraftvoll genug sind, um ihn zu beeindrucken und ihn von seinem Vorhaben abzubringen. Die stillschweigend unterstellte Vorbedingung für ein solches Kalkül ist natürlich, dass man es mit einem rational denkenden Widersacher zu tun hat, von dem man erwarten kann, dass er die relativen Vorteile der ihm zur Disposition stehenden Optionen auf der Grundlage der zur Verfügung stehenden Informationen berechnet. Watts sorgfältige Analyse des dokumentierten diplomatischen Handelns zwischen März und August 1939 macht deutlich, dass das, was die Westmächte sich in punkto Abschreckung einfallen ließen, die Anforderungen des theoretischen Modells in mehreren Punkten nicht erfüllte. An Entschlossenheit fehlte es Engländern und Franzosen nicht, auch wenn die Franzosen häufig in kritischen Momenten des Zuspruchs bedurften und im britischen Kabinett sich hin und wieder Bedenkenträger zu Wort meldeten; woran es hingegen fehlte, waren deutliche und konkrete Drohungen an die Adresse der Deutschen – weder Engländer noch Franzosen wollten solche Drohungen aussprechen, aus Furcht, damit genau das zu provozieren, was sie verhindern wollten. Im Übrigen hätte es jeder militärischen Drohung, zu der sie sich durchgerungen hätten, mit Sicherheit an Glaubwürdigkeit gefehlt.

General Gamelin, Stabschef des französischen Heeres, konnte nicht einmal den Polen, geschweige denn den Deutschen sagen, was Frankreich im Fall eines deutschen Angriffs auf Polen zu tun gedachte. (Watt schreibt in diesem Zusammenhang, vielleicht im Hinblick auf das Verhalten dieses Generals im Jahr 1940: «Gamelin ... wusste, dass man auf der französischen Seite nicht daran dachte, den deutschen Befestigungswall im Westen anzugreifen, weder am 15. noch am 30. Tag noch innerhalb des ersten Kriegsjahres.») (331) Der größte Schwachpunkt im westlichen Abschreckungssystem war, dass die Westmächte ohne eine aktive Mithilfe der Sowjetunion gar nicht über die Fähigkeit verfügten, Polen und Rumänien zu schützen; sich um diese Hilfe zu bemühen, dazu waren Chamberlain und Halifax lange Zeit nicht bereit, weil sie kein Zutrauen zu den militärischen Fähigkeiten der Sowjets und zu ihrer Zuverlässigkeit als Verbündete hatten.

Watt räumt das ein, weist aber darauf hin, dass die Schuld daran mehr bei der Sowjetunion lag als bei den politisch Verantwortlichen in London. Von ihren Diplomaten im Westen denkbar schlecht bedient – so verwendete etwa der sowjetische Botschafter in London, Iwan Maiskij, den Watt brillant porträtiert, mehr Zeit und Energie darauf, mit der linken Opposition und mit Redakteuren linker Zeitschriften zu kungeln, als mit führenden Leuten der Regierung zu kommunizieren –, die nur das nach Moskau berichteten, was ihre dortigen Herren und Meister ihrer Ansicht nach hören wollten, dämmerte es den Männern im Kreml zu keinem Zeitpunkt, dass die Briten zwar langsam und spät, aber inzwischen doch klar genug erkannt hatten, was vor sich ging: Je früher Hitler besiegt und gestürzt würde, desto besser für alle anderen, nicht zuletzt für die Sowjetunion, die den Krieg, als er dann kam, mit 20 Millionen Toten bezahlte.

Wenn die Appeasement-Politik, wie die britische Regierung unter Führung von Neville Chamberlain sie gegenüber Deutschland praktizierte, fehlgeleitet und falsch war; wenn das Versäumnis,

1939 ein Bündnis gegen Hitler zustande zu bringen, Folge einer Fehleinschätzung und damit falsch war, dann war die Überzeugung der Sowjets, die Briten hätten ein solches Bündnis nötig, sie selbst aber nicht, ebenfalls verfehlt. Dasselbe gilt für die Meinung der Sowjets, dass die Briten den ersten Schritt tun müssten, wenn sie an einem Bündnis mit den Sowjets interessiert seien, und es dem Kreml dann frei stünde, zu entscheiden, ob die von den Briten angebotene Partnerschaft verlässlich genug erschien, um ein sowjetisches Ja zu rechtfertigen; und dass England mehr Grund hatte, Lord Halifax im Juni oder seine Stabschefs im August nach Moskau zu schicken, als die Sowjetunion, Molotow und Marschall Woroschilow nach London zu entsenden. Dabei war doch das Bündnis das einzige, worauf es ankam.

Aber selbst gesetzt den Fall, es wäre zustande gekommen, so ist zu fragen, ob der oben genannte Vorbehalt für eine funktionierende Abschreckungsstrategie vorlag: War Hitler vernünftig genug, um Chancen und Risiken rational einzuschätzen? Die Frage nach der Zurechnungsfähigkeit des «Führers» beschäftigte Chamberlain und tauchte in seinen Briefen immer wieder auf; am Vorabend des Kriegsausbruchs schrieb er in einem Brief an seine Schwester Ida:

Wenn man es mit einem so außergewöhnlichen Geschöpf zu tun hat, kann man nur zu Spekulationen greifen. Ich bin jedoch überzeugt, dass er eine Vereinbarung mit uns ernsthaft in Erwägung gezogen hat und dass er ernsthaft an der Ausarbeitung von Vorschlägen arbeitete (die anschließend über den Rundfunk ausgestrahlt wurden), die ihm nach den Maßstäben seines Scheuklappendenkens fast fabelhaft großzügig erschienen. Doch dann muss ihn im letzten Moment ein Teufel geritten haben – den ihm vielleicht Ribbentrop ins Hirn gesetzt hat –, und nachdem er seinen Militärapparat einmal in Marsch gesetzt hatte, vermochte er ihn nicht mehr zu stoppen. Darin besteht, wie mir die ganze Zeit bewusst war, die schreckliche Gefahr, die solche furchtbaren Waffen in den Händen eines Paranoikers bedeuten.[45]

Auch wenn hier ein Moment der Selbstrechtfertigung mitspielen mag, war dies zweifellos eine kluge Analyse. Hitler hatte 1939 seine Waffen parat, und es gelüstete ihn danach, sie einzusetzen. Denken wir an den Ausspruch, den er im November vor seinen Generälen tat: Er habe die Wehrmacht schließlich nicht aufgebaut, um sie *nicht* zu gebrauchen. Aller Wahrscheinlichkeit nach wäre er sogar ohne den Pakt mit der Sowjetunion in den Krieg gezogen, denn er traute den sowjetischen Streitkräften nichts zu; und schließlich war er, ob geistesgestört oder nicht, vollkommen unfähig, die Anzeichen zunehmender Entschlossenheit und militärischer Stärke, die aus Großbritannien herüberdrangen, wahrzunehmen, nachdem er sich 1938 seine feste Meinung über die führenden Politiker des Westens gebildet hatte. Am 20. August 1938 hatte er seinen höchsten Militärführern auf dem Berghof, auf einen Flügel gestützt, auf dem eine Büste Richard Wagners stand, seinen Entschluss mitgeteilt, Polen niederzuwalzen, und hatte ihnen versichert, Briten und Franzosen würden keinen Finger rühren. «Unsere Feinde sind kleine Fische», hatte er getönt. «Ich habe sie in München erlebt.» (445)

Hitler nahm nicht einmal ansatzweise wahr, dass sich in Großbritannien seit September 1938 ein dramatischer Stimmungsumschwung vollzogen hatte. Damals hatte es nur wenige gegeben, die öffentlich oder privat die Überzeugung äußerten, Hitler müsse um jeden Preis bekämpft werden; wenn die Briten ein logisch denkendes Volk waren, mussten sie ein Jahr später eigentlich noch derselben Meinung sein, denn dank der Zugewinne Hitlers in Böhmen und Mähren stand ihr Land relativ schwächer da als zur Zeit der Münchener Konferenz. Hitler hatte über 2000 Panzerabwehrgeschütze, 800 Panzer, 2000 Kanonen, 57 000 Maschinengewehre, 750 000 Gewehre und 1200 einsatzbereite Flugzeuge erbeutet, dazu die enorm leistungsfähigen Rüstungsbetriebe in Pilsen, Prag und Brünn, ferner 22 Tonnen Gold und große Vorräte an Nichteisenmetallen, die hilfreich waren, einige Engpässe des deutschen Vierjahresplans zu beseitigen. Doch diese Dinge schienen jetzt nicht mehr zu zählen. Schon vor Hitlers Einmarsch in Prag war deutlich zu spüren, dass die öffentliche Meinung sich entschieden gegen Deutschland wandte, fast als ob tiefe Atavismen alten britischen Stolzes und Widerstandsgeistes nach oben drängten. Der Hitler-Stalin-Pakt änderte daran nichts, im Gegenteil. Watt schreibt: «Die Briten zogen sich, wie sie es auch im Sommer 1940 tun sollten, in einen jener zutiefst unrealistischen Überzeugungszustände zurück, aus dem weder Bürger noch Staatsmänner anderer Länder jemals schlau werden und der sie in die Lage versetzt, mit singulärer Kraft und Zielbewusstheit auf den ‹Realismus› zu pfeifen, den jene äußeren Beobachter ihnen angesichts ihrer Lage nahe legen.» (465)

Im Grunde erinnerten sich die Briten in diesem Moment nur daran, dass von einer Großmacht erwartet wird, sie möge sich wie eine Großmacht verhalten, und verloren die Geduld für weitere Verhandlungen über Kompromisse. Wie mächtig dieser Stimmungsumschwung geworden war, zeigten die dramatischen Szenen, die sich am 2. September, dem Tag nach dem deutschen Überfall auf Polen, im Unterhaus abspielten, als Chamberlain zunächst – vielleicht weil seine vergeblichen Bemühungen, von den Franzosen zu erfahren, zu welchem Zeitpunkt sie bereit sein würden, zu den Waffen zu greifen, ihn aus dem Konzept gebracht hatten – eine temperamentlose Rede hielt, in der das Ultimatum an Deutschland, das die Abgeordneten erwarteten, nicht vorkam, worauf er von beiden Seiten des Hauses heftig angegangen wurde und seine Regierung um ein Haar gestürzt worden wäre. Das alles lag außerhalb von Hitlers Vorstellungsvermögen, und seine missmutige Äußerung gegenüber Ribbentrop, als am 3. September das britische Ultimatum eintraf – «Und was jetzt?» –, zeugte von ebenso großer Konsterniertheit wie Verärgerung.

II

Den Einfluss der USA auf die Ereignisse von 1939 tut Watt als vernachlässigbar ab. Er neigt dazu, jenem Kritiker Recht zu geben, der geschrieben hat: «Die Zwiespältigkeit der Politik Franklin Roosevelts resultierte ebenso sehr aus seinem eigenen Naturell und seinen Einstellungen wie aus seiner viel gerühmten Trotzhaltung gegenüber den Diktaten der öffentlichen Meinung.»[46] Watt verschärft diese Äußerung noch mit der Bemerkung: «Die Heimlichtuerei des Präsidenten, sein Misstrauen gegenüber denen, die ihn unterstützten, und sein völliges Zutrauen in das eigene Urteil und die eigene Vision, ließen bei ihm mit der Zeit einige Überzeugungen und Meinungen über die, mit denen er zu tun hatte, entstehen, die bewirkten, dass er in seinen Ansichten über die europäische, ja die globale Politik fast dieselben Uninformiertheit und Kurzsichtigkeit an den Tag legte wie Stalin.»

Ein besonders hartes Urteil fällt Watt über Roosevelts diplomatische Note vom 14. April 1939, in der er Hitler fragte, ob er bereit sei, als «Anzahlung» auf eine Konferenz über legitime deutsche Ansprüche die verbindliche Zusage abzugeben, 31 namentlich genannte Länder nicht anzugreifen. «Diese Botschaft», schreibt Watt, «zeigt nur zu deutlich die durcheinander geratenen Prioritäten, den Mangel an Einsicht in Realitäten und Interpretationen außerhalb der Vereinigten Staaten, das Verlangen, den großen Vermittler zu spielen, das vorrangige Schielen auf die öffentliche Meinung in den USA und die Konzentration auf wohlfeile Rhetorik anstelle politisch riskanten und schwierigen Handelns, eine Unsitte, zu der alle amerikanischen Präsidenten neigen.»

Abgesehen davon, dass wir es hier mit einem weiteren Beispiel für Watts Lieblings-Unsitte, dem Austeilen von Rundumschlägen zu tun haben, erscheinen mir diese Vorwürfe zumindest nicht ganz gerechtfertigt. Die Roosevelt-Note, der Hitler im Reichstag eine vernichtende Absage erteilte, mochte, wie Watt es darstellt, den «Führer» endgültig zu der Überzeugung gebracht haben, dass er von den Vereinigten Staaten nichts zu befürchten hatte (was natürlich ein herber Irrtum war), sie war aber keineswegs eine naive Übung und erst recht keine «Torheit». Wie William R. Rock in seinem Buch über die englisch-amerikanischen Beziehungen von 1937 bis 1940 ausführt, wurde die Note in fast allen Ländern außer Deutschland und Italien wohlwollend aufgenommen, insbesondere in England, wo Neville Chamberlain in einem Brief an seine Schwester die Ansicht äußerte, der US-Präsident habe seinen Appell «sehr geschickt verpackt», habe die Diktatoren damit «in die Enge» (179) getrieben und erreicht, dass trotz deren zu erwartender negativer Reaktion die Weltmeinung, und insbesondere die öffentliche Meinung in den USA, sich gegen sie verfestigen und dass ihre eigenen Völker mit Enttäuschung und Besorgnis reagieren würde. Es ist in der Tat nicht ausgeschlossen, dass die Roosevelt-Note etwas dazu beitrug, dass die Dynamik der Diktatoren nach Prag und Albanien ins Stocken geriet, und vielleicht brachte sie sogar im Palazzo Chigi einige Leute ins Grübeln.

Dass Franklin Roosevelt lange brauchte, bis er zu einer realistischen Sicht des Totalitarismus fand, ist schwerlich zu bestreiten. Im Mai 1933 lobte er in einem Gespräch mit Hjalmar Schacht Hitler und Mussolini als tatkräftige Reformer und meinte, ihr diesbezügliches Wirken sei mit dem seinen vergleichbar.[47] Und noch 1935 bezeichnete er in einem persönlichen Brief den Duce ohne Ironie als «diesen feinen italienischen Herrn».[48] Hartnäckig hielt er an der Überzeugung fest, Konferenzen der führenden Politiker der Welt unter seinem Vorsitz könnten alle Probleme dieser Erde lösen (was William Bullitt zu dem Kommentar veranlasste, wenn dem so wäre, hätte man ebenso gut in den Tagen Al Capones eine Konferenz führender Psychoanalytiker einberufen und sie über die psychologischen Ursachen des Verbrechens diskutieren lassen können). Vor 1938 bestand sicher kein großer Unterschied zwischen Roosevelts und Chamberlains Glaube an die Richtigkeit der Appeasement-Politik. Dann jedoch kam «München», und wie Rock in seinem interessanten, höchst lesenswerten Buch zeigt, reagierte Roosevelt auf das, was dort geschah, mit Enttäuschung und Bestürzung, und seine Politik gewann danach eine neue Richtung und Konsequenz. Er gelangte zu der Überzeugung, dass Hitler und Mussolini, sollte es ihnen gelingen, Europa unter ihre Knute zu zwingen, zwangsläufig zu einer so schwer wiegenden Bedrohung für die Vereinigten Staaten werden mussten, das diese, um sich davor zu schützen, möglicherweise die sozialen und wirtschaftlichen Reformen des New Deal opfern und sich in einen Festungsstaat verwandeln müssten. Er gelangte im Konsens mit engen Vertrauten wie Botschafter Bullitt, Finanzminister Henry Morgenthau und Innenminister Harold Ickes zu der Auffassung, dass es in dieser Situation zuerst einmal darauf ankomme, das amerikanische Volk über die Realität dieser Bedrohung und über die Notwendigkeit, sich mit allen nichtkriegerischen Mitteln gegen sie zu wappnen, aufzuklären; dass zweitens die USA damit beginnen müssten, in beträchtlichem Ausmaß aufzurüsten, und dass es drittens galt, Großbritannien und Frankreich, die man als vorderste Abwehrbollwerke der USA ansehen müsse, materielle und finanzielle Unterstützung zuzusagen und sie damit zum Widerstand gegen die Diktatoren zu ermutigen.

Den besagten Prozess der Aufklärung setzte Roosevelt mit einer Reihe von Reden und Kamingesprächen in Gang, beginnend mit einer Ansprache vor beiden Häusern des Kongresses am 4. Januar 1939, in der er erklärte: «Man kann das Überleben nicht durch ein Sich-Bewaffnen nach einem bereits begonnenen Angriff sichern.» Er tat, was in seinen Kräften stand, um die Entschlossenheit und den Widerstandswillen der französischen und britischen Regierung zu stärken. In seinen öffentlichen Äußerungen über die Diktatoren bediente er sich einer zunehmend deutlicheren Sprache; er erteilte Ratschläge, wo und wann immer er glaubte, dass es nötig sei (so einmal, als er den Briten ausführlich auseinander setzte, sie könnten die Deutschen nicht von ihrer Kampfentschlossenheit überzeugen, so lange sie nicht ein Wehrpflichtgesetz verabschiedeten, ein Rat, den Chamberlain schließlich befolgte); er strapazierte den Buchstaben des Gesetzes, um Briten und Franzosen militärischen Beistand leisten zu können (mit Winkelzügen wie dem Bullitt-Plan, in dessen Rahmen die USA Materialien für den Bau von Flugzeugfabriken auf kanadischem Boden zur Verfügung stellten, um Frankreich, das selbst nicht über genügend einschlägige Kapazitäten verfügte, den Aufbau einer Luftwaffe zu erleichtern). Britischen Freunden gegenüber deutete er an, er habe Mittel und Wege ersonnen, wie Amerika Schiffskonvois auf der Atlantikroute schützen könne, falls es zum Krieg komme; und er verlegte die Atlantikflotte in pazifische Gewässer, um den Briten bei der Wahrung ihrer Position im Fernen Osten helfen zu können; in den Verhandlungen über ein Militärbündnis der Westmächte mit der Sowjetunion beschwor er den sowjetischen Botschafter in Washington, seine Chefs in Moskau davon zu überzeugen, dass es im besten Interesse der Sowjetunion war, sich mit den Westmächten zusammenzutun – ein vernünftiger Rat, den die Männer im Kreml zunächst in den Wind schlugen.

Das war einiges, wenn auch nach Ansicht Rocks nicht genug. In seiner Analyse der Beziehung zwischen der amerikanischen und der britischen Führung sowohl in den Vorkriegsjahren als auch im ersten Jahr des Krieges in Europa kommt er zu dem Ergebnis, dass es ihr vollkommen an den Qualitäten mangelte, durch die sich die spätere Partnerschaft zwischen Franklin Roosevelt und Winston Churchill auszeichnete. Statt durch persönliche Sympathie, systematische Verständigung und fantasievolle Staatskunst sei das Verhältnis zwischen Roosevelt und Chamberlain durch «wechselseitige Abschottung, fadenscheinige Ausflüchte, egoistische Steckenpferdreitereien und verpasste Chancen» bestimmt gewesen. Wenn dem so war, gab es dafür viele Gründe. Da war auf der einen Seite die festgefügte Überzeugung Chamberlains, es sei «immer das Beste und Sicherste, von den Amerikanern außer Worten nichts zu erwarten» (39); da war die brüske Abfuhr, die er der Initiative Roosevelts vom Januar 1938 erteilte, weil er fürchtete, sie könnte seinem Versuch in die Quere kommen, die Italiener durch Anerkennung ihrer Erwerbungen in Abessinien von Deutschland loszueisen; und da war sein völliger Mangel an Eifer, vor der Münchener Konferenz oder in den kritischen Tagen nach Prag Washington zu konsultieren. Dem standen auf der anderen Seite Roosevelts persönliche Vorbehalte gegen den britischen Imperialismus gegenüber, dazu seine nach München immer wieder zutage tretende Befürchtung, Chamberlain könnte wieder in die Appeasement-Politik zurückfallen, eine Befürchtung, die durch Gerüchte über englisch-deutsche Wirtschaftsgespräche im Sommer 1939 Auftrieb erhielt. Er war nicht sicher, ob die Briten nicht die Courage verlieren und erneut anfällig für deutschen Druck werden würden. Nach einem Gespräch mit einem verzagt wirkenden Lord Lothian im Mai 1939 schrieb Roosevelt: «Was die Briten heute brauchen, ist ein guter steifer Grog.» (144)

In der schlussendlichen Abwägung neigt Rock der Auffassung zu, dass Chamberlain und seine Kollegen die Hauptschuld an der verkorksten Beziehung trugen, weil sie nicht fähig oder willens waren, das Offenkundige zu akzeptieren: die Tatsache, dass sie ihre Interessen in Europa, in Fernost und im Mittelmeerraum nicht aus eigener Kraft verteidigen konnten, sondern nur unter voller Beteiligung der Vereinigten Staaten an den internationalen Bemühungen um die Erhaltung des Friedens bzw., nachdem die Waffen zu sprechen begonnen hatten, um die siegreiche Beendigung des Krieges. Zum Teil habe dies, so schreibt Rock, an «emotionalen Faktoren mit starker geschichtlicher Verankerung» gelegen, Faktoren wie dem Glauben der Engländer an ihre eigene Überlegenheit, an ihre Fähigkeit, Probleme auf eigene Faust zu lösen, bis hin zu einem «tief empfundenen Misstrauen gegen ein politisch unreifes Amerika». (311) Tatsache war freilich auch, dass Chamberlain, geblendet von seinem unerschütterlichen Glauben an sich selbst, bis zu seinem unsanften Absturz im Mai 1940 nie voll und ganz erkannte, wie verzweifelt die Lage Englands war und wie unverzichtbar die Zusammenarbeit mit den USA.

Am Rande des Abgrunds

I

Der Untertitel von Alan Bullocks Buch *Hitler und Stalin* ist Plutarch entlehnt, dem Meister der exemplarischen Geschichtsschreibung, der im 10. Buch seiner *Parallelbiographien*, das die Lebenswege des Perikles und des hartnäckigen Hannibal-Widersachers Fabius Maximus nachzeichnet, schrieb, das Grundmotiv seiner literarischen Arbeit sei die Überzeugung, dass das öffentliche Wirken und moralische Verhalten der Personen, über die er schrieb, seine Leser auf praxiswirksame Weise beeindrucken würden.

Die Tugend ... vermag uns durch das Vorbild ihres Wirkens zu bewegen, dass wir ihre Taten bewundern und gleichzeitig den Männern nacheifern, die diese vollbracht haben.[49]

Im Vergleich mit der Mehrzahl der von Plutarch Porträtierten mangelt es Bullocks Protagonisten an Tugend, und was er in seinem 1952 erschienenen Werk *Hitler: A Study in Tyranny* über den einen der beiden schrieb, trifft uneingeschränkt auch auf den anderen zu:

... diese bemerkenswerten Fähigkeiten waren verbunden mit einem hässlichen, krassen Egoismus, einem moralischen und geistigen Kretinismus. Die Leidenschaften, die Hitler beherrschten, waren niedrig: Hass, Rachsucht, Herrschsucht und, wo er nicht herrschen konnte, Zerstörungslust. Seine Laufbahn diente nicht der Erhöhung, sondern der Erniedrigung des Menschendaseins. Seine zwölfjährige Diktatur war bar jeder Idee, außer der einen – seine eigene und die Macht der Nation, mit der er sich identifizierte, immer weiter auszudehnen.[50]

Vielleicht im Hinblick auf das Unbehagen, das er vielleicht einigen seiner Leser damit bereitet, auf mehr als tausend Seiten Jahrhundertverbrecher darzustellen, zitiert Bullock die Auffassung Hegels, «gegen welthistorische Taten und deren Vollbringer [dürften] sich nicht moralische Ansprüche erheben, denen sie nicht angehören. Die Litanei von Privattugenden ... muss nicht gegen sie erhoben werden. ... Solch große Gestalt muss manche unschuldige Blume zertreten, manches zertrümmern auf ihrem Wege.» (366)

Es ist natürlich denkbar, dass Hegel sich dessen nicht mehr so sicher gewesen wäre, wenn er eineinhalb Jahrhunderte später gelebt hätte. Die Ausschreitungen der beiden Diktatoren waren so ungeheuerlich, dass jene, die bei der Austragung des deutschen Historikerstreits in den späten 1980er Jahren nach irgendwelchen Rechtfertigungen für das Tun Hitlers suchten, auf das Argument zurückgreifen mussten, dem Holocaust seien weniger Menschen zum Opfer gefallen als dem Stalinschen Gulag, der der Judenvernichtung zeitlich vorausgegangen sei, was den Völkermord offenbar relativ entschuldbarer erscheinen ließ.

Es hätte wenig Sinn, von jedem Biographen zu verlangen, er solle nach dem Muster Plutarchs vorgehen. Hitler und Stalin verdienen das Augenmerk des Historikers, weil sie das besaßen, was Jacob Burckhardt als historische Größe bezeichnet hat. Beide wurden von einer inneren Kraft angetrieben, die über das Individuelle hinausging und eine «geheimnisvolle Coincidenz» zwischen persönlichem Egoismus und dem Wollen der Masse verkörperte; beide kommunizierten die Sehnsüchte und Fantasien ihres Zeitalters; beide verfügten über die Gabe der Vereinfachung und verstanden es, komplizierte Dinge klar fassbar erscheinen zu lassen. Beide zeichneten sich durch einen hoch entwickelten Machtinstinkt aus und beherrschten die Kunst, zwischen den wirklichen Ausprägungen der Macht und ihren bloßen Symbolen zu unterscheiden; beide besaßen ein unerschütterliches Selbstbewusstsein und wandelten ohne jede Angst am Rande des Abgrunds. Beide waren in ihrer Art unaustauschbar und veränderten ihre Welt auf eine Weise, wie es ohne sie unvorstellbar gewesen wäre.[51]

In allen diesen Dingen standen Hitler und Stalin einander kaum nach, und man muss wohl erkennen, dass sie beide jene Welt geschaffen haben, in der wir nach dem Ende des Zweiten Weltkriegs 45 Jahre lang gelebt haben und aus der wir erst jetzt herauszuwachsen beginnen. Ohne sie hätte es das Massensterben im Zweiten Weltkrieg – den unwiederbringlichen Verlust von 40 Millionen Soldaten und Zivilisten – nicht gegeben; ohne sie hätte es keine Spaltung Europas gegeben, keine abrupte Auflösung der europäischen Kolonialreiche, keinen Kalten Krieg, kein Korea und Vietnam, keine Strapazierung der Volkswirtschaften großer Nationen zur Finanzierung des Wettrüstens.⁵² Unschwer lassen sich in den Jahren nach dem Ersten Weltkrieg allgemeine Ursachen für die diversen Gebrechen der europäischen Zivilisation finden; ihre Zerrüttung war jedoch die Folge individueller Entscheidungen – und die verhängnisvollsten gingen auf das Konto Hitlers und Stalins. Mancher mag Anstoß daran nehmen, dass wir diesen Männern das Attribut der «historischen Größe» zuweisen, doch unabhängig von dem Prädikat, das man ihnen anhängt, führt an einem Studium ihres Werdegangs und ihres Wirkens kein Weg vorbei.

Im Zuge der Vorarbeiten für sein Buch gelangte Bullock zu der Überzeugung, mit einer Parallelbiographie der beiden Diktatoren das denkbar beste Gerüst für die vergleichende Geschichte der nationalsozialistischen und der kommunistischen Revolution zu haben: «Alle wesentlichen Bestandteile des Themas kamen dort zusammen», schreibt er in seiner Vorbemerkung: «Revolution, Diktatur, Ideologie, Diplomatie und Krieg.» Was den Aufbau des Werkes betraf, so kam Bullock schnell und zwanglos zu dem Entschluss, die Chronologie nicht der Analyse zu opfern. Die Ereignisse von 1989-1990 bestätigten ihm die Richtigkeit dieser Entscheidung. Als er im Fernsehen gebannt die eindrucksvollen Geschehnisse verfolgte, die sich in Osteuropa vollzogen, überkam ihn, so berichtet er, «das Gefühl, als entrolle sich vor meinem inneren Auge ... die Geschichte der 40er und 30er Jahre bis zurück zur Russischen Revolution von 1917, über die ich tagsüber schrieb».

Ich gewann den Eindruck, dass nicht nur bei jungen Leuten, sondern bei der Mehrheit all derer, die noch keine fünfzig waren und für die die erste Hälfte unseres Jahrhunderts in geschichtlicher Hinsicht fast so ferne Vergangenheit ist wie die Französische Revolution, die aktuellen Ereignisse den lebhaften Wunsch auslösten, mehr über diese Zeit zu erfahren. Es ist ja die Wechselbeziehung zwischen Gegenwart und Vergangenheit, die der Geschichte ihre Faszination verleiht. Auch die Entwicklungen, an deren Rekonstruktion ich gerade arbeitete, würden dadurch plötzlich mit neuer Bedeutung versehen. Ich habe bei der Niederschrift des Buches deshalb durchaus an ein breites Publikum, gerade auch an die jüngeren Generationen, gedacht. (9)

II

Das vielleicht Bemerkenswerteste an Hitler und Stalin war der Kontrast zwischen ihrer unscheinbaren Herkunft und dem Mangel an augenfälliger Begabung in jungen Jahren auf der einen Seite und den unverhältnismäßig hohen Ansprüchen, die sie in Bezug auf ihre künftige Rolle geltend machten, auf der anderen. «Alle, die Stalin oder Hitler vor ihrem 30. Lebensjahr kannten», schreibt Bullock, «hätten die Prophezeiung, dass diese Männer eine herausragende Rolle in der Geschichte des 20. Jahrhunderts spielen würden, sicherlich mit ungläubigem Kopfschütteln quittiert.» (466) Dabei war Hitler schon als Realschüler davon überzeugt, es sei ihm vorbestimmt, einmal als Erlöser des deutschen Volkes in die Geschichte einzugehen, und auch Stalin glaubte schon in seiner Zeit als kleiner, häufig verhafteter Parteiaktivist im Kaukasus unverrückbar daran, ein besserer Bolschewist zu sein als die kosmopolitischen Intellektuellen an der Parteispitze, und hegte Führungs-Ambitionen, die seinen Genossen nicht verborgen blieben. Es liegt klar auf der Hand, dass beide narzisstische Persönlichkeiten waren, vom Glauben an ihre eigene Überlegenheit durchdrungen und mit Wut und Rachsucht reagierend, wann immer andere etwas sagten oder taten, das ihr Bild von sich selbst zu beschädigen drohte. Bullock hat freilich keine Erklärung dafür, dass eine narzisstische Disposition, wie sie sicherlich bei Tausenden vorkommt, in diesen beiden Fällen ein Sendungsbewusstsein hervorbrachte, das weder durch Enttäuschungen oder Fehlschläge erschüttert werden konnte noch durch Schuldgefühle oder Selbstvorwürfe. Diese psychische Immunität war seiner Überzeugung nach die Grundvoraussetzung für den Aufstieg der beiden Männer.

Die Entsprechungen zwischen ihren Laufbahnen faszinieren Bullock. Beide schafften den Aufstieg in eine prominente politische Rolle im Gefolge des Ersten Weltkriegs, Stalin als einer der zuverlässigsten Helfer Lenins während der Oktoberrevolution in Petersburg, Hitler als Volksredner im politisch aufgewühlten München der Nachkriegsjahre. Letzterer entfaltete bei seinen Redeauftritten eine so hypnotische Wirkung, dass sich in München eine regelrechte Fangemeinde um ihm scharte und maßgebliche Leute aus den militärischen, polizeilichen und politischen Führungszirkeln

Bayerns sich seiner im November 1923 bedienten, um einen Putsch gegen die Weimarer Republik anzuzetteln, ein Unterfangen, das Hitler durch Überrumpelung seiner Hintermänner an sich riss und das, obwohl es fehlschlug, seinen Namen in ganz Deutschland bekannt machte.

Stalin schuf sich in den ersten Jahren nach der Oktoberrevolution als Generalsekretär der Kommunistischen Partei eine Hausmacht, mit deren Hilfe er allmählich seinen Einfluss auf Kosten der alten Garde der Partei vergrößerte. Hitler nutzte die Jahre nach seinem gescheiterten Putschversuch dazu, die am Boden zerstörte NSDAP wieder aufzurichten, seine Autorität als Führer der Partei zu festigen und den propagandistischen Apparat und die Wahlkampfmethoden zu entwickeln, die die Partei in den wirtschaftlichen Krisenjahren 1929–30 mit so umwerfendem Erfolg einsetzen sollte. Stalin hatte bis Anfang der 1930er Jahre seine Mitbewerber um die Nachfolge Lenins ausmanövriert und seinen ernsthaftesten Gegenspieler, Trotzki, ins Exil gedrängt. Hitler war es, vor allem dank der zunehmenden moralischen Selbstentkräftung des Weimarer Systems im Zuge der sich vertiefenden Wirtschaftskrise und des zunehmenden Erstarkens der Kommunistischen Partei, gelungen, das konservative Establishment davon zu überzeugen, dass ohne ihn politisch nichts zu erreichen sei und dass sie gut daran tun würden, ihm die Regierungsverantwortung zu übertragen.

Ende 1934 konnten beide auf eine vollbrachte Revolution von erheblicher Tragweite zurückblicken: Stalin hatte mit Brachialgewalt den «großen Sprung vorwärts» durchgesetzt, die Kollektivierung der Landwirtschaft, die dem Land ohne Rücksicht auf die menschlichen Opfer, die sie forderte, aufgezwungen wurde. Hitler hatte die Zügel abgeschüttelt, die seine konservativen Koalitionspartner ihm angelegt zu haben glaubten, hatte sich mittels des Ermächtigungsgesetzes von 1933, einer Depravierung jener Notverordnungen, die die Weimarer Verfassung als Rettungsanker für die Demokratie bereithielt, zum unumschränkten Herrscher in einem Einparteienstaat aufgeschwungen, hatte ehemals selbständige Organisationen wie die Gewerkschaften ausgeschaltet, einen polizeilichen Sicherheitsapparat errichtet, der jede wirksame Opposition unmöglich machte, durch die Säuberung der SA, des zu ungebärdigen paramilitärischen Arms der Partei, die NS-Bewegung diszipliniert, nach dem Tod des Reichspräsidenten Hindenburg im

August 1934 dessen Amt abgeschafft und alle Soldaten und Beamte des Reichs einen feierlichen Treueeid auf «Adolf Hitler, den Führer des Deutschen Reichs und des deutschen Volkes», ablegen lassen.

In den vier darauf folgenden Jahren konsolidierten die beiden Führer die eingefahrenen Gewinne. In der Sowjetunion waren es die Jahre der Großen Säuberung in den Reihen der KP, die mit der Ermordung des vermeintlich designierten Stalin-Nachfolgers Kirow begann und von der Bullock annimmt, Stalin habe sich zu ihr durch das Vorgehen Hitlers gegen Ernst Röhm und die anderen SA-Führer im Juni 1934 animieren lassen. Die in mehreren Wellen durchgeführten Säuberungen hatten für Stalin die psychologische Funktion, seine «allgegenwärtige Furcht vor Verschwörung, Umsturz und Mord» zu lindern.

Sie stillten seinen Rachedurst, der in diesem Menschen ohne eine Spur von Großmut oder Mitleid ungehemmt wütete. In politischer Hinsicht wurde jedes Andersdenken endgültig zum Schweigen gebracht und der Weg zu einer autokratischen Herrschaftsform bereitet. Dies geschah dadurch, dass die letzten Reste der ursprünglichen Partei der Bolschewiki beseitigt wurden ... (681)

In Deutschland bedurfte es hingegen keiner weiteren Säuberungen; Hitler zog sich hier ein Stück weit aus dem täglichen Geschäft des Regierens zurück und ließ zu, dass sich das entwickelte, was spätere Historiker als eine Polykratie konkurrierender Parteiorganisationen bezeichnet haben, etwas ganz anderes, wie Bullock betont, als das von der Außenwelt gepflegte Bild einer mit typisch deutscher Effizienz organisierten, reibungslos funktionierenden «monolithischen Diktatur». Während die Jahre 1934–38 in der Sowjetunion eine Konsolidierung des Staates unter einer neuen, Stalin vollkommen ergebenen Parteielite brachten, vollzog sich in Deutschland in derselben Zeit ein analoger Prozess; symptomatisch dafür waren die Entmachtung Hjalmar Schachts, der Übergang der wirtschaftspolitischen Zuständigkeit an Göring im Oktober 1937 und die Unterstellung der bewaffneten Streitkräfte unter Hitlers persönlichen Befehl im Februar 1938. Hilfreich für diese Konsolidierung waren nicht zuletzt die von Hitler unterstützten Bemühungen der Partei, die Deutschen zu einer echten «Volksgemeinschaft» zusammenzuschweißen. Diesem Ziel dienten Propagandakampagnen und geplante Aktivitäten, die, wie Bullock schreibt, darauf gerichtet waren, keinen allein zu lassen, keinem die Möglichkeit zu geben, sich auszuklinken oder sich dem Mitmachen zu entziehen, sei es in der Freizeit, am Arbeitsplatz oder zu Hause.

Diese gesellschaftspolitischen Initiativen und der von Göring lancierte Vierjahresplan dienten am Ende der Verwirklichung eines Vorhabens, das Hitler seit vielen Jahren mit sich herumtrug: dem deutschen Volk durch eine territoriale Expansion des Dritten Reichs nach Osten mehr Lebensraum zu verschaffen.

Von 1934 an betrieb Hitler eine zunehmend aktivere Außenpolitik, in deren Rahmen er immer wieder einzelne Schläge gegen die Versailler Friedensordnung führte, um zu testen, wie entschlossen die Westmächte waren, sich seinen Vorstößen entgegenzustellen. Hier lässt sich erneut eine interessante Entsprechung aufzeigen, denn 1934 war das Jahr, in dem Stalin den Beitritt der Sowjetunion zum Völkerbund vollzog, in dem Bemühen, herauszufinden, wie entschlossen der Westen war, die kollektive Sicherheit zum Schutz vor der faschistischen Aggression zu stärken. Die Ergebnisse dieser sozusagen gemeinsamen Exploration waren für Stalin ebenso ernüchternd wie für Hitler ermutigend, und nach der Münchener Konferenz, auf der die Vertreter des Westens die deutsche Forderung nach Abtretung der westlichen Grenzgebiete der Tschechoslowakei akzeptierten, erklärte der sowjetische Vizekommissar für Auswärtige Angelegenheiten dem französischen Botschafter in Moskau: «Mon cher ami, was haben Sie getan? Ich sehe für uns keine andere Konsequenz als eine vierte polnische Teilung.»[53] Das war eine realistische Vorwegnahme dessen, was kommen sollte. Stalin betrieb nach München eine zweigleisige Außenpolitik: Während er den Westen mit wachsendem Nachdruck drängte, sich aufrichtig zu einer militärischen Zusammenarbeit mit der UdSSR bei der Verteidigung des Status quo in Osteuropa zu bekennen, sandte er nach Berlin Signale seiner Bereitschaft, sich mit Deutschland zu arrangieren. Das Ergebnis war der Hitler-Stalin-Pakt vom August 1939, der das Vorspiel zum Polenkrieg bildete.

Das Bündnis zwischen den Diktatoren sollte nicht von Dauer sein. Es war nur eine Frage der Zeit, bis es zum Krieg zwischen ihnen kommen würde. In den beiden Jahren nach Abschluss des Pakts legten die Sowjets in Osteuropa eine größere Nachgiebigkeit gegenüber Hitler an den Tag als die Engländer und Franzosen es bis

1939 getan hatten, ohne dass sich der deutsche Diktator dadurch von seinem Vorhaben abbringen ließ, die Verwirklichung seiner territorialen und ideologischen Ziele zu wagen. Es schien keineswegs ausgeschlossen, dass diese Ziele erreicht werden könnten. Ende 1942 hatte Hitlers neue Ordnung für Europa Respekt gebietende Ausmaße angenommen, und seinen Plan, die Juden auszurotten, hatte er weitgehend in die Tat umgesetzt. Auf der anderen Seite hatte jedoch Stalin die Alliierten, denen er 1939 den Rücken gekehrt hatte, wiedergewonnen und sich außerdem die Unterstützung der Vereinigten Staaten gesichert, und am Ende gewann er nicht nur den Krieg gegen Hitler, sondern war dank der politischen Scharfsinnigkeit seiner Kriegsstrategie sogar in der Lage, die Gunst der Stunde zu nutzen und seinerseits eine neue Ordnung zu errichten, die nach seinem Tod 1953 noch lange Bestand hatte und immerhin 35 Jahre lang keine Symptome einer wirklich gravierenden inneren Krise zeigte.

III

Auf den verschlungenen Wegen, die Bullock sich durch die zu erzählende Geschichte bahnt, legt er ein bewundernswertes Geschick an den Tag, die beiden Handlungsfäden so miteinander zu verflechten, dass beide einander stützen. Die enormen Mengen neuen Materials über die deutsche und sowjetische Geschichte, die sich in den letzten paar Jahrzehnten aufgetürmt haben, hat er souverän im Griff, und das verleiht den Antworten, die er auf lange umstrittene Fragen gibt, Gewicht, so z.B. welche Deutschen vor 1933 Hitler wählten und warum sie es taten.[54] Bullock schließt sich, was dies betrifft, dem Urteil von Thomas Childers[55] an, demzufolge die Partei, die sich in ihren Anfangsjahren durch eine hohe Affinität zu kleinbürgerlichen, vulgären, halbstarken, Bier trinkenden, chauvinistischen, fremdenfeindlichen, autoritären, antisemitischen, antiintellektuellen, antiemanzipatorischen und antimodernistischen Elementen ausgezeichnet hatte, von 1930 an begann, diese Beschränkungen zu überwinden und in Wählerschichten vorzustoßen, in denen zuvor die konservative Rechte dominiert hatte, und eine beträchtliche Anhängerschaft in allen Teilen des Mittelstandes zu erobern – kurz, sich zu einer Sammlungsbewegung zu entwickeln.

Einen erheblichen Einfluss auf diese Entwicklung hatten sicherlich die katastrophalen wirtschaftlichen Verhältnisse jener Jahre, wobei Bullock freilich betont, Hitler sei kein Produkt der Weltwirtschaftskrise gewesen; diese habe ihm lediglich die Möglichkeit eröffnet, «seine speziellen Talente, die gleichsam auf eine solche Situation zugeschnitten waren, mit maximalem Erfolg einzusetzen». Er macht auch die interessante Beobachtung, dass Hitlers persönlicher, tief sitzender Antisemitismus sich nach 1922 zu keiner Zeit als wahltaktischer Trumpf erwies, er ihn vielmehr, je näher er der Macht kam, immer weiter zugunsten antimarxistischer Invektiven und Attacken auf das «Weimarer System» in den Hintergrund treten ließ.

Bullock versteht es ausgezeichnet, komplexe Zusammenhänge zu erklären. Er zeigt sich als hervorragender Führer durch die verschlungenen Wege des Stalinschen Denkens nach der Ermordung Kirows, als die Parteigetreuen einer nach dem anderen als «Volksfeinde» entlarvt wurden, und als kluger Analytiker, wenn es um Dinge wie die Umsetzung des Göringschen Vierjahresplans nach 1936 geht, den ein anderer Historiker als Raubbau an der deutschen Volkswirtschaft zum Wohl der Wiederaufrüstung charakterisiert hat. Bullock scheut sich nicht, dem blanken Zynismus der beiden Diktatoren hie und da auch etwas Kurioses abzugewinnen, so etwa ihrem Verhalten während des Spanischen Bürgerkrieges, in den beide trotz der Mitgliedschaft ihrer Länder im Internationalen Nichteinmischungskomitee militärisch eingriffen, zwar auf entgegengesetzten Seiten der Front, doch letzten Endes zum eigenen Nutzen – sie waren weniger daran interessiert, Franco bzw. der Republik bei der siegreichen Beendigung des Krieges zu helfen, als daran, ihn in die Länge zu ziehen. Wie Bullock schreibt:

Beide, Hitler wie Stalin, wussten die Ablenkung zu schätzen, die von diesem Krieg ausging. Hitler, weil Deutschland ungestört seine Wiederaufrüstung vorantreiben konnte, Stalin, weil der Krieg für Zwietracht unter den europäischen Mächten sorgte, was ihm die Möglichkeit gab, seine Säuberungen ohne Angst vor einer äußeren Bedrohung durchzuführen. Beide vermochten ihren Beitrag zum Bürgerkrieg propagandistisch auszuschlachten – Hitler zugunsten seines antibolschewistischen Kreuzzugs, Stalin, weil er so die Identifizierung der Sowjetunion mit der Sache des Antifaschismus befördern konnte. Sowohl den Deutschen als auch den Sowjets bot der Krieg eine hervorragende Gelegenheit, ihre Waffen zu erproben und Offizieren und Piloten Kampferfahrungen zu vermitteln – Erfahrungen, aus denen die Deutschen allerdings bessere Lehren zu ziehen verstanden als die Russen. Beide Länder profitierten darüber hinaus von spanischen Rohstofflieferungen. (718)

Bullock hat auch Sinn für Dramatik und unterhält uns mit einer gelungenen Schilderung der Ereignisse in der Nacht zum 22. Juni 1941, als im Kreml Meldungen über deutsche Angriffe entlang der Grenzen eingingen. Stalin, der schon vorher zahlreiche warnende Hinweise auf die Absichten Hitlers ignoriert hatte, zeigte sich nach wie vor unwillig, die Wahrheit zu akzeptieren, und speiste seine auf Befehle wartenden Militärs mit der mürrischen Bemerkung ab, wenn Krieg wäre, hätte es sicher eine formelle Kriegserklärung, eine diplomatische Note oder Konsultationen irgendeiner Art gegeben – ein seltener Moment im Leben des sowjetischen Diktators, in dem er nicht mehr ein und aus wusste.

In einem ausführlichen Kapitel stellt Bullock einen Vergleich zwischen den Persönlichkeiten der beiden Diktatoren an und kommt zu dem Ergebnis, dass beide einander in mehreren grundlegenden Aspekten ähnelten, auf jeden Fall in ihrem außerordentlichen politischen Geschick und ihrer taktischen Virtuosität, in ihrem Narzissmus und ihrem paranoiden Misstrauen, in ihrer Fähigkeit, sich zu beinahe übernatürlichen Wesen zu stilisieren und (damit vielleicht zusammenhängend) in ihrer Unmenschlichkeit:

Die materialistische Einstellung Stalins und Hitlers schlug sich ... nicht nur in ihrer Religionsfeindlichkeit, sondern auch in ihrem Antihumanismus nieder. Die einzigen menschlichen Wesen, die für sie zählten, waren sie selber. In allen anderen Menschen sahen sie entweder Werkzeuge, die sie zur Erreichung ihrer Ziele einsetzen konnten, oder Hindernisse, die beseitigt werden mussten. Das Leben betrachteten sie einzig unter dem Blickwinkel der Politik und der Macht; alles andere – zwischenmenschliche Beziehungen und Gefühle, Kenntnisreichtum, Glaube, Kunst, Geschichte, Wissenschaft – hatte für sie nur insoweit einen Nutzen, als es sich für politische Zwecke nutzen ließ. (517)

In anderer Hinsicht waren sie zutiefst unterschiedliche Charaktere, beispielsweise in ihrem Temperament: Hitler war leidenschaftlich, leicht erregbar, unendlich gesprächig und neigte zu vulkanischen Wutausbrüchen; dagegen war Stalin äußerst wortkarg und zeigte nie seine Gefühle. Sie unterschieden sich auch erheblich in Bezug auf die Fähigkeit, Selbstdisziplin zu üben oder einen administrativen Apparat zu leiten; so herrschten in der persönlichen Lebensführung Hitlers eher Unordnung und Improvisation vor, was bisweilen bis zur bohèmehaften Schlamperei gehen konnte. Interesse an der Arbeit der diversen Kanzleien und Ministerien flackerte bei ihm nur sporadisch auf, während Stalin ein disziplinierter und fleißiger Arbeiter war, der sich brennend für administrative Details interessierte sowie Dossiers und Denkschriften aufmerksam zu lesen pflegte. Gemeinsam war ihnen beiden die Gewohnheit, bis in die frühen Morgenstunden aufzubleiben.

Vor allem aber unterschieden Hitler und Stalin sich hinsichtlich der Fähigkeit, zu erkennen, wann es an der Zeit war, zurückzustecken. Die militärischen Triumphe, die Hitler 1939 und 1940 feierte, setzten einer Periode nationalen Wiederaufstiegs, wie es sie in der deutschen Geschichte noch nicht gegeben hatte, die Krone auf; hätte Hitler zu diesem Zeitpunkt mehr Geduld walten lassen, er hätte angesichts der Isolation, in der sich Großbritannien befand, und der neutralisierten Stellung der Sowjetunion gute Chancen gehabt, ein Friedensabkommen auszuhandeln, das Deutschland eine dauerhafte Hegemonie in Europa beschert hätte. Doch anders als Stalin, der, wie Bullock betont, einsah, dass es Grenzen gab, über die hinaus man das eigene Glück nicht ohne Gefahr versuchen sollte, und der dies 1944 durch die relativ großzügigen Friedensbedingungen, die er den Finnen gewährte, ebenso demonstrierte wie durch seine Entscheidung, sich in Griechenland nicht einzumischen (und auch noch einmal 1949 durch seinen Rückzieher bei der Berlin-Blockade), gab Hitler sich mit dem Erreichten nie zufrieden: Er war besessen von dem Verlangen, die «Endlösung der Judenfrage» durchzuziehen und sein Tausendjähriges Reich auf Kosten der slawischen Völker zu errichten. Stalin äußerte einmal gegenüber Anthony Eden die Auffassung, Hitlers Schwäche bestehe darin, dass er nicht aufhören könne. Dieser Mangel an Augenmaß erwies sich als verhängnisvoll, nicht nur für sein eigenes Volk, sondern auch für Millionen unschuldiger Menschen in ganz Europa.

Der Endlösung entgegen

In dem eindrucksvollen ersten Band seines Werkes *Das Dritte Reich und die Juden* hat Saul Friedländer geschrieben, es sei «ziemlich leicht zu erkennen, welche Faktoren den historischen Gesamtrahmen prägten, in dem der von den Nationalsozialisten verübte Massenmord stattfand. Es mag genügen, wenn ich hier die ideologische Radikalisierung erwähne ..., welche in den letzten Jahrzehnten des 19. Jahrhunderts hervortrat ...; die neue Dimension massenweisen industriellen Mordens, die dieser (Erste Welt-)Krieg eingeführt hatte; die zunehmend technische und bürokratische Kontrolle, wie sie von der modernen Gesellschaft ausgeübt wird, und die anderen wichtigen Faktoren der Moderne selbst, die ein beherrschender Aspekt des Nationalsozialismus selbst waren. Doch, wie entscheidend diese Bedingungen auch dafür waren, den Boden für den Holocaust zu bereiten –, sie bilden dennoch nicht für sich allein die notwenige Kombination von Elementen, die den Gang der Ereignisse von der Verfolgung zur Vernichtung bestimmten.» (13) Der letztlich entscheidende Faktor für die Ingangsetzung des Prozesses und seine Durchführung sei die persönliche Rolle Hitlers und seiner Ideologie gewesen, als deren spezifischen Aspekt Friedländer Hitlers «Erlösungsantisemitismus» benennt.

Ganz anders als andere Spielarten antijüdischer Ressentiments in Deutschland und Europa, wurzelte diese besondere Form des Antisemitismus nach Auffassung Friedländers zum einen in der Angst vor rassischer Degenerierung durch das Eindringen der Juden in deutsche Politik und Gesellschaft, ja in den Blutstrom des deutschen Volkes, und zum anderen in einem quasi-religiösen Glauben daran, die deutsche und arische Welt könne nur durch einen Kampf um Leben und Tod gegen die Juden erlöst werden. In einem faszinierenden Kapitel versucht Friedländer den Nachweis dafür zu liefern, dass die Quelle dieser neuen Spielart des Antisemitismus im Bayreuther Kreis um Richard Wagner zu finden ist, in dem sich «deutsches Christentum, Neoromantik, der mystische Kult des heiligen arischen Blutes und ultrakonservativer Nationalismus begegneten». (102) Nach dem Tod Wagners hätten dessen Schüler Hans von Wolzogen, Ludwig Scheemann und insbesondere Houston Stewart Chamberlain in seinem Buch *The Foundations of the Nineteenth Century* (1899) den Gegensatz zwischen Deutschtum und Judentum zum zentralen Leitmotiv der Weltgeschichte erklärt.

Chamberlains Buch war ein bemerkenswerter Erfolg; bis 1915 wurden mehr als 100000 Exemplare davon verkauft, und die darin ausgebreiteten Ideen trugen dazu bei, jenen Verschwörungstheorien Flügel zu verleihen, die durch den Krieg, die bolschewistische Revolution in Russland sowie vor allem durch das Pamphlet, das Friedländer «den kanonischen Text der Theoretiker der jüdischen Verschwörung» nennt, *Die Protokolle der Weisen von Zion*, angeregt worden waren. Hitlers früheste Ansprachen in den Bierkellern Münchens reflektierten diese Ideen, handelten sie doch in erster Linie von der Bedrohung der deutschen Kultur und von den drastischen Formen, in denen die Erlösung von dieser Bedrohung sich vollziehen müsse. Verfeinert und weiter ausgearbeitet wurden diese ideologischen Gedankengänge von dem Journalisten Dietrich Eckart, einem apokalyptischen Denker, über den Hitler schrieb: «Er leuchtete in unseren Augen wie der Polarstern.» (112) Eckart sah im Judentum die schlimmste Kraft des Bösen in der Geschichte, und es ist zu vermuten, dass Hitler unter seinem Einfluss jene berüchtigte Passage am Ende des 2. Kapitels von *Mein Kampf* formulierte, in der es heißt: «So glaube ich heute im Sinne des Allmächtigen Schöpfers zu handeln: Indem ich mich des Juden erwehre, kämpfe ich für das Werk der Herrn.» (113) In dieser Überzeugung wurde Hitler in den darauf folgenden Jahren niemals wankend, und Friedländer ist der Meinung, es sei «diese erlösende Dimension [gewesen], diese Synthese aus einer mörderischen Wut und einem ‹idealistischen› Ziel, die der Führer der Nationalsozialisten und der harte Kern der Partei miteinander teilten, die zu Hitlers schließlicher Entscheidung, die Juden zu vernichten, führte».

Das Volk, zu dessen Führer Hitler sich aufschwang, teilte seine rassistischen Überzeugungen nicht. Anders als die Autoren anderer jüngerer Arbeiten, die einen Gleichklang der Gefühle und Ziele zwischen Hitler und dem deutschen Volk unterstellen, vertritt Friedländer die Auffassung:

Unter den meisten «gewöhnlichen Deutschen» gab es Einverständnis mit der Absonderung der Juden und ihrer Entlassung aus dem öffentlichen Dienst; es gab individuelle Initiativen, um aus ihrer Enteignung Nutzen zu ziehen; und es gab ein gewisses Maß an Schadenfreude beim Mitansehen ihrer Erniedrigung. Doch außerhalb der Reihen der Partei gab es keine massive Agitation in der Bevölkerung, die darauf gerichtet war, sie aus Deutschland zu vertreiben oder Gewalttätigkeiten gegen sie zu entfesseln. (348)

Trotz des unablässigen Kreuzfeuers an antijüdischer Propaganda, das praktisch mit dem ersten Tag des NS-Regimes einsetzte – die Passage, in der Friedländer diese Propaganda beschreibt, gehört zu den eindruckvollsten seines Buches –, zögerten die Durchschnittsdeutschen, den Juden so gegenüber zu treten, wie das Regime es von ihnen forderte. Der im April 1933 ausgerufene Boykott jüdischer Geschäfte fand weit geringeren Anklang, als die Parteipresse es glauben machte. Die Bauern waren nicht ohne weiteres bereit, ihre Geschäftsbeziehungen etwa zu jüdischen Viehhändlern abzubrechen oder nicht mehr in jüdischen Geschäften einzukaufen, die oft eine größere Warenauswahl zu günstigeren Preisen anboten als ihre nichtjüdischen Konkurrenten. Ebenso wenig waren die Verbraucher in der Hauptstadt willens, auf die Annehmlichkeiten und Vorteile zu verzichten, die das Einkaufen in jüdischen Kaufhäusern wie Tietz und Wertheim bot. Was die Nazis besonders wurmte, war, dass sogar Parteimitglieder fortfuhren, bei Juden zu kaufen – in einigen Ostseebädern kam es 1935 zu der «paradoxen Situation», dass uniformierte Angehörige von Sicherheits- oder Streitkräften mit Vorliebe in von Juden betriebenen Pensionen abstiegen.

Nach Auswertung diverser Meinungsumfragen, von hohen Beamten erstellten Analysen und anderer Dokumente gelangt Friedländer zu der Schlussfolgerung, einer der Gründe dafür, dass die Nürnberger Verordnungen von 1935, die so genannten Nürnberger Rassegesetze, von der deutschen Öffentlichkeit überwiegend akzeptiert wurden, sei die Hoffnung gewesen, eine eindeutige rechtliche Definition der Sonderstellung der Juden werde den willkürlichen Übergriffen der beiden voraus gegangenen Jahre ein Ende bereiten, und den nunmehr als ethnischer Minderheit eingestuften Juden eröffne sich immerhin noch die Chance, abseits der Deutschen ein eigenes nationales und kulturelles Leben zu entwickeln. Das war natürlich nicht die Sichtweise der radikalen Kräfte in der Partei, in deren Augen die Nürnberger Gesetze lediglich einen ersten Schritt auf dem Weg zu einer systematischen Verfolgung der Juden darstellten, aber bemerkenswerterweise fanden sie weiterhin mehr als genug Anlass, sich über die Einstellung großer Teile der Bevölkerung zu beschweren, die sich gemäß einer parteiinternen Bestandsaufnahme aus dem Jahr 1937 für die Propaganda der Partei häufig wenig empfänglich zeigten.

Die Chance, dass die reservierte Haltung der Menschen in regelrechte Opposition umschlagen würde, war natürlich sehr gering, erst recht, nachdem Hitler 1938 seine Politik der Aggression nach außen eröffnet hatte und zugleich die systematische Entrechtung der Juden in eine neue, radikale Phase eingetreten war, in der jede Bekundung von Mitleid oder Solidarität mit Juden die Gefahr drastischer Konsequenzen in sich barg. Den eigentlichen Wendepunkt markierte das große Pogrom vom November 1938, die so genannte «Reichskristallnacht», deren eigentlicher Drahtzieher Hitler selbst war, auch wenn er die Vorgänge als Äußerungen spontaner Volkswut hinzustellen versuchte. Anhaltspunkte für die letztgenannte Interpretation zu finden, fällt schwer; unter den Quellen, die Friedländer in diesem Zusammenhang referiert, findet sich das Schreiben eines in einen Gewissenskonflikt geratenen NS-Blockleiters aus Hüttenbach, dem die Aufgabe übertragen worden war, für die Partei eine lokale Chronik der Ereignisse des Jahres 1938 zu verfassen. Nun erbat er vom Kreisleiter der Partei Anweisungen, welche Version der Vorgänge in der Pogromnacht er zu Papier bringen sollte,

denn «einige Parteigenossen hätten moniert, dass lediglich Parteimitglieder als Brandstifter in der Chronik auftauchten. Dies entsprach zwar der Wahrheit, doch der Progrom sollte als ein Ereignis dargestellt werden, an dem sich auch die Bevölkerung beteiligt hatte.» (301)

Mit das Eindrucksvollste an Friedländers Buch ist das dramaturgische Geschick, mit dem er im Rahmen seiner im Großen und Ganzen chronologischen Darstellung verschiedene Realitätsebenen miteinander kontrastiert, indem er etwa judenpolitische Diskussionen auf hoher Parteiebene und die alltäglichen Brutalitäten von SA und SS oder die Sichtweise deutscher Durchschnittsbürger und der jüdischer Verfolgungsopfer nebeneinander stellt. Über die Erfahrungswelt der letzteren schreibt er, sie hätten sich einer Realität gegenüber gesehen, die «absurd und bedrohlich zugleich» gewesen sei, «einer vollkommen grotesken und eiskalten Welt unter der Oberfläche einer noch eisigeren Normalität». Aus ihrer Sicht erzählt, präsentiert sich die Geschichte der Opfer als eine Chronik des Zerfalls ihrer Lebenszusammenhänge, eines Zerfalls, der sich in den diversen Verwaltungsvorgängen, die ihre Verfolgung und schließliche Vernichtung dokumentierten, widerspiegelte. In den Akten reduzierten sich die Einzelschicksale auf statistisch erfasste Fallzahlen. Ihre wirkliche Geschichte lässt sich jedoch nur anhand ihrer persönlichen Erlebnisse nachvollziehen, und davon hat Friedländer in seinem Buch viele zusammengestellt. Manche von ihnen sind von großer Prägnanz, wie die Geschichte der jungen Frau, die zu einem Viertel jüdisches Blut hatte (wodurch sie nach Maßgabe der Nürnberger Gesetze als Mischling zweiten Grades galt und damit von den diskriminierenden Vorschriften und Maßnahmen nicht betroffen war, es sei denn, sie hätte einen Juden geheiratet), die über einen Traum von einem Besuch in Bad Gastein berichtete:

Hitler führt mich in lebhafter Unterhaltung eine große Freitreppe hinunter, weithin sichtbar, unten ist Kurkonzert und Menschengewimmel, und ich denke stolz und glücklich: Nun sehen doch alle Leute, daß es unserem Führer nichts ausmacht, sich mit mir trotz meiner Großmutter Recha in aller Öffentlichkeit zu zeigen. (189)

Andere Geschichten zeigen, in welch hilflose Lage Menschen geraten konnten, die kein Verbrechen begangen hatten und denen dennoch übel mitgespielt wurde, wobei die völlige Rechtsunsicherheit, die im Dritten Reich herrschte, und die Bereitschaft anderer Staaten, unter deutschem Druck diesen Zustand zu tolerieren, sie jeder Möglichkeit beraubte, sich mit juristischen Mitteln zu wehren. Im Oktober 1934 beschwerte sich ein Würzburger Weinhändler namens Leopold Obermayer, praktizierender Jude und Schweizer Staatsbürger, bei der Polizei darüber, dass seine Post geöffnet worden war. Er erreichte damit nur, dass er in Haft genommen und, nachdem sich herausgestellt hatte, dass er homosexuell war, einer endlosen Serie von Verhören, körperlichen Züchtigungen und Einkerkerungen unterzogen wurde. Ungeachtet seiner mutigen Proteste und Petitionen hielt es die Schweizer Regierung für inopportun, zu seinen Gunsten zu intervenieren. In einem nichtöffentlichen Prozess wurde Obermayer zu lebenslanger Haft verurteilt; er starb 1943 in Mauthausen.

Manche Geschichten handeln von roher Brutalität, wie die von der 81-jährigen verwitweten Susannah Stern, einer Jüdin, bei der am Morgen des 10. November 1938 der SA-Führer von Elberstadt, Adolf Heinrich Frey, mit mehreren seiner Spießgesellen vor der Tür stand. Wie Frey später berichtete, habe Frau Stern «herausfordernd» gelächelt und gesagt: «Schon hoher Besuch heute morgen.» Er habe ihr befohlen, sich anzuziehen und mit ihnen zu kommen. Sie habe dies abgelehnt und erklärt, sie könnten machen, was sie wollten. Als sie bei ihrer Weigerung geblieben sei, habe er, Frey, die Pistole gezogen und ihr je eine Kugel in die Brust und in den Kopf geschossen:

Damit ich aber ganz sicher war, dass die Stern tot ist, habe ich auf die Daliegende in einer Entfernung von ungefähr 10 cm einen Schuss in die Mitte der Stirn abgefeuert. (291)

Gegen Frey wurde in der Folge zwar ermittelt, aber das war eine reine Formsache, und das Verfahren wurde auf Anweisung des Justizministeriums nach kurzer Zeit eingestellt.

Im Mai 1933 schrieb der britische Botschafter in Berlin, Sir Horace Rumbold, unter dem Eindruck eines Gesprächs mit Hitler über die Juden, in dem der erst seit einigen Monaten amtierende Reichskanzler sich in höchste Erregung geredet hatte:

Mein Kommentar zu dem Vorangehenden ist, dass Herr Hitler selbst für die antijüdische Politik der deutschen Regierung verantwortlich ist und dass es verfehlt wäre anzunehmen, es handle sich dabei um die Politik seiner ungezügelteren Männer, mit deren Kontrolle er Schwierigkeiten habe. Jeder, der Gelegenheit gehabt hat, sich seine Äußerungen zum Thema Juden anzuhören, kann nicht umhin, genau wie ich zu erkennen, dass er in diesem Punkt ein Fanatiker ist. (82)

Sechs Jahre später hatte die Welt außerhalb Deutschlands noch immer keine wirkliche Vorstellung von der Intensität dieses Fanatismus und von der Bedingungslosigkeit der Hitlerschen Absichten. Vorrangig mit ihren eigenen Problemen beschäftigt, machten sich die Regierungen der anderen Länder nur sporadisch Gedanken darüber, dass alles, was den Juden in Deutschland seit 1933 zugestoßen war, von Hitler selbst ausging. So richtig es ist, dass seine «wilden Gesellen» manchmal schwer zu kontrollieren waren, so sicher steht fest, dass er sich von ihnen niemals das Gesetz des Handelns diktieren ließ und ihnen immer Zügel anlegte, wenn ihre Aktivitäten nachteilige wirtschaftliche oder politische Auswirkungen zu zeitigen drohten. So lässt sich nach Meinung Friedländers der unregelmäßige Rhythmus der Judenverfolgung in den Jahren bis 1938 erklären. Als Hitler jedoch im Lauf der Jahre merkte, wie wirksam eine Politik des Terrors war, wenn es darum ging, die Außenwelt zu seiner Sichtweise der Dinge zu bekehren, lockerte er die Zügel zusehends, und als die Zeit gekommen war, in der die Juden endgültig von der Bildfläche zu verschwinden begannen, nahm auch Hitler kein Blatt mehr vor den Mund, sondern eröffnete ausgewählten Parteigetreuen in geheimen Vorträgen, dass das eigentliche Ziel seiner Judenpolitik nie ein anderes als dies gewesen sei.

Alles ist Schicksal

Eine der bemerkenswertesten Studien über den Nationalsozialismus, die in den ersten Nachkriegsjahren erschienen, war ein Bändchen mit dem Titel *LTI (Lingua Tertii Imperii)*, das 1947 herauskam. Geschrieben von einem Professor an der Technischen Universität Dresden namens Victor Klemperer, war es eine brillant angelegte philologische Analyse, gewidmet dem Versuch, den Nationalsozialismus anhand seiner offiziellen Sprache verständlich zu machen. Was Klemperer herausarbeitete, war, dass die Nazis durch eine bewusst vorangetriebene Militarisierung und Mechanisierung der Alltagssprache, durch die Verwendung von Superlativen und verstärkenden Adjektiven, durch eine positive Besetzung von Ausdrücken, die bis dahin einen negativen Beigeschmack gehabt hatten (wie «Fanatismus» oder «blinder Gehorsam»), durch die erklärte Bevorzugung des Gefühlsmäßigen gegenüber der Rationalität, durch die Verwendung von die Wirklichkeit verschleiernden Euphemismen und durch die ständige Wiederholung negativer Stereotype zur Charakterisierung ihrer «Feinde» den Sprachgebrauch vorsätzlich in einer Weise pervertiert hatten, die das Denken der Menschen über die Politik und das Leben verändern sollte.

Das Büchlein wurde in der wissenschaftlichen Welt des Westens wohlwollend aufgenommen, und einige mögen sich damals und in den Jahren danach gefragt haben, wer der Autor war und was aus ihm wurde. Klemperer widmete die dreizehn Lebensjahre, die ihm noch blieben, dem ernsthaften Bemühen, die Schäden zu reparieren, die die Nazis im Bildungswesen und in der Kultur Deutschlands angerichtet hatten. Er wurde aktives Mitglieder der Kommunistischen Partei in der Deutschen Demokratischen Republik und Abgeordneter in deren Volkskammer; seine Professur für Romanische Sprachen an der Dresdener Technischen Universität, die die Nazis ihm entzogen hatten, erhielt er zurück; er lehrte als Gastprofessor in Greifswald, Halle und an der Ost-Berliner Humboldt-Universität, war Mitglied der Akademie der Wissenschaften der DDR und betätigte sich in etlichen mit der Erneuerung des geistigen Lebens betrauten Organisationen. Er veröffentlichte jedoch bis zu seinem Tod 1960 kein weiteres Buch mehr, und sein Werk *LTI* war bald nur noch Spezialisten ein Begriff.

Es war ein langes Schweigen, aber, wie sich herausstellen sollte, ein trügerisches. Seit seinem 17. Lebensjahr war Klemperer ein passionierter Tagebuchschreiber gewesen, und 1995 erlebte eine neue Generation die Veröffentlichung seiner faszinierenden Tagebücher (in zwei Bänden) aus den Jahren 1933 bis 1945 unter dem Titel *Ich will Zeugnis ablegen bis zum letzten*. Sogleich als das erkannt und anerkannt, was es war, nämlich die bis dahin umfassendste und detailreichste Darstellung des Lebens eines deutschen Juden im Dritten Reich, wurde das Buch über Nacht zum Erfolg. Allein in Deutschland wurden von der Erstausgabe 140000 Exemplare verkauft, Exzerpte wurden im Radio und auf Theaterbühnen verlesen, ein Hörbuch auf CD kam heraus, und später diente das Buch als Vorlage für eine Fernsehserie in dreizehn Folgen. Die internationale Presse pries die Bedeutung des Werks: Philip Kerr schrieb in der Londoner *Sunday Times,* hier sei «nach Jahren in Schwarzweiß ein Farbfilm von Nazideutschland» aufgetaucht. In zwölf Ländern begann die Arbeit an Übersetzungen des Textes, ein Unterfangen, dem allerdings die enorme Länge des Manuskripts im Weg stand. In Deutschland ist derweil eine zweibändige Autobiographie Klemperers erschienen, *Curriculum vitae*, die von den Jahren 1881 bis 1918 erzählt, des Weiteren seine Tagebücher aus der Zeit zwischen 1918 und 1933 und ausgewählte Aufzeichnungen aus der Zeit nach 1945. Sein englischer Übersetzer Martin Chalmers schreibt: «Mit diesen Werken ist Victor Klemperer zu einem Fixstern nicht nur der deutschen, sondern auch der europäischen und der Weltliteratur geworden.»

I

Victor Klemperer kam 1881 in Landsberg an der Warthe, im östlichen Teil der Mark Brandenburg, zur Welt. Sein Vater war Rabbiner an der Landsberger Reformsynagoge und avancierte 1889 zum zweiten Prediger der Berliner Jüdischen Reformgemeinde. Victor war das jüngste Kind in einer großen Familie, in der die assimilatorische Tradition ebenso stark ausgeprägt war wie der Glaube an die deutsche Kultur; er wuchs auf als einer, der stolz auf sein Deutschtum und, wie er in seiner Autobiographie schrieb, von der Überzeugung durchdrungen war, die Deutschen seien «besser als die anderen, freier im Denken, reiner im Fühlen, ruhiger und gerechter im Handeln. Wir, wir Deutsche, waren das wahrhaft auserwählte Volk.»[56] Vom frühen Kindesalter an legte Klemperer literarische Interessen und Begabungen an den Tag, dazu ein starkes Verlangen nach Unabhängigkeit, zu dessen Entwicklung seine drei älteren Brüder (die sich alle anschickten, eine ansehnliche akademische Karriere zu machen) ihren Beitrag leisteten, indem sie versuchten, ihm sein Leben vorzuschreiben.

Es war teilweise der Ärger über den brüderlichen Druck, der Klemperer veranlasste, seinen akademischen Bildungsgang zweimal zu unterbrechen. Das erste Mal tat er das in seiner Gymnasialzeit; er verließ die Schule und verdingte sich als Lehrling bei einem Handelshaus. Dann noch einmal während des Hochschulstudiums, das er unterbrach, um – durchaus mit gewissem Erfolg – eine freiberufliche Journalistenlaufbahn einzuschlagen, ehe er sich entschied, an die Hochschule zurückzukehren und zu promovieren. Seine Dissertation (1913) beschäftigte sich mit Friedrich Spielhagen, einem deutschen Romancier des 19. Jahrhunderts. Im Anschluss daran schrieb er die Arbeit, die zeigte, in welche Richtung seine spätere akademische Karriere gehen würde: eine Dissertation über Montesquieu, entstanden unter dem Einfluss Karl Vosslers, eines liberalen Professors für romanische Sprachen und Literatur an der Universität München. Seinen ersten Lehrauftrag erhielt Klemperer als Dozent für deutsche Literatur an der Universität von Neapel, eine Tätigkeit, die er bis zum Kriegseintritt Italiens 1915 ausübte.

Der Militärdienst, den er im Ersten Weltkrieg ableistete, gewann in seinem Leben eine Bedeutung, die in keinem Verhältnis zu seiner Dauer und Härte stand. Nach seiner Einberufung zu einer Einheit der bayerischen Feldartillerie 1915 wurde er ab November an der Westfront eingesetzt und verbrachte fünf Monate als Artillerist in Flandern. Dann erkrankte er, verbrachte einige Zeit im Lazarett und erhielt einen Posten im Zensurbüro des Heeres, zunächst im litauischen Kaunas und später, bis zum Kriegsende, in Leipzig. Sein Veteranenstatus und das bayerische Verdienstkreuz, das er für seinen Fronteinsatz in Flandern erhalten hatte, erwiesen sich nach 1933 als sehr wertvoll, bewahrten sie ihn doch vor einigen der Unannehmlichkeiten und Schikanen, unter denen andere deutsche Juden, die keine Frontkämpfer gewesen waren, zu leiden hatten.

Von noch größerer Bedeutung war in diesem Zusammenhang die Tatsache, dass Klemperer am 16. Mai 1906 die Pianistin Hedwig Elisabeth Eva Schlemmer heiratete; zwei Jahre lang hatte er um die Tochter aus einer Königsberger Familie geworben, die dieser Verbindung ebenso ablehnend gegenüberstand wie seine eigene – in den Augen seiner Brüder war Eva keine gute Partie, und die Eltern der Braut nahmen Anstoß daran, dass Klemperer Jude war. Es wurde eine Ehe, die großen Belastungen und großem Leid standhalten musste, besonders nach 1933; doch sie hatte Bestand und war glücklich; in einer sprachlich beeindruckenden Passage seiner Autobiographie erzählt Klemperer, wie er bei den allerersten Worten, die er mit Eva wechselte, «die Ahnung, vielmehr eine Gewissheit innerer Übereinstimmung und Ergänzung» hatte,[57] und dass er in der Folgezeit nie Anlass gehabt habe, daran zu zweifeln. Die beiden hatten ähnliche Geschmacksvorlieben, gingen leidenschaftlich gern ins Kino (für Klemperer ein häufiges Tagebuchthema in den frühen Jahren ihrer Ehe), und als die schlechten Zeiten anbrachen, standen sie einander in der hartnäckigen Tapferkeit, mit der sie Entbehrung und Verfolgung auf sich nahmen, nicht nach. Dass Eva protestantische Christin war, ersparte ihr in den Jahren des Dritten Reiches einige der Probleme, die auf ihn zukamen, und bewahrte ihn nach 1941, als die radikale Endphase der Judenverfolgung einsetzte, vor dem Schicksal, das ihm sicher gewesen wäre, wenn er keine «arische» Ehefrau gehabt hätte.

Die Weimarer Periode war die Zeit, in der Klemperer seinen Weg machte, sowohl als akademischer Lehrer an der Technischen Hochschule Dresden als auch als Wissenschaftler, mit Büchern über moderne französische Prosa und Lyrik, einer Geschichte der französischen Literatur von der Ära Napoleons bis zur Gegenwart und einer Biographie Corneilles. Mit der Machtergreifung der Nationalsozialisten zog in Deutschland freilich ein Klima ein, das einem gedeihlichen Interesse an solchen Themen kaum förderlich war. Klemperer überstand die turbulente Zeit, die sich an den Amtsantritt Hitlers anschloss, und schrieb am 10. April 1933 in sein Tage-

buch: «Die entsetzliche Stimmung des ‹Hurra, ich lebe›. Das neue Beamtengesetz lässt mich als Frontkämpfer im Amt. Wahrscheinlich wenigstens und vorläufig. Aber ringsum Hetze, Elend, zitternde Angst.» (20)
Der beständigen gedanklichen Beschäftigung mit dem Nationalsozialismus und seinen möglichen Zukunftsabsichten versuchte er sich zu entziehen. Wie er später schrieb,

floh er vor der Realität, indem er seine Vorlesungen hielt und mit geradezu pathologischer Ignoranz zu übersehen versuchte, dass sich die Reihen vor ihm immer mehr lichteten. (228)

Als die Hochschule ihn, wie er es befürchtet hatte, 1935 in den Ruhestand versetzte, reagierte er trotzig mit einem wissenschaftlichen Aktivitätsschub. Er schrieb eine Geschichte der französischen Literatur im 18. Jahrhundert, die, so hoffte er, die Krönung seines Lebenswerks werden würde, und hatte sie fast fertig, als die Nazis 1938 den Juden die Benutzung aller öffentlichen Bibliotheken, einschließlich der Universitätsbibliotheken, untersagten. Um diesen Schlag zu überstehen, begann er die Geschichte seiner Kinder- und Jugendjahre niederzuschreiben, ein Werk, das 1942 abgeschlossen und von Eva außer Haus geschmuggelt wurde. (Als Aufbewahrungsort diente das Haus einer Freundin in Pirna bei Dresden.)
Seiner Frau standen solche Abwehrmechanismen gegen den Druck und die Schikanen, die von außen permanent auf sie einwirkten, nicht zu Gebote; schon 1933 verfiel sie in schwere Depressionen und hatte mit nervösen Störungen zu kämpfen. Klemperer versuchte, ihre Leiden zu lindern, indem er in dem Dorf Dölzschen bei Dresden ein kleines Wochenendhaus baute, und später, indem er Auto fahren lernte und einen Gebrauchtwagen kaufte. Das erwies sich als wirksames Mittel gegen die Leiden Evas und verschaffte den beiden sehr viel lustvolle Zerstreuung, versetzte sie aber auch an den Rand des finanziellen Ruins, zumal alle Quellen, aus denen Klemperer bis dahin zusätzliche Einkünfte bezogen hatte (wie Vortragshonorare, Buchantiemen und Ähnliches) versiegten. Die Pension, die er von 1935 an erhielt, entsprach lediglich der Hälfte seines vorherigen Professorengehalts und wurde durch örtliche Steuern und willkürliche Zugriffe nationalsozialistischer Organe zusätzlich geschmälert.

Schecks, die Klemperers ältester Bruder in unregelmäßigen Abständen schickte, halfen dem Ehepaar, zu überleben, aber der Aktionsradius ihres Lebens wurde immer kleiner, und sie mussten sich schließlich auch kleine Vergnügungen wie den Kinobesuch versagen (der den Juden ohnehin verboten wurde). Seit Anbeginn ihrer Ehe hatte Klemperer seiner Frau aus Büchern vorgelesen, und das wurde jetzt zu ihrem liebsten Zeitvertreib; sie besorgten sich Lektüre aus Leihbüchereien, zu denen Eva uneingeschränkt Zugang hatte, und erfreuten sich gemeinsam an den Texten zeitgenössischer Autoren wie Franz Werfel, Theodore Dreiser, Sinclair Lewis, Ernest Hemingway, Pearl S. Buck (die Klemperer besonders bewunderte), Ricarda Huch, Hans Fallada und Dorothy L. Sayers. Das änderte nichts an ihrer verzweifelten finanziellen Lage, die sich schließlich durch das Zusammenwirken wirtschaftlicher Zwänge mit Pressionen der Nazis so zuspitzte, dass sie sowohl das Automobil als auch das Häuschen in Dölzschen aufgeben mussten und in ein so genanntes Judenhaus zogen, ein Gemeinschaftsdomizil für Deutsche mit jüdischen Ehepartnern. Das Wohnen dort genügte zwar ihren Ansprüchen an Komfort, musste aber mit einem Verlust an Privatheit erkauft werden, der Klemperer das Arbeiten erschwerte.

Die Verfolgung der Juden durch Parteiaktivisten und lokale Behörden nahm während dieser ganzen Zeit an Intensität zu, insbesondere nach dem Kriegsausbruch 1939. Für einen geringfügigen Verstoß gegen das Verdunkelungsgebot wurde Klemperer zu einer Woche Einzelhaft verurteilt, die er absitzen musste, ohne dass er Lesestoff in seine Zelle mitnehmen durfte, eine Erfahrung, die ihn bis ins Mark erschütterte. Wie er nach seiner Entlassung im Juli 1941 dem Tagebuch anvertraute:

Was war es denn nun, von welchen Qualen hab ich Bericht erstattet? Wie lässt es sich mit dem vergleichen, was heute von Abertausenden in deutschen Gefängnissen erlebt wird? Alltag der Gefangenschaft, mehr nicht, ein wenig Langeweile, mehr nicht. Und doch fühle ich, dass es mir selber eine der schlimmsten Qualen meines Lebens bedeutete. (644)

Doch noch Schlimmeres sollte folgen: Vom 19. September 1941 an mussten alle Juden in der Öffentlichkeit den gelben Judenstern tragen. Klemperer schrieb:

Ich ... fühle mich zerschlagen, finde keine Fassung. Eva, jetzt gut zu Fuß, will mir alle Besorgungen abnehmen. Ich will das Haus nur bei Dunkelheit auf ein paar Minuten verlassen. Und wenn Schnee und Glatteis kommt? Bis dahin ist das Publikum vielleicht gleichgültig geworden, oder che so io? (663)

Unabhängig davon, wie die offizielle Begründung für die Judenstern-Vorschrift lautet, schien sie ein Vorzeichen dafür zu sein, dass das endgültige Aus für das deutsche Judentum näher rückte. Schon seit Beginn des Russlandfeldzugs machten im Judenhaus Gerüchte über die systematische Abschiebung von Juden nach Polen und über ihr dortiges Schicksal die Runde. Gleichzeitig wuchs, während das Kriegsglück sich allmählich gegen Deutschland wendete, die Sorge darüber, wie lange die Bewohner des Judenhauses in Dresden noch von der «Aussiedlung» verschont bleiben würden, die in anderen Städten auf vollen Touren lief.
Der 13. Februar 1945 brachte schließlich die Antwort auf diese Frage. Klemperer schildert in seinem Tagebuch, wie er an diesem Tag aufgefordert wurde, an der Verteilung amtlicher Briefe an die Familien der noch in Dresden befindlichen Juden mitzuwirken. Er erklärte sich arglos hierzu bereit, nur um dann festzustellen, dass die Briefe die Anordnung enthielten, alle zur körperlichen Arbeit fähigen Juden müssten sich drei Tage später an einer bestimmten Adresse melden, in Arbeitskleidung, mit den für eine längere Reise nötigen Utensilien in einer handlichen Tasche und mit Lebensmitteln für drei Tage. Ihm war klar, dass diese Anordnung einem Todesurteil gleichkam. «Mein Herz streikte in der ersten Viertelstunde vollkommen», schrieb er. «Später war ich dann vollkommen stumpf, d.h. ich beobachtete für mein Tagebuch.» (658)
Der Abtransport sollte ihm jedoch erspart bleiben. Am Abend eines Tages, an dem er sich als Austräger schlechter Nachrichten verausgabt hatte, wurde Dresden durch einen Großangriff britischer Bomber zerstört, und in dem Tohuwabohu, das daraufhin ausbrach, riss er sich den Judenstern von der Jacke und machte sich mit seiner Frau auf, um sich durch das in die Niederlage versinkende Deutschland bis zu den amerikanischen Linien in Bayern durchzuschlagen.

II

In der ganzen Zeit hatte er regelmäßig und penibel sein Tagebuch weitergeführt, auf losen Blättern, die Eva zur sicheren Aufbewahrung ins Haus ihrer Freundin nach Pirna gebracht hatte. Man sollte an dieser Stelle vielleicht einmal die Frage nach seinem Motiv stellen. Sicherlich war das, was er tat, in der Nazizeit ein gefährliches Unterfangen. Im Mai 1942 stellte er nach einer Durchsuchung seines Hauses, die in seiner Abwesenheit stattgefunden hatte, fest, dass zwar einige Bücher aus dem Regal genommen worden waren. «Wäre das griechische Lexikon darunter gewesen, wären die darin liegenden Manuskriptblätter herausgefallen und hätten dadurch Verdacht erregt, so war das fraglos mein Tod. Man wird um geringerer Verfehlungen willen gemordet. ... Aber ich schreibe weiter. Das ist *mein* Heldentum.» (99)

Gewiss reichten die Anfänge seines Tagebuchschreibens in ruhigere Zeiten zurück, und er hatte es damals geführt, um Erfreuliches festzuhalten, neue Freundschaften etwa, Reisen im Inland und ins Ausland, seine Eindrücke vom jüngsten Erfolgsbuch oder vom neuesten Jan-Kiepura-Film, und nicht zuletzt auch um des noch größeren Vergnügens willen, das Tagebuch später einmal wieder zu lesen und das darin Festgehaltene noch einmal zu durchleben. Das Tagebuch zu führen, war für ihn zu einer festen, ritualisierten Gewohnheit geworden, ohne die ihm etwas gefehlt hätte. Nach der Machtergreifung Hitlers wuchs diesem Steckenpferd eine neue Bedeutung zu, denn die von den Nazis vorangetriebenen Umwälzungen drangen in die private Sphäre aller Deutschen ein und stellten einen so vollständigen und brutalen Bruch mit allen bis dahin gültigen Normen gesellschaftlichen Verhaltens dar, dass Klemperer glaubte, dies alles festhalten zu müssen, nicht im Hinblick auf eine Veröffentlichung (daran scheint er nie gedacht zu haben), sondern für sich selbst. Wie Martin Chalmers in seinem tiefgründigen Vorwort zur englischen Ausgabe der Tagebücher schreibt, reflektierten diese «in erster Linie Klemperers eigenes Bedürfnis, mit den Ereignissen des Tages, insoweit als sie in sein eigenes Dasein eingriffen, ins Reine zu kommen». Das ist es, was den Tagebüchern ihre eindringliche Unmittelbarkeit und, weil alle Eintragungen in einer Situation höchster Anspannung hingekritzelt wurden, ihre angstvolle und manchmal atemlose Qualität verleiht.

Von Anfang an machte Klemperer sich Gedanken darüber, wie sich die Aktivitäten der neuen Regierung und die öffentlichen Reaktionen darauf auf sein Nationalgefühl, seinen Stolz, Deutscher zu sein, auswirken würden. Als Hitler am 30. Juni 1934 die SA-Führung liquidierte, zeigte sich Klemperer zutiefst verstört, weniger ob des blutigen Willküraktes selbst, sondern weil die Allgemeinheit das Vorgehen des «Führers» zu akzeptieren schien. Er schrieb: «Entsetzlich die Begriffsverwirrung im Volk. Ein sehr ruhiger und gemütlicher Postbote und ebenso der ganz und gar nicht nationalsozialistische alte Prätorius sagten mir mit gleichen Worten: ‹Nu, er hat sie eben verurteilt.› Ein Kanzler verurteilt und erschießt Leute seiner Privatarmee!» (121)

Die Jahre vergingen, und Klemperer musste zu seiner tiefsten Bedrückung feststellen, dass ungeachtet der gefährlichen Außenpolitik, die Hitler betrieb, und der Tatsache, dass seine Partei den Rechtsstaat mit Füßen trat, offenbar niemand in Deutschland den Wunsch hatte, den «Führer» loszuwerden; alle hatten zu große Angst, ihren Lebensunterhalt oder ihr Leben aufs Spiel zu setzen, als dass sie etwas riskiert hätten. Doch dann fragte er sich: «Darf ich es ihnen vorwerfen? Ich habe im letzten Amtsjahr auf Hitler geschworen, ich bin im Lande geblieben – ich bin nicht besser als meine arischen Mitmenschen.»

Nach den Ausbrüchen nationalistischer Begeisterung, die der Anschluss Österreichs auslöste, und dem Inkrafttreten der neuen anti-jüdischen Bestimmungen unmittelbar danach, schrieb er voller Verzweiflung: «Wie tief wurzelt Hitlers Gesinnung im deutschen Volk, wie gut war seine Arierdoktrin vorbereitet, wie unsäglich habe ich mich mein Leben lang betrogen, wenn ich mich zu Deutschland gehörig glaubte, und wie vollkommen heimatlos bin ich.»

In anderen Augenblicken kämpfte er gegen den eigenen Pessimismus an, indem er sich sagte, dass es nicht möglich sei, verlässliche Aufschlüsse über die Stimmung in der Bevölkerung zu gewinnen, und sich einredete, er sei nach wie vor Deutscher, auch wenn der idealistische Patriotismus seiner Jugendjahre sich verflüchtigt habe. Zum Thema Zionismus schrieb er im November 1939: «Den mache ich genauso wenig mit wie den Nationalsozialismus oder den Bolschewismus. Liberal und deutsch *for ever.*» (499)

Eine Sache, die Klemperer faszinierte, war die große, ja zentrale Bedeutung, die die Judenfrage für den Nationalsozialismus besaß;

sie schien, wie er im Verlauf der Kriegsjahre schrieb, geradezu die Quintessenz der NS-Ideologie zu sein, «die Giftdrüse der Hakenkreuzotter». Steckte dahinter eigentlich mehr als bloß ein pervertierter Romantizismus? Nüchtern betrachtet, stellte sich in Deutschland eine «jüdische Frage» doch gar nicht. Bis 1933, schrieb er, seien die deutschen Juden vor allem Deutsche und nichts anderes gewesen. Juden und Deutsche hätten miteinander gelebt und gearbeitet, ohne Spannungen. Juden hatten ihren Platz in Deutschland, sie waren Teil der deutschen Nation.

Die «jüdische Frage» war in den Augen Klemperers, kurz gesagt, eine Erfindung Hitlers und seiner Anhänger; sie hatten sie in einem vorsätzlich angeheizten Prozess der Dämonisierung erst geschaffen, einem Prozess, der in seiner Irrationalität an den dumpfen Antisemitismus des Mittelalters erinnerte. Daraus leiteten die Nazis die Berechtigung ab, die Juden mit ausgeklügelten rechtlichen Schikanen zu diskriminieren und ihnen immer mehr Rechte, die den anderen Deutschen zustanden, abzusprechen. Mit großer Sorgfalt verzeichnete Klemperer die Eskalation dieser systematischen Entrechtung, den stufenweise fortschreitenden Entzug von Ansprüchen auf Annehmlichkeiten und kleine Alltagsfreuden: das Verbot, ein Telefon zu besitzen, ins Theater zu gehen, eine Tageszeitung zu kaufen, zum Friseur zu gehen, Blumen zu kaufen, Fahrrad zu fahren (es sei denn zur Arbeitsstätte), öffentliche Parks zu betreten oder eine Fahrt auf einem der beliebten Elbedampfer zu unternehmen. Mitten im Krieg erstellte Klemperer, gleichsam als Momentaufnahme, eine Liste von 31 aktuell gültigen Verboten und bemerkte dazu: «Der kleine Nadelstich ist manchmal quälender als der Keulenschlag», gemahnte er die Juden doch täglich daran, dass sie einer «minderwertigen Rasse» angehörten, der Dinge nicht zustanden, auf die andere selbstverständlichen Anspruch hatten.

Die Reaktion «arischer» Mitbürger auf diese Politik entsprach freilich nicht immer den Erwartungen des Regimes. Deutsche, die etwa mit ausländischen Gästen im Englischen Garten in München spazieren gingen, waren oft peinlich berührt, wenn sie an Schildern mit der Aufschrift «Juden sind hier unerwünscht» vorbeikamen. Klemperers Tabakhändler steckte ihm manchmal ein paar Zigarren in die Jackentasche, die er als Jude nicht kaufen durfte, und Ladeninhaber, die die Situation des Ehepaars kannten, sahen oft großzügig über Lücken in ihrem Couponheft für die Lebensmittelrationen hinweg. Joseph Goebbels war dem Vernehmen nach außer sich über die Reaktion der Deutschen auf seinen Judenstern-Erlass, der offenbar mehr Mitgefühl für die Betroffenen auslöste als alles andere.

Klemperer machte die Erfahrung, dass die einzige Unannehmlichkeit, die diese neue Vorschrift ihm bereitete, abgesehen von den schon gewohnten Beschimpfungen und Beleidigungen durch SA-Rabauken, das Verfolgtwerden durch johlende Kinderhorden war. Ansonsten war er überrascht, wie viele Passanten ihn demonstrativ grüßten, wie die zwei älteren Damen, die extra die Straße überquerten, um ihm die Hand zu schütteln und ihm zu sagen, wie leid es ihnen täte, oder der Arbeiter, der ihm zurief: «Du, Kamerad, kennst du einen Herrschmann? – Nein? – Der ist auch Jude, Hausmann wie ich – ich wollte dir bloß sagen: Mach dir nichts aus dem Stern, wir sind alle Menschen, und ich kenne so gute Juden.» (683) Solche Erlebnisse waren nicht immer tröstlich, offenbarten sie doch oft genug, dass die Betreffenden die wahre Situation der Juden nicht annähernd erfasst hatten; andererseits hat Martin Chalmers sicher recht, wenn er schreibt: «Es fällt schwer ... die in *Ich will Zeugnis ablegen* aufgeführten Beispiele mit der These von Daniel Goldhagen in *Hitlers willige Vollstrecker* in Einklang zu bringen, es habe in Deutschland einen alles durchdringenden ‹exterministischen Antisemitismus› gegeben, quasi als Normalbewusstsein im nazistischen und pränazistischen Deutschland. Diese eindimensionale Erklärung für die massenhafte Judenvernichtung durch die Nazis findet in den authentischen Aufzeichnungen Klemperers darüber, wie sich das Leben eines Juden im Dritten Reich gestaltete, keine Stütze. Wir finden darin im Gegenteil vieles, das zeigt, wie weit die NS-Propaganda hinter ihrem Ziel zurückblieb, die Masse der Deutschen davon zu überzeugen, dass die Juden die Ursache für alle ihre Probleme waren.»

Die alles andere als durchschlagende Effizienz der Goebbels'schen Propaganda tritt auch in vielen Eintragungen Klemperers aus den Kriegsjahren zutage, die bemerkenswerte Einblicke gewähren in die häufigen Schwankungen der öffentlichen Stimmung, das wilde Wuchern von Gerüchten und die verbreiteten Fehleinschätzungen der internationalen Lage. In dieser Zeit hatte Klemperer längst eine Faszination für die Sprache entwickelt, die die Nazis in ihren öffentlichen Verlautbarungen benutzten, und hatte angefangen, das Material zusammenzutragen, das er später in seinem Buch *LTI* verwendete. Was ihn besonders beeindruckte, war die zunehmende «Entschlüsselungsfähigkeit» deutscher Normalbürger, wenn sie offizielle Mitteilungen hörten oder lasen, ihre neu entwickelte Kunstfertigkeit im Zerlegen und Analysieren der Sprache. Wie Klemperer beispielsweise von einem Bekannten erfuhr, war das Vorkommen des Wortes «heldenhaft» in Berichten über Operationen der deutschen Wehrmacht ein untrügliches Zeichen dafür, dass es für Deutschland schlecht aussah; derselbe Bekannte erzählte von russischen Armeen, die laut deutscher Berichterstattung schon bemerkenswert oft «vernichtet» worden waren, sich dann aber offenbar rematerialisiert hatten und wieder und wieder «vernichtet» werden mussten. Von 1942 an mehrten sich die Anzeichen dafür, dass viele Leute nicht mehr alles glaubten, was ihnen vorgesetzt wurde.

Für die kommenden Generationen von Historikern, die sich mit der neueren deutschen Geschichte beschäftigen, werden die Tagebücher Klemperers Pflichtlektüre sein. Man braucht nicht mehr als ein paar Seiten zu lesen, um beeindruckt zu sein von der Echtheit, die die Texte atmen, und von der Energie, Beharrlichkeit und Ehrlichkeit des Autors, ganz zu schweigen von dem Mut, den er brauchte, um an seinem Vorhaben festzuhalten. Im Juli 1944, nach zwei im Luftschutzkeller verbrachten Abenden, schrieb er:

Ich will bis zum letzten Augenblick weiter beobachten, notieren, studieren. Angst hilft nichts, und alles ist Schicksal. (Aber natürlich packt mich trotz aller Philosophie doch von Zeit zu Zeit die Angst. So gestern im Keller, als die Amerikaner brummten.) (550)

«Schreibt un farschreibt!»

Die meisten Menschen wissen inzwischen, dass die Politik Hitlers 6 Millionen Juden das Leben kostete; weitaus weniger bekannt ist die Tatsache, dass die Gesamtzahl der zivilen Opfer der Völkermord-Politik der Nazis wahrscheinlich zwischen 14 und 16 Millionen lag. Die Diskrepanz zwischen diesen beiden Zahlen hat manche Historiker des Zweiten Weltkriegs zu der Frage veranlasst, ob die heute übliche Verwendung des Begriffs «Holocaust» – gemeinhin ist damit die Vernichtung des europäischen Judentums gemeint – korrekt ist. Der Nobelpreisträger Czeslaw Milosz hat die Sorge zum Ausdruck gebracht, ob dieser «exklusivistische» Gebrauch des Begriffes nicht die Gefahr birgt, dass die Menschen die Millionen von Polen, Russen und Kriegsgefangenen anderer Nationalität vergessen, die ebenfalls eines brutalen und trostlosen Todes gestorben sind.

Man kann durchaus einräumen, dass dem Schicksal dieser anderen Opfer zu wenig Aufmerksamkeit zuteil geworden ist, ohne von der Auffassung abzuweichen, dass es gute Gründe gibt, die «Endlösung» als einen Fall für sich zu betrachten. Die Zahl der ermordeten Juden war größer als die Zahl der ermordeten Angehörigen jeder anderen Bevölkerungsgruppe oder Nationalität. Die Vernichtung des Judentums war von längerer Hand geplant, wurde systematischer und kontinuierlicher durchgeführt und mittels einer heimtückischeren Kombination aus technischen und wissenschaftlichen Methoden bewerkstelligt, als es bei irgend einer anderen Opfergruppe der Fall war. Vor allem aber wurde keine andere Opfergruppe (abgesehen vielleicht von den Zigeunern, deren Vernichtung die Nazis aber letzten Endes nicht mit derselben zwanghaften Gründlichkeit betrieben wie die der Juden) ausdrücklich als solche zum Untergang verurteilt. So gingen die Nazis etwa in ihrem Bestreben, Polen als Nation von der Landkarte zu tilgen, so weit, die Führungseliten, die sie für die Träger der polnischen Nationalidee hielten, zu eliminieren, doch hatten sie niemals die Absicht, alle Polen zu vernichten. Die Juden jedoch wurden ohne Ansehen ihres

Status', ihres Berufs oder ihrer politischen Orientierung ausgerottet; sie mussten sterben, weil sie Juden waren.

Die Politik, mit der dieses grausige Vorhaben in die Tat umgesetzt werden sollte, hatte eine lange Reifezeit hinter sich; ihre ersten Wurzeln im Denken Hitlers hatte sie wahrscheinlich während seiner Wiener Jahre vor dem Ersten Weltkrieg geschlagen. Die hasserfüllte Intensität, mit der er sich in *Mein Kampf* über die Juden äußert, macht deutlich, dass der Antisemitismus für ihn niemals bloß eine taktische Waffe war wie für sein erstes politisches Vorbild Karl Lueger, sondern etwas Besessenes. Lange bevor Hitler an die Macht kam, hatte sich die Forderung, die Juden aus der deutschen Gesellschaft auszuschließen, zu einem der grundlegenden Programmpunkte seiner Bewegung verfestigt, auch wenn man noch nicht konkret formuliert hatte, wie dieses Ziel erreicht werden sollte. Die Boykottaktionen gegen jüdische Geschäfte nach 1933, der Gleichschaltungsprozess, der Juden die Beschäftigung im öffentlichen Dienst und die Ausübung zahlreicher freier Berufe verwehrte, die Nürnberger Gesetze, die sie dem Grunde nach zu Rechtlosen machten, und die diversen Pläne, die auf ihre Zwangsaussiedlung abzielten, waren Eskalationsstufen eines Prozesses der Konkretisierung, die jedoch ebenso schnell, wie sie kamen, vom Regime als unzulänglich empfunden wurden. Denn im Gefolge der außenpolitischen Erfolge Hitlers rückte die Vision eines Großdeutschen Reiches in greifbare Nähe, das bis weit nach Osteuropa reichen und von allen «undeutschen Elementen» gesäubert sein sollte. Die Exzesse der «Reichskristallnacht» im November 1938 zeigten, wie wirksam die physische Gewalt als Mittel zur Lösung der jüdischen Frage war und welch hohe psychologische Gratifikation sie abwarf; der Krieg, der ein Jahr später begann, beseitigte dann die letzten Hemmungen und Bedenken gegen die radikalste aller denkbaren Lösungen.

Während des Polenfeldzugs und der anschließenden Besetzung der westlichen Hälfte Polens fanden bis zu 30 000 Juden den Tod, viele gleichsam nebenbei, im Gefolge ungeplanter Aktionen; mehr als zwei Drittel verhungerten einfach. Erst nach Beginn des Einmarsches in die Sowjetunion und nachdem die sogenannten Einsatzgruppen der SS ihre Tätigkeit aufgenommen hatten, nahm die systematische Zerstörung ganzer jüdischer Gemeinden ihren Lauf, ein Prozess, dessen Systematisierung und Europäisierung auf der

Wannsee-Konferenz im Januar 1942 in Berlin besprochen wurde; dort fiel die Entscheidung, die Ressourcen des Reichs voll und ganz für die Deportierung und Vernichtung von 11 Millionen Juden bereitzustellen, auch der Juden, die in neutralen und zu diesem Zeitpunkt noch nicht eroberten Ländern lebten.

«Was bis dahin tastend, bruchstückhaft in vereinzelten Spasmen geschehen war», schreibt Martin Gilbert,

> wurde nun zu einem förmlichen, umfassenden und effizient organisierten Prozess. ... Ende Januar 1942 blieb den Deutschen nur noch übrig, die Maschinerie der totalen Vernichtung zu installierten: Todeslager in abgelegenen Gegenden, Zug- und Waggonmaterial, Fahrpläne, Regularien für die Vermögenseinziehung, Zeitpläne für die Deportationen ... und sich sodann auf die stillschweigende, unausgesprochene, nicht aktenkundig werdende Komplizenschaft von Tausenden zu verlassen, von Beamten und Bürokraten, die ihre Pflicht tun, Razzien organisieren, Sammellager bewachen, Fahr- und Zeitpläne koordinieren und die Juden ihres Bereichs auf die Reise zu ‹unbekannten Zielorten› schicken würden, in ‹Arbeitslager› irgendwo in Polen, in ‹Umsiedlungsgebiete› irgendwo ‹im Osten›. (283 f.)

Das Endergebnis von all dem würde – das sprach Hitler in seiner Rede im Berliner Sportpalast am 30. Januar 1942 vollkommen unverblümt aus – die «Ausrottung des Judentums» sein.

Wie die Nazis dieses gigantische Vorhaben in die Tat umsetzten, darüber sind viele Bücher geschrieben worden, allen voran die Standardwerke von Raul Hilberg und Lucy Dawidowicz, und Martin Gilbert macht nicht den Versuch, mit ihnen in Konkurrenz zu treten. Sein Buch ist vielmehr, so sagt er, «ein Versuch, die unmittelbarsten Zeugen zu Wort kommen zu lassen, die dem Vernichtungsprozess am nächsten waren, und kraft ihres Zeugnisses etwas vom Leiden derer zu berichten, die untergegangen und für immer zum Schweigen gebracht worden sind». (18) Gilbert konnte dieses Buch schreiben, indem er sich zum Sachwalter all derer in den Gettos und Lagern machte, die die Anweisung des Doyens der jüdischen Historiker, Simon Dubnov, befolgten, der, bei einer Razzia im Getto von Riga im Dezember 1941 von tödlichen Schüssen getroffen, noch im Sterben rief: «Schreibt un farschreibt!» («schreibt und zeichnet auf!»); er hat mit Hunderten von ihnen persönlich gesprochen, ihre Tagebücher, nach dem Krieg angefertigte Berichte und nach draußen geschmuggelte Aufzeichnungen gelesen. Er ist sich dessen bewusst, wie schwer es ist, dem Leser von heute einen Eindruck von ihrer kollektiven Erfahrung zu vermitteln, zumal die Schilderung von Gräueltaten in ständiger Wiederholung abstumpfend wirkt. Andererseits empfindet Gilbert es als seine Pflicht als Historiker, «mit Hilfe der Aufzeichnungen und Geschichten derer, die überlebt haben, eine Vorstellung von den vielfältigen Wegen zu vermitteln, auf denen die Einzelnen in den Tod gingen. Diejenigen, die sich diese Geschichten einprägten und sie später wieder erzählten, taten das, um das Schicksal jener Einzelnen nicht in Vergessenheit geraten zu lassen.»

Somit ist dies unvermeidlicherweise ein Buch voll des Grauens geworden, aber auch ein Buch voller Geschichten, die von Heldenmut und Liebe handeln. Auf der einen Seite konfrontiert Gilbert uns mit Augenzeugenberichten über Akte der Barbarei, die man nicht für möglich halten würde, wäre man nicht von der Aufrichtigkeit und Authentizität derer, die sie schildern, überwältigt – es werden Vorgänge beschrieben wie die Massakrierung der Juden von Kiew in Babi Yar im September 1941 (mit der noch grausigeren Fortsetzung, dass zwei Jahre später ein aus Juden und sowjetischen Kriegsgefangenen bestehendes Kommando unter SS-Bewachung die Leichen ausgraben und verbrennen musste); das Purim-Massaker in Minsk im März 1942, bei dem die Bewohner eines Kinderheims in eine tiefe Grube geworfen wurden und SS-Männer ihnen aus vollen Händen Süßigkeiten hinterher warfen, während andere die Opfer schon mit Sandladungen zuschütteten; die Tage des Schreckens im Sommer 1942, als aus dem Warschauer Getto 265 000 Menschen in die Gaskammern von Treblinka deportiert wurden; die «Kinderaktion» in Kaunas im März 1944, bei der mehrere Tausend Kinder eingesammelt, in Lastwagen abtransportiert und erschossen wurden, und die Liquidierung des Lodzer Gettos im Juni 1944, als man den Deportierten sagte, die Reise gehe in Arbeitslager bei Leipzig, und die auf den Güterwaggons, in die sie verladen wurden, den «in polnischer Schrift hingekritzelten» Hinweis entdeckten: «Ihr betretet die Waggons des Todes!». (693) Tatsächlich wurden sie nach Chelmno verfrachtet und vergast.

Auf der anderen Seite ist Gilberts Buch auch reich an Beispielen von menschlicher Größe und trotziger Selbstbehauptung im Angesicht des Terrors, so die Episode, in der der Älteste des Gettos Theresienstadt, Jacob Edelstein, am Morgen seines Todestages seine

Gebete sprach und dem SS-Aufseher, der ihn mit Gebrüll aufforderte, sich zu beeilen, in ruhigen Worten entgegnete: «Über die letzten Augenblicke auf dieser Erde, die der Allmächtige mir gewährt hat, bestimme ich, nicht du!» (690) Oder die Geschichte von Mala Zimetbaum, einem jüdischen Mädchen aus Belgien, dem zusammen mit einer Freundin die Flucht aus Birkenau gelang, die jedoch wieder eingefangen wurde, weil sie die Freundin nicht im Stich lassen wollte, und die sich, als man sie zum Galgen schleppte, mit einer am Körper versteckten Rasierklinge die Pulsadern aufschnitt und ausrief: «Ich weiß, dass ich sterben muss, aber darauf kommt es nicht an. Worauf es ankommt, ist dass auch ihr sterben werdet, und euer verbrecherisches Reich mit euch.» (696 f.)

Warum es relativ wenig kollektiven jüdischen Widerstand gegen die Schreckensherrschaft der Nazis gab, ist eine Frage, mit der Gilbert sich intensiv auseinandersetzt; er betont, dass dieses Thema in den Gettos und Lagern leidenschaftlich diskutiert wurde. Emanuel Ringelblum, der bis zu seinem Tod im März 1944 den Alltag im Warschauer Getto in einer penibel aufgezeichneten Chronik festhielt, schrieb einmal:

Diese Frage quält uns alle, aber sie lässt sich nicht beantworten, weil jedermann weiß, dass Widerstand ... zur Abschlachtung einer ganzen Gemeinde führen könnte. ... Nichts zu unternehmen, keine Hand gegen die Deutschen zu erheben, ist ... zum stillen, passiven Heldentum des gemeinen Juden geworden. Es war dies vielleicht der stumme Lebensinstinkt der Massen ..., und es scheint mir, dass ... es unmöglich ist, gegen einen Masseninstinkt anzukämpfen. (368 f.)

Der jüdische Überlebenswille und die von den Deutschen systematisch betriebene Politik der Täuschung ihrer Opfer darüber, worauf die Deportationen und «Umsiedlungen» wirklich hinausliefen, übten, wie Gilbert schreibt, eine «tragische Magnetwirkung» (386) aufeinander aus, so dass die Juden stets glauben konnten, ein Überleben sei möglich, solange sie nur die größtmögliche Gefügigkeit an den Tag legten. Und in dem Augenblick, in dem die schreckliche Wahrheit offenkundig wurde, hatten die Deutschen die Gewehre im Anschlag.

Dennoch gab es Widerstandsversuche. Eine kleine Gruppe junger Männer und Frauen im Warschauer Getto, die das passive Erdulden quälend fand und sich daran erinnerte, dass «unsere Geschichte auch glorreiche und leuchtende Beispiele des Heldentums und der Stärke aufweist», empfand es als ihre Pflicht, an diese heldenhaften Zeiten anzuknüpfen und Widerstand gegen weitere Deportationen zu leisten. Im Januar 1943 sahen sich SS-Verbände bei einer Deportationsrazzia von Juden attackiert, die Handgranaten warfen, und mussten sich nach beträchtlichen Verlusten zurückziehen. Als sie im April in größerer Truppenstärke und mit größerer Kampfentschlossenheit wiederkamen, schlug ihnen der organisierte Widerstand von 1200 jüdischen Kämpfern entgegen, und die Deutschen brauchten drei Wochen, bis der Aufstand niedergeschlagen war. «Wir schlugen zurück», schrieb einer der Aufständischen später, «und das machte unser Los leichter zu tragen und machte es auch leichter, zu sterben.» (565) Im Übrigen erinnert uns Gilbert daran, dass es abgesehen von diesem überzeugenden Beispiel eines kollektiven Widerstandswillens «kaum einen Tag ohne einen Akt der Gegenwehr» gab und dass «trotz der grotesken Brutalität der [deutschen] Repressalien der jüdische Widerstand niemals vollständig ausgemerzt wurde, nicht einmal in den Vernichtungslagern».

Während die Juden dezimiert wurden, gerieten auch andere Volksgruppen und Völker ins Visier des nazistischen Vernichtungsapparats; es ist das einzigartige Verdienst von Dr. Bohdan Wytwycky, dass er – in einer Monographie von weniger als 100 Seiten – zum ersten Mal in englischer Sprache die grundlegenden Tatsachen über das, was die Nazis den Zigeunern, Polen, Ukrainern, Weißrussen, sowjetischen Kriegsgefangenen und den nach Deutschland entsandten «Ostarbeitern» antaten, zusammengetragen hat, dazu eine Liste nützlicher Quellen für ein weiterführendes Studium dieses anderen Völkermords. Dr. Wytwycky ist sichtlich angewidert von der Geschichte, die er erzählt, und das man nachvollziehen kann, wenn man etwa seine Schilderung der furchtbaren Szenen liest, die sich bei der endgültigen Liquidierung des so genannten Zigeunerlagers in Auschwitz 1944 abspielten, oder wenn man sich die Brutalitäten des NS-Statthalters in der Ukraine, Erich Koch, vergegenwärtigt, der seinen Mitarbeitern im April 1942 sagte: «Streng genommen befinden wir uns hier unter Negern» (55), oder die Willkür des NS-Terrors in den Dörfern Weißrusslands und die vorsätzliche Misshandlung der sowjetischen Kriegsgefangenen, die mit einer Kelle Kohlrübenbrühe pro Tag zu Tode geschunden wurden.

«Wenn man auch nur fassen will, wie oder warum dies alles möglich war», schreibt Dr. Wytwycky,

> muss man zuerst erkennen, was für eine zentrale Rolle die Dynamik der Entmenschlichung in diesem wahnwitzigen Prozess spielte. ... Bestimmte Kategorien von Menschen werden dabei aus der Menschheitsfamilie ausgeschlossen. ... Gemäß den Verkündigungen der Nazis galten Juden und Zigeuner und Slawen ausdrücklich als ‹Untermenschen›. Verhaltensregeln, die normalerweise auf Mitmenschen angewandt werden, ... wurden für ungültig erklärt. Das hatte zur Folge, dass gesellschaftliche und psychische Hemmungen, die normalerweise die barbarischen Impulse der Menschen in Zaum halten, freien Lauf hatten und Millionen unschuldiger Juden, Zigeuner und Slawen zum Abschuss frei gegeben wurden. (82)

Dr. Wytwycky schätzt, dass nicht weniger als 50 000 Zigeuner, 3 Millionen christliche Polen (darunter die Hälfte aller Gebildeten), 3 Millionen Ukrainer plus eine knappe Million ukrainische Juden und jeder vierte Bewohner Weißrusslands, darunter mindestens 1,4 Millionen Zivilisten (die Juden Weißrusslands nicht gerechnet), im Vollzug dieses Prozesses zugrunde gingen.

Was Polen unter dem nationalsozialistischen Besatzungsregime durchlitt, schildern in größerer Ausführlichkeit Bruno Shatyn in *A Private War* und Richard Lukas in *Forgotten Holocaust*, wobei das erstgenannte Buch innerhalb der Holocaust-Literatur fast einzigartig dastehen dürfte, erzählt es doch eine Geschichte, die glücklich ausgeht. Shatyn war ein jüdischer Anwalt, der zum Zeitpunkt des Kriegsausbruchs 1939 in Krakau praktizierte; anders als die große Mehrzahl seiner jüdischen Mitbürger verstand er es, sich in Sprache und Habitus so polnisch zu geben, dass er der Aussonderung und Internierung entging, und er besaß genügend Chuzpe (um nicht zu sagen Tollkühnheit), um sich aus Situationen herauszureden, die ihm leicht zum Verhängnis hätten werden können. Mit Hilfe polnischer Freunde beschaffte er sich Papiere, die ihn als Arier auswiesen, konnte daraufhin seine Frau und seine Töchter in einem Vorort von Krakau unterbringen und fand einen Posten als Gutsverwalter auf einer Farm bei Skawina, rund 40 Kilometer von Auschwitz entfernt, deren Pächterin die Familie Potocki war. Jüdische Arbeiter, die dem Gut als Hilfskräfte zugeteilt waren, behandelte er so, dass man ihn für einen Antisemiten hielt, eine Tarnung, die er nutzte, um eine jüdische Jugendfreundin seiner Frau aus den

Händen der SS zu retten und eigene Verwandte auf sichere Posten zu bringen.

Als das Buch Shatyns 1983 in Polen erschien, hatte es einen enormen Erfolg, zum einen, so ist anzunehmen, weil es sich über weite Strecken wie ein spannender Krimi liest (wobei die Leser, die auf den einleitenden Hinweis des Autors stoßen, er habe auf die Schilderung vieler Vorfälle, die er als «zu wild und unwahrscheinlich» (XVII) empfunden habe, verzichtet, womöglich der Meinung sein werden, er habe diese Zensur nicht konsequent genug durchgeführt), sondern wahrscheinlich noch mehr wegen der Ausgewogenheit, mit der er die schwierige Frage des Verhältnisses zwischen Polen und Juden behandelt. In allgemeinerer Hinsicht liegt der Wert des Buches, wie Norman Davies in seinem Vorwort schreibt, in dem authentischen Bild, das es von der polnischen Lebenswirklichkeit als ganzer vermittelt, eben nicht nur vom Leben in den Gettos und Lagern, über das wir inzwischen sehr viel wissen, sondern über das, was sich in den Städten und den ländlichen Gegenden des besetzten Polen abspielte.

Was das Los des polnischen Volkes gewesen wäre, wenn Hitler seinen Krieg gewonnen und die Möglichkeit gehabt hätte, seine «neue Ordnung» in Europa zu errichten, können wir nicht sagen. Fest steht allerdings, dass die Nazis vom ersten Tag ihres Einmarsches an entschlossen waren, Polen als Nation zu vernichten. Richard Lukas skizziert in seinem faszinierenden Porträt des Landes in den Kriegsjahren die Vielzahl der Mittel, die die Besatzer einsetzten, um dieses Ziel zu erreichen. Eine Hauptrolle spielte dabei das Bestreben, die Eliten des polnischen Volkes systematisch zu eliminieren, eine Aufgabe, von der Hans Frank, der sadistische Gouverneur des besetzten Polen, in Äußerungen gegenüber seinen Mitarbeitern behauptet, sie sei ihm von Adolf Hitler persönlich übertragen worden, der ihm auch befohlen habe, «auf die Keime zu achten, die erneut zu sprießen beginnen, und sie zu gegebener Zeit wieder auszumerzen». (8)

In der Praxis bedeutete dies, dass das Netz der Nazis Mediziner, Anwälte, Unternehmer, Journalisten, Intellektuelle, Lehrer und – weil in Polen die Kirche immer ein zentraler Hort des Nationalismus gewesen war – Priester und Bischöfe erfasste. Wir erfahren von Lukas, dass Polen im Zweiten Weltkrieg 45 Prozent aller seiner Ärzte und Zahnärzte verlor, ebenso 57 Prozent seiner Juristen,

40 Prozent seiner Professoren, 15 Prozent seiner Lehrer, 30 Prozent seiner Techniker und über 18 Prozent seiner Geistlichen. Hohe Parteifunktionäre, Kommunalbeamte, aktuelle und ehemalige Parlamentsabgeordnete und Journalisten waren pauschal zur Festnahme und Liquidierung vorgemerkt.

Das war freilich noch nicht alles: «Die Auslöschung der polnischen Intelligenz war Bestandteil eines systematischen Programms der Vernichtung der polnischen Kultur.» (10) Wenn es nach den Nazis ging, würde das Polen der Zukunft weder Universitäten noch weiterführende Schulen benötigen, damit auch keine Bibliotheken und Laboratorien; so sorgten sie dafür, dass höhere Bildungsanstalten ebenso geschlossen wurden wie wissenschaftliche, künstlerische und literarische Einrichtungen. Über die brutale Zerstörung archivarischer Sammlungen durch die Nazis hat ein polnischer Historiker geschrieben: «Kein Mongolensturm im Mittelalter hat zu solchen Verheerungen geführt.» (11) Nicht weniger gründlich gingen die Deutschen bei der Plünderung der polnischen Kunstschätze zugunsten von Galerien, Museen und Privatsammlungen im Reich vor. Die polnische Geschichte selbst wurde zur Zielscheibe eines konzertierten Angriffs, kulminierend in der Konfiszierung von Geschichtsbüchern und der Zerstörung von Denkmälern und Gedenkstätten. Schließlich betrieben die Deutschen in den Gebieten, die sie von Polen abgetrennt und dem Reich zugeschlagen hatten, mit Nachdruck eine Politik der Entpolonisierung, die nicht nur das Gesicht der Gesellschaft veränderte, sondern auch das äußere Erscheinungsbild von Dörfern und Städten.

Gegen diesen Versuch, die polnische Identität zu zerstören und gegen die Politik des Terrors und der Deportation, die damit einherging, leisteten die Polen Widerstand. Die Geschichte der polnischen Untergrund- und Widerstandsbewegung ist recht kompliziert, weil es eine verblüffende Zahl geheimer Armeen und Kampfgruppen gab, die manchmal miteinander kooperierten, manchmal aber auch gegeneinander kämpften. Lukas tut sein Bestes, um aus einem sehr diffusen Bild klare Linien herauszuarbeiten; eine der Einsichten, die sich aus seiner Darstellung herausschälen, ist die, dass die Tätigkeit der Dachorganisation, der so genannten Heimatarmee Polens, stark beeinträchtigt wurde durch eine mangelhafte Kommunikation mit der Exilregierung des Generals Sikorski und durch interne Zerwürfnisse, die sich an Fragen der

Taktik und Strategie entzündeten; verschärft wurden die Probleme durch den heftigen Antisemitismus, der in einigen der unter dem Dach der Heimatarmee zusammengeschlossenen Gruppen vorherrschte. So beteiligte sich zum Beispiel der bewaffnete Arm der nationaldemokratischen Partei Polens (NSZ) häufig an Operationen gegen Juden, Kommunisten und demokratische Elemente innerhalb der Heimatarmee. Im Juni 1943 wurden zwei Offiziere aus dem Oberkommando der Heimatarmee, die Juden waren, von NSZ-Kämpfern ermordet, und ein Jahr später verschleppte die NSZ zwei weitere Offiziere und lieferte sie an die Deutschen aus.

Lukas versucht nicht, die Intensität des in der polnischen Gesellschaft und Politik vorhandenen Antisemitismus zu beschönigen. Er räumt ein, dass dieser Antisemitismus auch in den Reihen der polnischen Exilstreitkräfte ausgeprägt genug war, um 1944 in Großbritannien erhebliches Aufsehen zu erregen. Er behauptet jedoch, man habe diesem Antisemitismus zu viel in die Schuhe geschoben; so habe zum Beispiel die Tatsache, dass sich nur wenige polnische Juden der Heimatarmee anschlossen, weniger mit dem in ihren Reihen herrschenden Antisemitismus zu tun als mit der Tatsache, dass die meisten Angehörigen der Heimatarmee Zivilisten waren, die tagsüber einem ganz normalen Beruf nachgingen und dadurch unauffällig bleiben konnten; solches sei den Juden, die zum großen Teil nicht assimiliert gewesen seien, nicht möglich gewesen. Wann immer es Juden gelungen sei, sich aus den Gettos abzusetzen, sei ihnen nichts anderes übrig geblieben, als sich in die Wälder zu schlagen und sich Partisanenverbänden anzuschließen, die entweder von den Sowjets oder von der kommunistischen Widerstandsbewegung, der so genannten «Volksgarde», dirigiert wurden.

Lukas verschweigt nicht die Existenz umherstreifender Jugendbanden, der so genannten *szmalcownicy,* die aus den Gettos geflohene Juden jagten und polnische Familien, die ihnen Schutz gewährten, erpressten oder denunzierten; er stellt dem jedoch entgegen, dass viele Juden polnische Beschützer fanden, trotz der Tatsache, dass sie aufgrund ihres Äußeren schwer zu tarnen waren und dass jedem, der ihnen auf irgendeine Weise behilflich war, die Todesstrafe drohte. Eine der größten Sorgen, die Bruno Shatyn quälten, war die Vorstellung, was die Nazis der Familie des Grafen Jerzy Potocki antun würden, wenn sie herausfänden, dass sie einen Juden als Gutsverwalter beschäftigte; als die Potockis selbst dessen gewahr wurden, zeigten sie sich ohne weiteres bereit, das Risiko weiterhin zu tragen. Lukas verweist darauf, dass Szmul Zygielbojm, jüdisches Mitglied des Polnischen Nationalrats in London, ausdrücklich jenen polnischen Christen dankte, die ihren jüdischen Landsleuten Solidarität und Hilfe erwiesen, und er schildert mutige Aktionen einzelner Polen wie Staszek Jackowski, eines ehemaligen Kutschenbauers, der in Stanislawow 30 Juden das Leben rettete, indem er in seinem Kellergeschoss drei mit Betten, fließendem Wasser und Strom ausgestattete Bunker einrichtete, in denen Flüchtige sich für längere Zeit aufhalten konnten.

Lukas weist des Weiteren darauf hin, dass Polen das einzige von den Nazis besetzte Land war, in dem sich eine Untergrundorganisation gründete, deren erklärter Zweck ausschließlich darin bestand, Juden zu helfen: Der Rat für Hilfe für Juden, genannt *Zegota*, hatte sein Hauptquartier in Warschau und unterhielt regionale Gliederungen in Krakau, Lemberg, Lublin und Zamosc; er tat sein Möglichstes, um untergetauchte Juden mit Lebensmitteln zu versorgen, ihnen Unterschlupf und ärztliche Hilfe zu gewähren und ihnen gefälschte Dokumente zu beschaffen. Wie viele Polen, sei es als Mitglieder solcher Organisationen oder als Privatleute, unter Einsatz des eigenen Lebens, Juden Hilfe leisteten, lässt sich beim besten Willen nicht feststellen, doch nach einer neueren Schätzung könnten es bis zu einer Million gewesen sein. Viele von ihnen bezahlten ihren humanitären Einsatz mit dem Leben, so zum Beispiel rund tausend von ihnen aus Lemberg, die in Belzec starben, und insgesamt möglicherweise bis zu 50 000. Da die Archive der Untergrundorganisationen im Zuge des Warschauer Aufstands von 1944 vernichtet wurden, ist eine genaue Bestimmung des Preises, den die Polen für ihr Engagement zugunsten derer, die die Nazis zur Vernichtung bestimmt hatten, entrichteten, nicht mehr möglich.

Die Polen waren schließlich auch unter den ersten, die Informationen über den Plan der Nazis, das Judentum auszurotten, in die Länder der Westalliierten brachten und deren Regierungen aufforderten, etwas dagegen zu unternehmen. Ende 1942 reiste ein junger Angehöriger der polnischen Untergrundbewegung, der nicht nur die Zustände im Warschauer Getto aus eigener Anschauung kannte, sondern es auch geschafft hatte, das Vernichtungslager Belzec auszukundschaften, nach England und in die USA und trug seine Erkenntnisse Regierungsbeamten vor. Diese so genannte Karski-

Mission beeindruckte die politischen Führer der Westmächte für den Moment, hinterließ aber keine nachhaltige Wirkung. Als die polnische Exilregierung den Vorschlag machte, deutsche Großstädte erbarmungslos zu bombardieren und gleichzeitig der deutschen Bevölkerung in abgeworfenen Flugblättern mitzuteilen, dies sei eine Vergeltung für das, was Deutschland den Juden antat, stieß sie damit auf taube Ohren. Ein einflussreicher Beamter des britischen Auswärtigen Amts erklärte, es lägen «keine verlässlichen Beweise» für das angebliche deutsche Mordprogramm gegen die Juden vor; die Polen, so fügte er hinzu, freuten sich über «jede Gelegenheit, ... sich zum Wortführer der kleinen Verbündeten aufzuwerfen und ... zu zeigen, dass sie keine Antisemiten sind». (160)

Menschen so weit zu bringen, dass sie den Berichten darüber, was in den Vernichtungslagern vor sich ging, Glauben schenkten, war immer schwierig. Schließlich fiel es auch den Opfern selbst schwer, Hinweise auf das, was ihnen bevorstand, für bare Münze zu nehmen. In Gilberts Buch wimmelt es von Beispielen dafür. So schrieb Jakub Poznanski im Getto von Lodz im September 1943:

Hartnäckige Gerüchte kursieren über die Liquidierung der Gettos in verschiedenen polnischen Städten. Meiner Meinung nach übertreiben die Leute wie gewöhnlich. Selbst wenn in manchen Städten gewisse Exzesse stattgefunden haben, lässt man sich dadurch noch nicht zu dem Glauben verleiten, es sei ein Massenmord an den Juden im Gang. Ich jedenfalls halte das für undenkbar. (608)

Eine deportierte Jüdin aus der Slowakei namens Lilli Kopezky sagte aus: «Als wir in Auschwitz ankamen, nahmen wir den süßlichen Geruch wahr. Sie sagten zu uns: ‹Dort werden die Menschen vergast, 3 Kilometer von hier.› Wir glaubten es nicht.» Wenn nicht einmal die direkt Betroffenen begreifen wollten oder konnten, dass jemand ein so kolossales Verbrechen begehen konnte, ist es vielleicht verständlich, dass die Regierungen und die Bevölkerung der westlichen Länder sich damit ebenso schwer taten.

Weshalb aber dauerte es so lange, bis sie endlich daran zu glauben begannen? Berichte über anti-jüdische Ausschreitungen in Deutschland drangen zwischen 1933 und 1945 ziemlich regelmäßig nach draußen; die ersten Hinweise auf die Ausrottungspolitik der Nazis und die Existenz der Vernichtungslager trafen in London und Washington im Herbst 1942 ein; von da an bis zum Kriegsende sickerten Berichte, die mit bestätigenden Details angefüllt waren, in kontinuierlicher Folge nach Westen durch. Keiner davon schien auf ihre in westlichem Denken befangenen Empfänger großen Eindruck zu machen, und als 1945 alliierte Truppen in die Lager einrückten und ihnen zu guter Letzt die Bedeutung und Vorgeschichte dessen, was sie dort vorfanden, klar wurde, reagierten sie darauf fast ebenso überrascht wie entsetzt.

Warum das so war, hat Deborah E. Lipstadt in einem eindrucksvollen Buch über die Behandlung des Holocaust in der amerikanischen Presse zu erklären versucht. Ihre Schlussfolgerungen, die sich auf eine scharfsinnige Analyse von Schlagzeilen und Überschriften sowie von Umfang und Platzierung einschlägiger Berichte in einem breiten Spektrum von Zeitungen und Zeitschriften stützen, sind vernichtend. Sie zeigen, dass diese Medien die amerikanische Öffentlichkeit zwar mit Meldungen über die Entwicklung der «Endlösung» versorgten, dies aber in einer Weise taten, die zu Zweifeln und Ungläubigkeit einlud und jede Neigung, nach Vergeltungsmaßnahmen zu rufen, im Keim erstickte.

Die Presse bewerkstelligte das unter anderem dadurch, dass sie einen in der US-Öffentlichkeit verbreiteten Skeptizismus sowohl reflektierte als auch bestärkte, der sich aus vagen Erinnerungen an den Ersten Weltkrieg nährte, an Gräuelgeschichten, von denen später nachgewiesen wurde, dass sie erfunden worden waren, und an eine Propaganda, die die Vereinigten Staaten in einen Konflikt hineingezogen hatte, der sie im Grunde nicht berührte. Nur vor diesem Hintergrund ist erklärlich, dass noch im August 1944, als eine Gruppe angesehener amerikanischer Journalisten das Vernichtungslager Majdanek besichtigte und eine detaillierte Beschreibung der dort vorgefundenen Gaskammern, Krematorien, der zu Haufen aufgeschütteten Knochen und der mit persönlichen Habseligkeiten der Opfer vollgestopften Lagerhäuser nach Hause schickte, die Zeitschrift *The Christian Century* der amerikanischen Presse einen Vorwurf daraus machte, dass sie diese Geschichte groß herausbrachte. Die «Parallelen zwischen [dieser Geschichte] und dem Gräuelmärchen von der ‹Leichenfabrik› » während des Ersten Weltkriegs erschienen ihr «zu auffällig, um sie zu übersehen». (249)

Maßgeblich für die Einstellung der Presse war jedoch keineswegs nur die Kenntnis der Voreingenommenheit ihrer Leser. Nach Auffassung von Deborah Lipstadt kam der Presse vielmehr eine maßgebliche Mitverantwortung für die allgemeine Skepsis zu, weil sie nicht willens war, Berichte ernst zu nehmen, die aus als unzuverlässig erachteten Quellen stammten (etwa von Deutschen, Kommunisten oder Juden), selbst wenn überzeugende Belege vorlagen, die den Wahrheitsgehalt dieser Berichte untermauerten. Kenneth McCaleb vom *New York Daily Mirror* gab nach Kriegsende zu, dass er Meldungen über deutsche Gräueltaten nicht ernst genommen hatte, weil sie immer «von ‹Ausländern› kamen, die, so meinten wir, [mit den Deutschen] eine Rechnung offen hatten und bestimmt alles übertrieben». (245) Bei der *New York Times* richtete man nach Angaben zuverlässiger Redakteure die Berichterstattung an der Vorgabe aus, nicht «zu jüdisch» erscheinen zu wollen, und setzte dies so um, dass man Gräuelmeldungen herunterspielte oder sie im Zeitungsinneren begrub. Ein vom World Jewish Council verbreiteter Bericht über die bevorstehende Intensivierung und Beschleunigung des Ausrottungsprozesses wurde im Februar 1943 auf Seite 37 der *New York Times* verbannt, und als im April der Interalliierte Informationsausschuss in London berichtete, 2 Millionen Juden seien bereits ermordet worden und 5 Millionen von der Ausrottung bedroht, brachte die Londoner *Times* die Geschichte auf Seite 11 und speiste sie mit 23 Zeilen ab. Da die *Times* einen nationalen Status hatte, machte ihr Beispiel weithin Schule.

Deborah Lipstadt charakterisiert den zähneknirschenden Stil, in dem große Teile der Presse Holocaust-Meldungen, die sie nicht gänzlich unter den Tisch fallen lassen konnte, ihren Lesern nahe brachte, als einen «Ja-Aber»-Reflex:

Zuerst herrschte der Tenor vor: *Ja,* es kann sein, dass sich schlimme Dinge zutragen, *aber* sie sind nicht so schlimm, wie sie dargestellt werden. In der Folge war die Presse zwar bereit, einzuräumen, dass, *ja,* vielleicht viele Juden unter den Opfern sein könnten, *aber* nicht so viele wie behauptet. *Ja,* es mochten viele gestorben sein, *aber* höchstwahrscheinlich im Gefolge kriegsbedingter Entbehrungen und nicht durch vorsätzliche Tötung. *Ja,* es seien viele ermordet worden, *aber* nicht in Gaskammern. *Ja,* es dürften etliche Juden in Vernichtungslagern gestorben sein, *aber* ebenso auch viele andere Menschen. (270)

Dazu kam, dass die meisten Presseorgane offensichtlich kein Gedächtnis hatten. Jede Meldung über deutsche Gräueltaten, jede Nachricht, die irgendeinen Aspekt der «Endlösung» bestätigte, wurde behandelt, als wäre sie die erste ihrer Art; so konnte die Illustrierte *Life* nach der Einnahme der Todeslager durch alliierte Truppen schreiben, «zum ersten Mal [lägen] unwiderlegbare Beweise vor» (271), die das Ausmaß der deutschen Verbrechen gegen die Menschlichkeit belegten. Tatsächlich hatten sich solche Beweise seit 1942 gehäuft, die Presse hatte sich aber einfach geweigert, sie zur Kenntnis zu nehmen.

Das Ergebnis solcher Einstellungen bestand darin, dass ein großer Teil der Presse selbst noch nach Kriegsende nur verworrene Vorstellungen darüber zu haben schien, was in den Kriegsjahren vor sich gegangen war; bezeichnend für diese Verwirrung war die Unfähigkeit, zwischen Konzentrationslagern wie Dachau und Vernichtungslagern wie Belzec zu unterscheiden oder aus «Majdanek, Babi Yar oder aus der Tatsache, dass überall, wo die Alliierten hinkamen, die Juden verschwunden waren, auf die Existenz eines Planes zur Vernichtung des jüdischen Volkes zu schließen». (256) Hartnäckig hielt sich der Glaube, wenn Juden getötet worden seien, sei es zur Strafe für oppositionelle Aktivitäten oder andere Verstöße gegen die Rechtsordnung des Reichs geschehen. Die Presse litt unter dem, was Raul Hilberg als «funktionelle Blindheit» bezeichnet hat und was Deborah Lipstadt als eine Wahrnehmungsstörung beschreibt, die «sowohl den besonderen Charakter des deutschen Vorgehens gegen die Juden als auch die besondere Identität der Opfer ausblendet». (260)

Diese Art der Blindheit existiert auch heute noch, und zwar in exaltierter Form. Es gibt in den Vereinigten Staaten ordentlich gedruckte Zeitschriften mit ansehnlicher Auflage, die behaupten, es habe nie einen Holocaust gegeben, eine Behauptung, die letztes Jahr Gegenstand zweier Gerichtsprozesse in Kanada war. Wenn es leicht beeinflussbare Geister gibt, die für hochgiftigen Unsinn dieser Art empfänglich sind, dann besteht ein alarmierender Bedarf an Büchern, die so weit ausholend und bewegend sind wie das von Martin Gilbert und so penibel und verstörend wie das von Deborah Lipstadt.

Ein neues, neues Reich?

Ende Oktober 1989 trat an der Harvard University ein internationales Wissenschaftlerkolloquium zusammen, um Gedanken über den 40. Geburtstag der Bundesrepublik Deutschland auszutauschen. Doch angesichts der aktuellen Nachrichten über die Demonstrationen in Leipzig und der anschwellenden Flut fluchtwilliger DDR-Bürger, denen es gelang, sich in den Westen abzusetzen, sahen sich die Teilnehmer genötigt, die Möglichkeit in Betracht zu ziehen, dass die bestehende Bundesrepublik ihren 41. Geburtstag nicht erleben würde.[58] Der Romancier Peter Schneider, Autor von *Der Mauerspringer*, kleidete das drohende Dilemma in die pointierteste Formel, indem er sagte: «Wenn die DDR an die Tür klopft und sagt: ‹Du erklärst seit 40 Jahren, dass du mich liebst. Hier bin ich! Nimm mich!›, kann dann irgendjemand die Vereinigung untersagen?» Die Versammelten lachten etwas gequält und sprachen von der Notwendigkeit, der Einheit Europas Vorrang vor der Einheit Deutschlands zu geben; doch keiner äußerte eine klare Vorstellung davon, wie das bewerkstelligt werden könnte.

Eine rasche Antwort auf diese Frage blieb auch aus, als in der Folge die Wahrscheinlichkeit, dass das von Peter Schneider skizzierte Szenario Wirklichkeit würde, immer mehr zunahm. Im November 1989 häuften sich in den Zeitungen und auf den Bildschirmen die Verlautbarungen europäischer Politiker von Whitehall bis Warschau, die deutlich durchblicken ließen, dass es ihnen am liebsten wäre, wenn eine Wiedervereinigung Deutschlands auf eine möglichst lange Bank geschoben werden könnte. Margaret Thatcher machte deutlich, dass sie sich einen Zeithorizont von fünf oder zehn Jahren vorstellen könne, und Michail Gorbatschow äußerte gegenüber François Mitterrand die Auffassung, die Wiedervereinigung Deutschlands könnte ein geeignetes Diskussionsthema für eine gesamteuropäische Konferenz sein, die irgendwann im nächsten Jahr zusammentreten könne; keiner ließ auch nur eine Spur von Begeisterung für die Idee erkennen.

Auch Präsident George H. W. Bush rückte von seiner früher vertretenen Ansicht ab, die Aussicht auf eine mögliche Wiedervereinigung solle für niemanden ein Anlass zur Sorge sein. Zwar schien die US-Administration nunmehr auf dem Standpunkt zu stehen, gegen eine Wiedervereinigung sei nichts zu sagen, wenn sie als Konsequenz aus freien Wahlen zustande käme, aber dann sprach der Präsident im Anschluss an das Gipfeltreffen von Malta von zusätzlichen Bedingungen, die erfüllt sein müssten, und sagte seinen NATO-Partnern in Brüssel: «Die Vereinigung sollte im Kontext eines fortdauernden deutschen Bekenntnisses zur NATO und einer zunehmend stärker integrierten Europäischen Union stattfinden, unter gebührender Berücksichtigung der durch internationales Recht festgelegten Rolle und Verantwortung der alliierten Mächte. Im Interesse der allgemeinen europäischen Stabilität müssen Schritte, die in Richtung Einigung gehen, friedlich, allmählich und als Teil einer schrittweisen Basis [sic] erfolgen. Und was zu guter Letzt die Grenzfrage betrifft, sollten wir erneut unser Eintreten für die Schlussakte von Helsinki betonen.»[59]

Ganz abgesehen davon, dass niemand wusste, ob die Sowjetunion jemals irgendeiner Form der deutschen Wiedervereinigung zustimmen würde, bei der die bestehende vertragliche Zugehörigkeit der Bundesrepublik zum westlichen Lager einfach auf das neue, vereinte Staatsgebilde übertragen würde, machte Bush keine konkreten Aussagen darüber, wie er es anstellen wollte, diese Bedingungen durchzusetzen; Beobachter in Deutschland äußerten sich jedenfalls skeptisch zu der Frage, ob dem Prozess noch Zügel angelegt werden konnten. «Mit der Bekanntgabe der Reisefreiheit [durch die DDR-Regierung]», schrieb Josef Joffe, damals Ressortleiter für Außenpolitik bei der *Süddeutschen Zeitung,* «ist die Wiedervereinigung *de facto* verkündet worden. ... Wie stark können Regierungen diesen Prozess abbremsen? Regierungen können Abkommen unterschreiben, aber die Diplomatie ist nicht dafür geschaffen, mit den Bewegungen von Volksmassen umzugehen.»[60]

I

Die Gründe, deretwegen Präsident Bush so nachdrücklich auf dem Verbleiben Deutschlands im westlichen Bündnis pochte, liegen auf der Hand: Es unterliegt keinem Zweifel, dass sowohl die Vereinigten Staaten als auch die Bundesrepublik in den voraufgegangenen vierzig Jahren erhebliche Vorteile aus dieser atlantischen Partnerschaft gezogen hatten. Den Amerikanern erleichterte sie die Aufgabe, die Sowjetunion in Schach zu halten, weil die Bundesrepublik – wenn auch zögerlicher und später, als Washington es wünschte – eine halbe Million gut ausgebildeter Soldaten in die Waagschale der NATO warf und damit das Machtgleichgewicht in Europa wiederherstellen half, wenn auch um den Preis der deutschen Einheit. Darüber hinaus eröffnete die Partnerschaft der US-Regierung ein gewisses Maß an Kontrolle über ihren Juniorpartner, wie die Zugehörigkeit zu einem Bündnis es nun einmal mit sich bringt. Das linderte die Sorge (die Washington mit Konrad Adenauer teilte), die leicht zu beeindruckenden Deutschen könnten sich von der Sowjetunion auf Abwege führen lassen. Den Westdeutschen bescherte die NATO-Partnerschaft Sicherheit, Wohlstand und eine unerfreuliche Gedächtnisschwäche, denn in den stürmischen Zeiten des Wirtschaftswunders und des Wettrüstens sahen viele Deutsche keine Veranlassung, sich um die Lehren zu kümmern, die aus ihrer jüngeren Vergangenheit zu ziehen waren, oder sich gar Gedanken über ihre Mitverantwortung für die im Namen von Hitlers «neuer Ordnung» begangenen Verbrechen zu machen.

Dabei waren die Deutschen keinesfalls die schlimmsten Amnesie-Praktiker in Europa; es gab in ihrer Mitte durchaus lautstarke und beharrliche Mahner – Paul Celan zum Beispiel, Günter Grass, Heinrich Böll, Siegfried Lenz, Karl Jaspers, Hans Magnus Enzensberger und Jürgen Habermas –, die ihre Mitbürger immer wieder an Dinge erinnerten, die sie vielleicht lieber vergessen hätten. Und es gab andere – angefangen bei jener Politikergeneration, der Konrad Adenauer, Theodor Heuß, Ludwig Erhard, Kurt Schumacher und Ernst Reuter angehörten –, die sich der Aufgabe widmete, die Fundamente für ein demokratisches Gemeinwesen zu legen, in dem solche Dinge nie wieder passieren würden.

Wie diese Aufgabe gelöst wurde, beschreiben Dennis Bark und David Gress in ihrer Geschichte der Bundesrepublik Deutschland, einem Werk, das sich durch eindrucksvolle Gelehrsamkeit, einen sehr weiten Blickwinkel und große erzählerische Kraft auszeichnet und bis auf weiteres sicherlich das Standardwerk zum Thema in englischer Sprache sein und bleiben wird. Kein vorher erschienenes

Buch hat die Entwicklung des politischen Systems der Bonner Republik so umfassend nachgezeichnet, von den Tagen des Parlamentarischen Rats bis zur Gegenwart, und die großen Krisen, die die neue Republik zu bestehen hatte, so packend geschildert, von der Berlin-Blockade über die Wiederbewaffnungsdebatte der frühen 50er Jahre und Chruschtschows Berlin-Ultimatum von 1958, das seine indirekte Fortsetzung im Bau der Mauer fand, bis zur Ölkrise von 1973. Das Buch behandelt auch den so genannten Machtwechsel von 1969, die Verlagerung der politischen Macht von der rechten auf die linke Seite des Parteienspektrums, in deren Gefolge es unter der Regierung Brandt-Scheel zu grundlegenden Kursänderungen in der Innen- und Außenpolitik kam, die diversen Verrenkungen der Koalitionspolitik in der Folgezeit, das Erstarken der Friedensbewegung und der Grünen sowie die Kontroverse um die Raketenstationierung in den 1980er Jahren. Es mag potenzielle Leser geben, die das Buch zu lang finden, aber gerade sein Reichtum an Details, an illustrativen Anekdoten und erhellenden Zitaten macht *A History of West Germany* zu einem außerordentlich lesenswerten Buch.

Die Autoren lassen keinen Zweifel daran, dass die Geschichte, die sie erzählen, in ihren Augen eine Erfolgsstory ist. So stellen sie gleich zu Beginn fest, die Bundesrepublik sei zu einer «stabilen und erfolgreichen Demokratie», geworden, die ihren Bürgern «mehr Freiheit mit Eigenverantwortung und größere Chancen für ein befriedigendes geistiges und materielles Leben bietet als jeder andere Staat, der je auf deutschem Boden existiert hat». (XXXI)

Als Schlüsselfaktor hierfür identifizieren sie die «Vision und Persönlichkeit Adenauers». Es fällt schwer, ihnen zu widersprechen. Adenauer trug mehr als jede andere Einzelpersönlichkeit dazu bei, seinen Landsleuten ihre gleichsam angeborene Neigung abzugewöhnen, politische Führer nur dann ernst zu nehmen, wenn sie eine Uniform trugen; mit seinem politischen Stil, der sich durch Strenge, Ernsthaftigkeit und patriarchalisches Auftreten auszeichnete, überzeugte er sie davon, dass die Stabilität, nach der sie sich sehnten, unter einer demokratischen Verfassung und einer seriösen Führung wie der seinen möglich war; dank der Tatsache, dass er eineinhalb Jahrzehnte im Amt blieb, stand genug Zeit für die Errichtung einer leistungsfähigen Infrastruktur für den demokratischen Staat und für die Einübung jener Kontinuität zur Verfügung, die der Praktizierung des demokratischen Prozesses eine Aura der Normalität verlieh.

Gleichzeitig setzte Adenauer Zeichen gegen die traditionelle Fixiertheit der Deutschen auf ihre vermeintlich einzigartige Wesensart, die allzu oft illiberale Auswüchse hervorgebracht hatte, und gegen jenen Nationalismus und jenen Rausch an der Macht, die in der Vergangenheit zu so tragischen Verirrungen geführt hatten. «In den Ländern des deutschen Westens», erklärte er, «gibt es eine natürliche Sehnsucht danach, den Beschränkungen nationaler Engstirnigkeit zu entkommen und in die Fülle des europäischen Bewusstseins einzutauchen». Er versuchte, diesem Wunsch eine wirkmächtige Form zu verleihen, indem er die Versöhnung mit Frankreich zum wichtigsten Ziel seiner Politik erhob, einem Bemühen, das schließlich in den Abschluss des französisch-deutschen Freundschaftsvertrages vom Januar 1963 mündete. Dieses Abkommen und die von Adenauer betriebene Integration seines Landes in die freie Welt waren grundlegende und beeindruckende Leistungen.

Schade ist jedoch, dass Bark und Gress sich von ihrer Bewunderung für den ersten Kanzler der Bundesrepublik zu einer unduldsamen Haltung gegenüber seinen Kritikern und Gegenspielern verleiten lassen, die sie als Linke, Liberale und Moralapostel in ein ungünstiges Licht rücken. Zu behaupten, Gustav Heinemann, der aus Protest gegen die Wiederbewaffnung Deutschlands sein Ministeramt im ersten Kabinett Adenauer niederlegte, habe das «aus moralistischen Gründen» getan, ist beschränkt. Heinemann, der in der NS-Zeit tätiges Mitglied der Bekennenden Kirche gewesen war, hatte zwar in der Tat starke moralische Bedenken gegen die Aufstellung der Bundeswehr, was in Anbetracht der katastrophalen Rolle des Militarismus in der deutschen Vergangenheit verständlich war, doch hatte sein Rücktritt auch damit zu tun, dass der Kanzler den Regierungen der Westmächte militärische Zusagen gemacht hatte, ohne vorher das Kabinett zu konsultieren, und dass Heinemann zu Recht befürchtete, die Wiederbewaffnung werde bei den Sowjets den Widerstand gegen eine Wiedervereinigung Deutschlands verstärken.

Ähnlich dubios ist der Versuch der Autoren, den Eindruck zu erwecken, die so genannte *Spiegel*-Affäre von 1962, bei der Verteidigungsminister Franz Josef Strauß mit selbstherrlichen und ungesetzlichen Aktionen, die Adenauer deckte, einen landesweiten Aufschrei der Empörung auslöste, der Strauß schließlich sein Amt und auch den Kanzler selbst eine womöglich noch längere Amtszeit kostete, sei das Ergebnis eines von langer Hand vorbereiteten Komplotts des *Spiegel*-Herausgebers Rudolf Augstein gewesen. Es ist eine Verzerrung der historischen Bedeutung dieses Falles, wenn Bark und Gress schreiben, die Affäre habe den Übergang zu einem «Liberalismus» markiert, «der individuelle Ziele und Absichten oft höher stellte als staatliche Grundsätze». (508) Im Rückblick ist die *Spiegel*-Affäre eher als einen Ausdruck basisdemokratischen Protests gegen den autoritären Regierungsstil einzustufen, der die letzten Jahre der Amtszeit Adenauers charakterisierte, und damit als das erste untrügliche Anzeichen dafür, dass die Demokratie bei den Deutschen angekommen war.

Die Autoren, die Beiträge zu Peter Merkls *The Federal Republic of Germany at Forty* beigesteuert haben, sind sich, wie Bark und Gress, sicher, dass Deutschland den Weg in die Demokratie tatsächlich gefunden hat; da die meisten von ihnen aber nicht Historiker, sondern Politologen sind und sich daher weniger für das Erzählen interessieren als für Analyse und Interpretation, ist die Beweisführung, auf die sie zurückgreifen, eine andere. Sie erörtern in ihren Aufsätzen Fragen wie die nach dem Wesen der politischen Kultur, nach dem Funktionieren der politischen Parteien (und ihrer Finanzierung) oder nach der Rolle der Gewerkschaften, der Kirchen und anderer organisierter gesellschaftlicher Gruppen.

Wir finden in dem Band beispielsweise einen gelungenen Essay von Joyce M. Mushaben über die sich verändernde Identität der deutschen Frauen, den die Autorin mit dem Fazit beschließt, trotz des Fortbestands «vieler tief sitzender soziokultureller Vorurteile im Lande» sei der Kampf der Frauen um größere Teilhabe in der Politik – ihr «langer Marsch durch die Institutionen» (77, 107) – erfolgreich gewesen. Andere Aufsätze befassen sich mit den Auswirkungen der zunehmenden Säkularisierung der Gesellschaft auf die Auswahl der Themen, die im Mittelpunkt gesellschaftlicher Diskussionen stehen, so etwa mit dem Phänomen, dass das öffentliche Augenmerk sich von der phobischen Auseinandersetzung mit dem Kommunismus auf soziale Fragen hin verschob, mit der Entwicklung der Sozialpartnerschaft zwischen Kapital und

Arbeit, die sich zum Beispiel bei der Umstrukturierung der Stahlindustrie des Ruhrgebiets 1987 bewährte, und mit der zunehmenden Schärfung des sozialen Gewissens. Dem letzteren Thema widmet sich ein verständnisreicher Artikel von Lily Gardner Feldman über deutsche Moral und den Staat Israel; darin wird festgestellt, dass das besondere Verhältnis der Bundesrepublik zu Israel, von dem John McCloy einmal gesagt hat, es werde der Prüfstein für die Bewährung Deutschlands sein, sich im Lauf der Jahre gefestigt und Früchte getragen hat, auch wenn es im Verlauf des nächsten Jahrzehnts durch einen Wechsel zu einer andersdenkenden Generation in Deutschland und durch eine Abkehr vom humanistischen Zionismus in Israel auf schwere Proben gestellt werden könnte.

Opposition und Wandel, zwei von Bark und Gress aus sehr konservativer Warte misstrauisch beäugte Faktoren, werden von den Autoren des Merkl-Bandes als Zeichen der Stärke gewertet. Das übergreifende Thema des Buches ist in der Tat der generationenbedingte Wandel und seine Auswirkungen auf die traditionellen deutschen Werte und Strukturen. Die oft erbittert ausgetragenen innenpolitischen Auseinandersetzungen und Konfrontationen der vergangenen vierzig Jahre haben, so argumentiert Merkl, die in der Gesellschaft vorherrschenden Einstellungen zum Besseren verändert und einem signifikanten und substanziellen Wandel in Richtung auf mehr Toleranz Vorschub geleistet:

Das gesellschaftliche Misstrauen und die einen Rückzug ins Private kennzeichnende Bunkermentalität der unmittelbaren Nachkriegszeit sind gemildert worden, und dies gilt auch für die einst berühmte Arbeitsethik. Gleichwohl hinkt der Wandel sozialer Normen dem der politischen Kultur nach wie vor hinterher. Die stärkere postmaterielle Orientierung der Jugendlichen verbindet das Streben nach sozialer und persönlicher Erfüllung mit der Sehnsucht nach größerer politischer Freiheit. Ihr neuer politischer Durchsetzungswille mag zwar zu weiteren Konflikten mit dem Establishment führen, stellt insgesamt jedoch einen Gewinn und nicht eine Last für die westdeutsche Politik dar. (473)

Die Koalition zwischen SPD und Grünen, die kurz darauf in West-Berlin an die Regierung kam, würde Merkl vermutlich nicht als ein potenzielles Unglück interpretieren, sondern eher als Indiz für die zunehmende Robustheit der deutschen Demokratie.

II

Auch andere, für die aktuelle internationale Lage vielleicht noch relevantere Veränderungen haben sich vollzogen. Zu Beginn ihres Buches über die Geschichte der Bundesrepublik schreiben Bark und Gress, die grundlegende Lehre, die man aus den verflossenen vierzig Jahren ziehen könne, sei die, dass «die Identifikation mit dem Westen eine psychologische und strategische Notwendigkeit» gewesen sei. Allein in dem Maß, wie die Bundesrepublik stärker und selbstbewusster geworden ist, haben immer mehr ihrer Bürger angefangen, dieses Dogma in Zweifel zu ziehen. Das war vielleicht sogar unausweichlich. In einem Essay über Anti-Amerikanismus in Deutschland in dem von Merkl herausgegebenen Buch schreibt Andrei S. Markovits:

Die Vereinigten Staaten ... ähneln einem reichen Onkel mit irritierenden Gepflogenheiten, einem hohen Maß an Großzügigkeit und strengen Ansprüchen, den sein junger, talentierter, aber anfänglich armer Neffe bewundert und braucht. Es mag sogar sein, dass der Neffe diesen Onkel schätzt und ihm nacheifert. Aber würde er ihn lieben? Würde er ihn ohne jede Hemmung, ohne jedes Ressentiment akzeptieren, in der steten Erinnerung – und im ständigen Erinnertwerden – an die einst von ihm erfahrene großzügige materielle und geistige Hilfe? Käme es nicht zu einem beständigen Gerangel um mehr Kontrolle seitens des Onkels und mehr Autonomie seitens des zunehmend selbstständigeren Neffen? (46)

Die Antwort lautet natürlich ja. Es gibt freilich konkrete Gründe dafür, dass die Westbindung der Bundesrepublik in den letzten Jahren manchmal in Frage gestellt worden ist, und Wolfram Hanrieder blättert diese Gründe in seinem lesenswerten Buch über die westdeutsche Außenpolitik systematisch auf. So zeigt er, dass schon in den 1950er Jahren, als die Außenpolitik der USA und der Bundesrepublik einander stützten und als der pro-westliche Kurs Adenauers von einer sehr großen Mehrheit der westdeutschen Wählerschaft gutgeheißen wurde, weil er einen schnellen Fortgang des wirtschaftlichen Wiederaufbaus und der politischen Rehabilitierung des Landes versprach, die Partnerschaft gewissen Belastungen ausgesetzt war. So sehr Adenauer das westliche Bündnis in den Vordergrund seiner Politik stellte, so gab es in seiner Politik doch auch eine östliche Komponente, und seine Weigerung, die Deutsche

Demokratische Republik und die Oder-Neiße-Linie anzuerkennen, zeigte, dass für ihn eine spätere Wiedervereinigung der deutschen Ostgebiete mit Westdeutschland gleichsam beschlossene Sache war – wahrscheinlich sah er sie als logische Folge des unter Beweis gestellten Erfolges der bundesrepublikanischen Westbindung.

Dem stand jedoch die Logik der US-Politik der doppelten Eindämmung – die der Sowjetunion ebenso galt wie der Bundesrepublik selbst – entgegen; deren Ziel bestand, auch wenn es nie eindeutig so artikuliert worden sein mag, darin, ein globales Machtgleichgewicht herzustellen, in dem ein geteiltes Europa und ein geteiltes Deutschland als wichtige stabilisierende Elemente dienen würden. Zwar verpflichteten sich die Westmächte im Pariser Abkommen von 1954, für die Wiedervereinigung Deutschlands einzutreten,

jedoch nur zögernd und mit erheblichen Einschränkungen und Vorbedingungen, (182)

gekleidet in Formulierungen, die so verklausuliert waren, dass die Westmächte sicher sein konnten, dass die Verwirklichung dessen, wozu sie sich bekannten, zu jedem Zeitpunkt, da die Frage akut würde, praktisch ausgeschlossen wäre. In diesem Sinn stellten die Amerikaner etwa unter Präsident George H. W. Bush 1989 die Bedingung, ein wiedervereinigtes Deutschland müsse Teil des westlichen Bündnisses bleiben, «eine vergrößerte Bundesrepublik, gebunden durch dieselben vertraglichen Verpflichtungen».

Als die Amerikaner im August 1961 den Bau der Berliner Mauer nicht verhindern oder rückgängig machen konnten oder wollten, löste dies, weil es die erste Manifestation dieser Halbherzigkeit war, in Deutschland einen traumatischen Effekt aus. Wie Willy Brandt schrieb:

Ich habe später bemerkt, man habe im August 1961 einen Vorhang weggezogen, um uns eine leere Bühne zu zeigen. ... Uns sind Illusionen abhanden gekommen, die das Ende der hinter ihnen stehenden Hoffnungen überlebt hatten ... Was man meine Ostpolitik genannt hat, wurde vor diesem Hintergrund geformt.[61]

Die Befürchtungen Adenauers, die Supermächte könnten auf Kosten Deutschlands miteinander ins Geschäft kommen, verstärkten sich, und er wandte sich an Frankreich, um nicht diplomatisch isoliert dazustehen, falls die Amerikaner sich entschlössen, aus Europa abzuziehen – dabei war ihm durchaus klar, dass auch Frankreich imstande sein würde, einen dem deutschen Interesse abträglichen Kurs zu steuern. In Washington erregte diese Politik Misstrauen. Da die Deutschen nicht geneigt schienen, eine gründliche Klärung bestehender Differenzen zu fordern (und die Amerikaner nicht willens, sie von sich aus in die Wege zu leiten), schlich sich, wie Hanrieder schreibt, eine «tief reichende Unaufrichtigkeit» in die deutsch-amerikanischen Beziehungen ein, mit der Folge, dass in den Kennedy-Jahren fast jede diplomatische Begegnung zwischen Bonn und Washington, bei der es um die deutsche Frage ging, zum Anlass genommen wurde, um Vorwürfe auszutauschen.

Auch die Ostpolitik, die Ende der 60er Jahre eingeleitet wurde, verbesserte die Situation nicht. Sie fiel zwar zeitlich mit der von Nixon und Kissinger betriebenen Entspannungspolitik gegenüber der Sowjetunion zusammen, was jedoch keineswegs eine Kongruenz der Ziele bedeutete. Als die amerikanische Entspannungspolitik in der Ära Carter zusammenbrach und die USA anschließend unter Reagan zur Rhetorik des Kalten Krieges zurückkehrten, ging die Annäherung zwischen den beiden deutschen Staaten trotzdem weiter und beschleunigte sich sogar, und als 1983 Franz Josef Strauß, zweifellos ein ruhmreicher Veteran des Kalten Krieges, der DDR-Regierung einen Kredit über eine Milliarde D-Mark mit fünfjähriger Laufzeit beschaffte, war nicht länger zu übersehen, dass es keinen Gleichschritt mehr zwischen der Politik Bonns und der Washingtons gab.

Lange bevor das geschah, hatten die deutsch-amerikanischen Beziehungen schon unter gegensätzlichen Auffassungen in Sachen Atomwaffenstrategie und Wirtschaftspolitik gelitten. Die offizielle NATO-Doktrin postulierte eine «erweiterte Abschreckung», eine Formel, hinter der sich ursprünglich die bedingungslose Selbstverpflichtung der Amerikaner verbarg, im Falle eines sowjetischen Angriffs auf ihre Bündnispartner in Westeuropa mit Atomwaffen zurückzuschlagen. Von dem Augenblick an, als die Sowjetunion die Fähigkeit erlangte, mit Atomwaffen amerikanisches Territorium zu erreichen, modifizierten die USA diese Doktrin durch Hinzunahme einer Reihe von Subdoktrinen wie «Massive Vergeltung», «Flexible Reaktion», «Gesicherte Vernichtung» oder «Beiderseitige Gesicherte Vernichtung», die alle, so Hanrieder:

in militärtechnischer Sprache politische Absichten ausdrückten und die alle
– angefangen von der Strategie der Flexiblen Reaktion – ein Abrücken von
der amerikanischen Schutzverpflichtung oder zumindest eine Verzögerung
des nuklearen Ersteinsatzes implizierten. ... Das Prinzip der aktiven Abschreckung wurde zum Mythos der Allianz, der vor der rauen Wirklichkeit
des Nukleargleichgewichts zwischen Ost und West und der Erkenntnis der
Verwundbarkeit Amerikas geschützt werden musste. (73)

Über alle Maßen deutlich wurde dies in den 1970er Jahren, als sich
die Auffassung durchsetzte, die Sowjets hätten die atomare Parität
erreicht, und damit sei das amerikanische Arsenal an interkontinentalen ballistischen Raketen verwundbar geworden. Da es den Deutschen nicht erlaubt war, eigene atomare Abschreckungswaffen zu
entwickeln, fühlten sie sich nunmehr durch den Umstand, dass der
Westen über wesentlich weniger nukleare und konventionelle Kurzstreckenwaffen verfügte als der Osten, zusätzlich bedroht. Das war
die Situation, die Helmut Schmidt veranlasste, auf eine Modernisierung des Waffenparks der NATO zu drängen, und die schließlich
zum so genannten NATO-Doppelbeschluss vom Dezember 1979
führte, demzufolge Planungen und Vorbereitungen für die Stationierung neuer Waffen und Verhandlungen mit der Sowjetunion
über deren Abbau gleichzeitig durchgeführt werden sollten.

Diese Politik wurde dann allerdings zum Spielball einer aktionistischen und unberechenbaren amerikanischen Rüstungskontroll-
und Aufrüstungspolitik während der Amtszeiten Carters und
Reagans, mit dem Effekt, dass die Deutschen sich erst mit der Forderung konfrontiert sahen, ab 1983 die Stationierung neuer Pershing-Raketen zuzulassen (und sich damit schwerwiegende innenpolitische Probleme einzuhandeln), sodann genötigt wurden, im
Anschluss an das INF-Abkommen von 1987 die Pershings wieder
zu entfernen und schließlich 1989 von den USA gebeten wurden,
die in Deutschland stationierten Lance-Raketen zu modernisieren.
Der Gipfel von Reykjavik 1986, bei dem Präsident Reagan im
Überschwang weit reichende (glücklicherweise nie umgesetzte)
Abrüstungsvereinbarungen mit der Sowjetunion aushandelte, ohne
seinen deutschen Bündnispartner auch nur konsultiert zu haben,
war allein schon Anlass genug, in Bonn das Misstrauen gegen die
Verankerung im westlichen Bündnis zu schüren.

Dazu gesellten sich schließlich auch wirtschaftliche Probleme.
Der springende Punkt war hier der, dass die US-Regierung ihr wirt-

schaftliches Verhältnis zu Westdeutschland zunehmend als ein auf wechselseitige Abhängigkeit begründetes betrachtete, bei dem die amerikanische Seite militärisch für Sicherheit sorgte und als Gegenleistung dafür Zahlungen für den Unterhalt amerikanischer Truppen in Deutschland, deutsche Rüstungsbestellungen in den USA und andere Beiträge zur Lastenverteilung innerhalb der NATO erwartete. Was die USA dazu trieb, solche Ansprüche anzumelden, war der marode Zustand ihrer Staatsfinanzen, doch schon in den 1960er Jahren machten die Deutschen geltend, das Einfordern solcher Zahlungen sei unfair. Zur Begründung verwiesen sie, wie Hanrieder schreibt, auf ihre «ständigen Unterstützungsleistungen für das globale Währungssystem», die auf eine «massive, wenn auch indirekte Subventionierung der amerikanischen Währungsposition» hinausliefen. Das beeindruckte das Finanzministerium in Washington wenig, in dessen Finanzpolitik Erwägungen der Bündnissolidarität offenbar nicht einflossen. Um die Einschätzung Hanrieders zu zitieren: «Im Verlauf der 1970er Jahre ließ die amerikanische Politik einen Niedergang des Dollarkurses zu, mit der Folge, dass andere Länder sich unter Anpassungsdruck gesetzt sahen und ihnen zugemutet wurde, für einen ständig unausgeglichenen [amerikanischen] Staatshaushalt gerade zu stehen und in Kauf zu nehmen, dass amerikanische Exporte immer konkurrenzfähiger wurden – die 1980er Jahre sahen dann den umgekehrten Prozess, ablaufend im Zeichen eines überbewerteten US-Dollars. In all den Jahren hatten binnenwirtschaftliche Erwägungen Vorrang vor außenpolitischen Konsequenzen.»

In den 1980er Jahren verschärfte sich diese ungesunde Situation in der Folge dessen, was James Clyde Sperling in Merkls *The Federal Republic of Germany at Forty* den «Reagan-Alptraum einer angebotsorientierten Wirtschaftspolitik in Verbindung mit einem militärischen Keynesianismus» nennt. «Entgegengesetzte politische und wirtschaftliche Prioritäten an den beiden Enden der Pennsylvania Avenue» (383) hätten damals jede nennenswerte Verringerung des Haushaltsdefizits und damit auch jede Absenkung der Zinsen, des Dollarkurses oder des amerikanisches Handelsdefizits verhindert und die Deutschen zu einem widerwilligen und misstrauischen wirtschaftlichen Partner gemacht.

Die Memoiren von Franz Josef Strauß und Helmut Schmidt liefern nützliche, aus persönlicher Perspektive geschilderte Konkretisierungen der von Hanrieder diagnostizierten Verschlechterung des deutsch-amerikanischen Verhältnisses, illustrieren sie doch, wie frustriert deutsche Staatsmänner oft aus Verhandlungen mit ihren Washingtoner Amtskollegen zurückkehrten. Bei den *Erinnerungen* von Strauß handelt es sich leider nur um eine Ansammlung von Entwürfen für Aufsätze über bestimmte Abschnitte seines Lebens, die er noch umzuschreiben und auszugestalten gedachte, ein Vorhaben, das sein plötzlicher Tod im Oktober 1988 zunichte gemacht hat. Zu großen Teilen handelt das Buch von innenpolitischen Vorgängen, wobei besonders ins Auge fällt, dass Strauß offenbar eine tiefe Abneigung gegen Hans-Dietrich Genscher hatte, den er als ungeschickt und nicht vertrauenswürdig einstufte. Bemerkenswert ist auch, was Strauß über seine Rolle bei der Einfädelung des Milliardenkredits an die DDR 1983 und seine Gespräche mit Breschnew 1978 sowie Gorbatschow 1987 schreibt. (Gorbatschow reagierte ausgesprochen unverbindlich, als Strauß ihm sagte: «Der Schlüssel für die Wiedervereinigung eines freien Deutschland liegt in Moskau, nicht in Washington.») (559) Die interessantesten Passagen des Buches sind jedoch die, in denen Strauß sein Verhältnis zu Konrad Adenauer schildert, den er bewunderte und dem er zugleich mit Reserve, wenn nicht sogar Misstrauen begegnete und der seinerseits offenbar – so scheint es Strauß jedenfalls zu sehen – nicht unglücklich war, als er seinen Verteidigungsminister 1962 los wurde. Auch die Kapitel über Straußens Jahre in diesem Amt enthalten viel Lesenswertes, etwa über den Aufbau der Bundeswehr und, nicht zu knapp, über die Amerikaner.

Zu den festgefügten Meinungen, die Strauß über die Amerikaner hatte – und er scheute sich keineswegs, sie ihnen zu offenbaren –, gehörte die Diagnose, sie seien eine politisch unreife, offenbar unbelehrbare und, wenn es darauf ankam, unzuverlässige Nation. Schon 1945 hätten sie, so schreibt er, die Bedeutung Berlins nicht erfasst, als sie der Roten Armee gestatteten, die Reichshauptstadt einzunehmen und die politischen Lorbeeren für ihre Befreiung einzusammeln. 1961 hätten sie diesen Fehler noch einmal überboten, indem sie keine Notfallmaßnahmen gegen den Bau der Mauer in der Schublade gehabt hätten. Wie Strauß behauptet, verfolgten die US-Militärs eine Zeit lang den Plan, Truppen über die Autobahn nach Berlin zu schicken und, falls diese auf Gegenwehr gestoßen wären, eine Atombombe über der DDR abzuwerfen (nicht aber auf die Sowjetunion). Die Deutschen seien von der US-Regierung sogar aufgefordert worden, ein Abwurfziel vorzuschlagen.

Die Tatsache, dass die Sowjets die Fähigkeit zu einem atomaren Gegenschlag besaßen, wurde zunehmend zu einem Klotz am Bein der amerikanischen Nuklearstrategie, und nach Einschätzung von Strauß begriffen die Amerikaner zu keinem Zeitpunkt, dass ihre beständigen Doktrinenwechsel und ihre Versuche, ihre einstige Unverwundbarkeit wiederherzustellen (mit ausgeklügelten, aber wenig Erfolg versprechenden Projekten, die)

von den Europäern als ein Versuch des Rückzuges aus der europäisch-atlantischen Schicksalsgemeinschaft interpretiert wurden. (355)

und dass dies auf Kosten ihrer Glaubwürdigkeit als Bündnispartner gehen würde.

All das schreibt Strauß in einem eher bedauernden als verärgerten Ton. Die Kritik, die Helmut Schmidt an den USA übt, ist gravierender und gelegentlich auch bitterer. Wie Henry Kissinger vertritt Schmidt die Auffassung, Amerikaner tendierten in der Außenpolitik zu einer manichäischen Einstellung, d.h. sie sortierten alle Nationen der Erde nach einem Freund-Feind-Schema und hielten wenig von mittleren Positionen und von denen, die eine solche einnehmen wollten. Außerdem flössen in ihr Urteil über außenpolitische Angelegenheiten idealistische, romantische und moralistische Einstellungen in hoher Dosis ein, unterfüttert vom Glauben an die eigene Fähigkeit, die Probleme der Welt zu lösen.

In den ersten Nachkriegsjahren hätten diese nationalen Wesenszüge noch nicht durchgeschlagen, aber in der Folge hatten:

Politiker wie Dulles, später Brzezinski oder Perle und Weinberger, vor allem aber Carter und Reagan selbst ... Mühe, ihre missionarischen Impulse einigermaßen unter Kontrolle zu halten.» Da die Europäer nicht den Ehrgeiz hätten, sich in aller Welt zu engagieren und zu kämpfen, müssten sie stets damit rechnen, von den Amerikanern als knieweiche Gesellen abgestempelt zu werden. «In solchen Momenten liegt für Washington die Vernachlässigung seiner europäischen Verbündeten nur allzu nahe. Zur Arroganz der vermeintlich überlegenen Moral gesellt sich dann leicht die Arroganz der real überlegenen Macht. (337)

Doch die am schwersten wiegenden Schwächen der Amerikaner – und die, die die Solidarität innerhalb des Bündnisses am stärksten belasteten – waren nach Überzeugung Schmidts die Selbstverständlichkeit, mit der sie davon ausgingen, dass ihre Verbündeten verpflichtet waren, die wirtschaftlichen Fehler der USA auszubügeln, und ihre fast instinktive Neigung, in jeder Situation, in der sich eine unverhoffte außenpolitische Erfolgschance auftat, die Interessen der Verbündeten hinter die eigenen zurückzustellen.

Sowohl die Carter- als auch die Reagan-Administration handelten nach der bequemen Maxime, immer dann, wenn das amerikanische Publikum die unzureichenden Ergebnisse der eigenen ökonomischen Politik spürte, Japan und Deutschland (manchmal auch die gesamte Europäische Gemeinschaft) zu Sündenböcken zu stempeln. Die Aufforderung, als ‹Lokomotive› der Weltwirtschaft zu agieren, haben wir in Tokio und in Bonn viele Male gehört ... (320)

Als Schmidt 1977 herausfand, dass die Regierung Carter sich bei den Verhandlungen über das SALT-II-Abkommen keine Mühe gab, eine Vereinbarung über die Begrenzung oder den gleichgewichtigen Abbau der «Kriegsschauplatz-Waffen» (so nannten die Amerikaner diejenigen Waffen, die im Ernstfall auf deutschem Boden detonieren würden) auszuhandeln, sondern sich auf die Systeme konzentrierten, die eine nukleare Verwundbarkeit der USA begründeten, monierte er dies in Washington, berichtet jedoch, dass er mit seinen Protesten weder beim Präsidenten noch bei dessen Sicherheitsberater Brzezinski (auf den Schmidt besonders schlecht zu sprechen war) auf Verständnis gestoßen sei.

Wolfram Hanrieder unterbreitet am Ende seines Buches eine Reihe von Vorschlägen, wie das weitere Auffasern der Bindungen zwischen der Bundesrepublik und dem Westen gestoppt werden könnte. Im Vordergrund steht dabei seine Empfehlung, die Vereinigten Staaten sollten ihre Politik der doppelten Eindämmung auf lange Sicht, zumindest im Hinblick auf Deutschland, in eine von Vertrauen getragene Partnerschaft umwandeln, innerhalb derer es zu einem Abbau der wechselseitigen Spannungen kommen könne:

Es ist an der Zeit, sich von Haltungen zu verabschieden, die in der Bundesrepublik nur einen Juniorpartner sehen, dessen eigene vitale Sicherheitsinteressen fast nach Belieben hintangestellt werden können (wie die Kontroverse über die so genannte Doppelnull-Abrüstungslösung im Rahmen des INF-Vertrags in den späten 1980er Jahren gezeigt hat) während Washington gleichzeitig von Bonn erwartet, dass es sich an der Linderung der negativen Konsequenzen amerikanischer Misswirtschaft und Unverantwortlichkeit im finanz- und haushaltspolitischen Bereich beteiligt. Es muss zu einer gründlichen Abkehr von der amerikanischen Nachkriegspolitik einer Eindämmung Deutschlands kommen, zu einer Politik, die den neuen Realitäten des deutsch-amerikanischen Verhältnisses besser entspricht und der keine Spur mehr von amerikanischer Vormundschaft anhaftet. Das würde der Bundesrepublik viel von ihrer Alleinstellung innerhalb der westlichen Allianz und von den daraus resultierenden deutschen Frustrationen nehmen.

III

Hanrieder kann nichts dafür, dass sein – noch in der amerikanischen Ausgabe erteilter Rat ein bisschen zu spät kam, um viel Gutes bewirken zu können. Der Wiedervereinigungsprozess gewann Tag für Tag an Dynamik. Am 9. Dezember gaben die zwölf Mitgliedsstaaten der Europäischen Gemeinschaft ihre Zustimmung mittels einer Erklärung, die mit verklausulierten Vorbedingungen operiert, die wahrscheinlich nicht durchsetzbar sind. Wie Flora Lewis geschrieben hat: «Es hat jetzt keinen Sinn mehr, darüber zu reden, ob die beiden Deutschland wiedervereinigt werden. Die Frage lautet nur noch: wann, wie, in welchem Kontext und mit welchen Folgen?»[62]

Von diesen Fragen war vielleicht nur noch die letzte wirklich relevant, ungeachtet der jüngsten Bemühungen von Bush, Baker und Mitterand, gegen die reißende Wiedervereinigungs-Strömung zu rudern. Wenn es zu freien Wahlen in der DDR kommt, steht zu erwarten, dass der Wunsch nach Wiedervereinigung früher oder später unwiderstehlich wird. Was für ein Land wird Deutschland nach seiner absehbar gewordenen Wiedervereinigung sein? Konkreter gefragt: Wird es in irgendeiner Weise weniger demokratisch sein, als die Bundesrepublik es heute ist? Sind die gegenwärtigen Irritationen gegenüber dem Westen stark genug, um zu einer Reorientierung der deutschen Politik zu führen? Besteht die Möglichkeit, dass aus der gegenwärtig so hoch schlagenden Woge der gesamtdeutschen Begeisterung ein neuer deutscher Nationalismus erwächst? Und wenn ja, wes Geistes Kind wird er sein?

Eines der lebendigsten und unterhaltsamsten neueren Bücher über die deutsche Gesellschaft stammt vom Deutschland-Korrespondenten der Londoner *Financial Times*, David Marsh. Man gewinnt den Eindruck, dass die Deutschen auf den Autor eine unendliche Faszination ausüben – viele von ihnen hat er ausführlich interviewt. Man gewinnt freilich auch den Eindruck, er hege Zweifel an der Beständigkeit ihrer demokratischen Überzeugungen. An den Anfang eines Kapitels mit der Überschrift «Die unsichere Demokratie» stellt er Zitate von Thomas Mann, Ralf Dahrendorf und Helmut Schmidt, die allesamt die skeptische Frage stellen, wie tief die demokratische Überzeugung in Deutschland verankert sei. Das jüngste dieser Zitate, aus dem Jahr 1986 stammend, lautet:

Wir Deutschen bleiben ein gefährdetes Volk, das der politischen Orientierung bedarf. Das Leiden unter der Teilung bringt immer wieder die Gefahr mit sich, dass die deutsche Neigung zum emotionalen Überschwang durchbricht. (93)

Das Kapitel, dem diese Zitate vorangestellt sind, beschäftigt sich vorwiegend mit dem Fall Barschel, der Flick-Affäre (die geradezu «byzantinischen Verpflichtungen zwischen Politik und Industrie») und neonazistischen Gruppen.

Skandale und Neonazis gab und gibt es freilich auch in anderen Ländern, nicht zuletzt den Vereinigten Staaten, ohne dass man deswegen um deren demokratische Institutionen fürchten müsste, und seit Thomas Mann seine galligen Äußerungen über die Unvereinbarkeit von Deutschtum und Demokratie getan hat, ist viel Wasser die Spree hinabgeflossen. Die vierzig Jahre soliden Fortschritts, die von Bark und Gress und den in dem von Merkl herausgegebenen Band vertretenen Autoren bescheinigt worden sind, haben zu Veränderungen im Denken der Deutschen geführt, die auch neu eintretende politische Umstände nicht ohne weiteres umwerfen würden, wie sowohl Dahrendorf als auch Schmidt sicherlich vor allen anderen einräumen würden.

Gewiss gibt es in beiden Teilen Deutschlands Leute, die der Meinung sind, die kapitalistische Demokratie westlichen Typs gebe kein angemessenes Fundament für eine wiedervereinte deutsche Nation ab. In einer brillanten Analyse der Wechselwirkungen zwischen den beiden deutschen Staaten (unter ausführlicher Berücksichtigung des innerdeutschen Handels, des jeweiligen literarischen Schaffens, des Fernsehens und anderer Kommunikationsmedien) kommt Marie Le Gloannec vom Centre d'études et de recherches internationales de la Fondation Nationale des sciences politiques in Paris zu dem Ergebnis, die beiden deutschen Staaten seien verzerrte Spiegelbilder voneinander, und beide seien beständig auf der Suche nach etwas Besserem. Über die Gesellschaft der Bundesrepublik, die auf sie offenbar einen ausgebrannten und erschöpften Eindruck macht, schreibt sie:

Nachdem der Antikommunismus seine Kräfte verloren hatte, die Bedürfnisse des Wiederaufbaus befriedigt waren, der Enthusiasmus für Europa ermattete, der Geschmack am amerikanischen Modell abnahm, fand sich die westdeutsche Gesellschaft sozusagen verwaist vor, orientierungslos. (40)

Le Gloannec zitiert einen Ausspruch von Günter Grass aus dem Jahr 1985:

Der Lack ist ab. Auf einmal stellte sich heraus, dass diese beiden Staaten auf Sand gebaut sind, dass das bloße Wohlergehen mit sozialer Absicherung als Fundament nicht reicht, dass man sich und den Nachbarn etwas schuldig geblieben ist, eine Beschreibung der eigenen Position, die uns, unserem geschichtlichen, unserem kulturellen Herkommen entspricht. (40)

Ehe dies nicht erreicht sei, so hat Grass vor kurzem erklärt, seien die beiden deutschen Staaten nicht reif für eine Wiedervereinigung.[63] Tatsächlich fährt der Vereinigungszug inzwischen schon viel zu schnell, als dass für das von Grass angemahnte In-sich-gehen noch Zeit wäre, und das Klima, das seit dem 9. November 1989 in der westdeutschen Gesellschaft herrscht, ähnelt kaum mehr dem von Frau Le Gloannec gezeichneten Bild. «Dritte Wege» stehen wohl kaum zur Debatte.

Nach Ansicht von Le Gloannec würde eine Wiedervereinigung durch bloßes Zusammengehen der beiden deutschen Staaten eine Wendung gegen den Westen nach sich ziehen. Daran anknüpfend, könnte man mutmaßen, dass jede Form, in der sich die Wiedervereinigung vollzieht, in sich die Möglichkeit einer grundlegenden Änderung der deutschen Politik birgt. Es sei in diesem Zusammenhang darauf hingewiesen, dass die 1980er Jahre eine bemerkenswerte Renaissance der Mitteleuropa-Idee auf der Ebene der akademischen Debatten in der Bundesrepublik gebracht haben. In einem Kolloquium zum Thema «Hat die europäische Kultur abgedankt?», das 1988 in Frankfurt a. M. stattfand, vertraten mehrere Teilnehmer die These, die geistige Energie Mitteleuropas werde dem Niedergang des Westens entgegenwirken.[64] Ein Jahr vorher hatte Jürgen Habermas im so genannten deutschen Historikerstreit einer Gruppe älterer Historiker vorgeworfen, sie wolle die pluralistische, westlich orientierte, auf den Werten der Aufklärung beruhende Geschichtsschreibung, die an den deutschen Hochschulen seit 1945 dominierend gewesen sei, zugunsten einer homogenisierten, die besondere Stellung Deutschlands in der Mitte Europas betonenden Historiographie diskreditieren.

Wenn dies Wetterfahnen sein sollten, die anzeigen, woher der Wind weht, ist nicht auszuschließen, dass ein wiedervereinigtes Deutschland in seine historische Position und seine historische Politik zurückfällt. David Marsh weist darauf hin, dass Kanzler Kohl bei einem Besuch, den er Gorbatschow 1988 abstattete, erklärte: «Wir sind keine Wanderer zwischen den Welten», und dass er ein Jahr später gegenüber Präsident George H. W. Bush denselben Satz noch einmal formulierte. «Da Kohl selbst teilweise dafür verantwortlich war, dass diese Botschaft als nicht vollkommen glaubwürdig empfunden wurde», schreibt Marsh, «musste er sie immer wieder artikulieren.» Marsh selbst äußert die Überzeugung, der Westen dürfe nicht ausschließen, dass die Sowjetunion «in den 1990er Jahren versuchen wird, die wandernde deutsche Seele zu sich herüberzuziehen.» Verfiele ein wiedervereinigtes Deutschland in eine Bismarckische Stimmungslage, so könnte ein solcher Versuch sogar von Erfolg gekrönt sein. Franz Schönhuber von der Rechtspartei «Die Republikaner» hat bereits deutlich gemacht, dass er eine sowjetisch-deutsche Bündnispartnerschaft gleichsam für naturgegeben hält.[65] Ob solchem Denken gesellschaftliche Kraft zuwächst, werden wir 1990 bei der Bundestagswahl in Westdeutschland sehen.

Schon jetzt scheint aber klar, dass wir es mit einer Neuauflage von *les incertitudes allemandes* zu tun haben. Vielleicht sollte man vorsichtshalber hinzufügen, dass wir uns auch über das Sorgen machen müssen, was Le Gloannec, wenn auch in anderem Kontext, *les espoirs les plus fous* nennt. Die verloren gegangenen deutschen Ostgebiete sind schließlich nicht in Vergessenheit geraten; es ist nicht allzu lang her, seit Helmut Kohl bei einer Kundgebung der schlesischen Heimatvertriebenen durch Sprechchöre wie «Schlesien wird unser sein!» kompromittiert wurde, und bei den Massenversammlungen Mitte Dezember in Leipzig tauchten Spruchbänder auf, die die Wiederherstellung der Grenzen von 1937 forderten. Ist es denkbar, dass die gegenwärtig aufbrandende Welle der nationalen Begeisterung nach erfolgter Wiedervereinigung einem expansiven deutschen Nationalismus unseliger Art Platz machen wird, der in der Vergangenheit schon so viel Zerstörung und Leid angerichtet hat?

Harold James von der Princeton University vertritt in seiner brillanten und provokativen Arbeit über die deutsche Selbstsuche seit dem 18. Jahrhundert die Auffassung, nach dem vergeblichen Versuch, in ihren politischen Institutionen Nährböden für eine nationale Identität zu finden, hätten sich die Deutschen um die Mitte des 19. Jahrhunderts darauf verlegt, ihre wirtschaftlichen Errungenschaften als die befriedigendsten Äußerungsformen ihrer nationalen Zusammengehörigkeit und als den wichtigsten Baustein ihres Selbstbewusstseins zu betrachten. Dabei ist es möglicherweise geblieben, und James schreibt:

Historisch gesehen gab das Wirtschaftswachstum dem kaiserlichen Deutschland, der Weimarer Republik und dem westdeutschen Staat die Daseinsberechtigung. In den fünfziger und sechziger Jahren bot der europäische Zusammenschluss der Bundesrepublik ein attraktives Betätigungsfeld wegen seiner wirtschaftlichen Möglichkeit. ... Das Versagen des Wirtschaftswachstums 1979–81 ... warf ... die Frage auf – eine Frage, die gegen Ende der Achtziger noch quälender wurde –, ob es nicht einen grundlegenden Riss in der bestehenden Weltwirtschaftsordnung gebe, den nur Deutschland (mit Japan) beseitigen könne. (235f.)

Daraus könnte man ableiten, dass der Nationalismus eines wiedervereinigten Deutschland ein wirtschaftlicher Nationalismus sein wird, nicht unangemessen einem Zeitalter, in dem militärische Gewalt weitgehend unanwendbar geworden ist, so dass Franz-Josef Strauß sich veranlasst sah, Gorbatschow im Dezember 1987 zu sagen: «Mars sollte von der Bühne abtreten, Merkur sollte sein Debüt geben.» Das könnte ein beruhigender Hinweis sein, besonders wenn man bedenkt, welche Möglichkeiten Deutschland besitzt, den Wiederaufbau der verarmten osteuropäischen Volkswirtschaften zu unterstützen. Doch James schließt in sein Fazit eine ernst zu nehmende Warnung ein: «Wenn sich aus der Vergangenheit eine

Lehre ziehen lässt», schreibt er, «dann ist es diese: Wie brisant der neue Nationalismus wird, hängt in erster Linie von den wirtschaftlichen Geschicken Deutschlands ab.» Wir sollten uns daran erinnern, dass Wirtschaftskrisen immer möglich sind und dass sie in der deutschen Geschichte in der Regel Schübe eines kulturellen und politischen Nationalismus der gewalttätigsten Art hervorgebracht haben. Es kann auch nicht schaden, sich zu vergegenwärtigen, dass die deutsche Wirtschaftsdiplomatie sich meistens durch eine polternde Präsenz und durch einen Mangel an Takt ausgezeichnet hat, die geeignet waren, auf Seiten der Wettbewerber Ressentiments zu wecken. Was vielleicht dieser Mahnung von Günter Grass zusätzliches Gewicht verleiht: «Selbst bei besten Absichten würde die Wiedervereinigung dazu beitragen, uns zu isolieren. Und wenn Deutschland sich isoliert fühlt, kennen wir die oft panikartige Reaktion.»[66]

The Big Apfel

I

In den 1870er Jahren hielt sich der englische Journalist Henry Vizetelly mehrmals für längere Zeiten in der Hauptstadt des neuen Deutschen Reiches auf, und am Ende des Jahrzehnts veröffentlichte er die Eindrücke, die er von der Stadt gewonnen hatte, in zwei ungemein informativen und unterhaltsamen Bänden. In seinem Vorwort schrieb er:[67]

Das Ziel, das dem Autor vorgeschwebt hat, war, [dem Leser] eine präzise Vorstellung ... von einer Stadt zu vermitteln, die abseits der gewöhnlichen Route der Europareisenden liegt und der es als Hauptstadt des neuen Deutschen Reiches bestimmt ist, an Attraktivität für die anderen Völker Europas zu gewinnen und einen erheblich größeren Einfluss auf den Rest des Vaterlandes auszuüben. Ein altes Sprichwort besagt: ‹Wer Köln nicht gesehen hat, hat Deutschland nicht gesehen.› Allein, dieses Sprichwort hat seine Bedeutung verloren, denn heute ist es nicht mehr die Stadt der Reliquien der Heiligen Drei Könige und der elftausend gemarterten Jungfrauen, die der Fremde auf jeden Fall sehen sollte, sondern die einstige Hauptstadt der kleinen Mark Brandenburg und jetzige Metropole des mächtigen Deutschen Reiches. Vom großen Leib Germaniens ist Berlin heute zugleich das Haupt und das Herz, denn alles, was das neue Reich betrifft, wird in Berlin erwogen, ausgedacht, entworfen, organisiert und befehligt.

Man braucht in dieser Passage nur Bonn für Köln einzusetzen und ein paar andere kleine Anpassungen vorzunehmen, dann klingt der Text wie eine Hommage an das neue Kapitel, das am 20. Juni 1991 in Deutschland aufgeschlagen wurde, als der Bundestag den Beschluss fasste, Berlin zur Hauptstadt der neu zusammengeschlossenen Bundesrepublik zu machen. Das Wochenmagazin *Der Spiegel* gab seiner Titelgeschichte am 24. Juni die Überschrift: «Hauptstadt Berlin: Der deutsche Kraftakt». Das war eine durchaus passende Formulierung, denn das Votum des Bundestags war, wie es im *Spiegel* weiter hieß, nicht etwa nur eine symbolische Handlung, sondern ein Akt von so schwerwiegender politischer Bedeutung, dass seine Signifikanz auch den internationalen Beobachtern kaum verborgen bleiben konnte.

Nach der Deutschen Demokratischen Republik ist – nun offensichtlich – auch die alte Bundesrepublik passé. Der Adenauerstaat existiert nicht mehr. Linksrheinisch und ostelbisch sind wieder eins. Das Land wird nach Norden, nach Osten hin, ins Protestantische korrigiert. Der letzte Donnerstag [20. Juni 1991] war der Tag Null für ein neues Deutschland. Erst jetzt endet die Nachkriegszeit.[68]

Die Abgeordneten, die sich zu dieser entscheidenden Abstimmung in Bonn einfanden, waren sich der historischen Gewichtigkeit dessen, worum es ging, sehr wohl bewusst, und die den ganzen Tag überspannende Debatte, die der Abstimmung vorausging, förderte so viel Leidenschaft und Eloquenz zutage und wurde mit so ehrlicher und aufrichtiger persönlicher Hingabe geführt, dass sie als die beste in der Geschichte des Bundestages gilt. Möglich war dies, weil die Abgeordneten in dieser Frage keiner Partei- oder Fraktionsdisziplin unterlagen und das sagen konnten, was sie bewegte. Die Berlin-Befürworter waren rasch mit dem Argument bei der Hand, sie hätten die Tradition und das Prinzip von Treue und Glauben auf ihrer Seite, denn 42 Jahre früher habe der Bundestag beschlossen, dass die wichtigsten Regierungsorgane des Bundes ihren Sitz an die Spree verlegen würden, «sobald in Berlin und der Sowjetischen Besatzungszone allgemeine, freie, gleiche, geheime und direkte Wahlen eingeführt werden. Der Bundestag wird sich dann in Berlin versammeln.» Man könne doch wohl nicht ein feierliches Versprechen, zu dem man in den schweren Zeiten der Berlin-Blockade, des Chruschtschow-Ultimatums und des Mauerbaus gestanden habe, in dem Augenblick in den Wind schlagen, da das so lange herbeigesehnte Ziel erreicht sei. Auch würde die Verlegung des Regierungssitzes nach Berlin mithelfen, die Wiedervereinigung zu festigen, schon weil sie viel dazu beitragen würde, das bittere Gefühl vieler Bewohner der neuen Bundesländer zu lindern, von ihren Landsleuten im Westen nur als Ausbeutungsobjekte betrachtet zu werden. Zudem würden die erheblichen Investitionen, die der Regierungsumzug nach sich ziehen würde, den neuen Ländern bei ihrer wirtschaftlichen Aufholjagd helfen.

In mehr als einem Redebeitrag wurde darauf verwiesen, dass es im Kreis der europäischen Mächte seit langem Usus gewesen sei, die Regierung in der größten Stadt des Landes anzusiedeln und nicht an einem Ort, der ausländische Besucher nicht beeindrucken würde. Kein Redner sprach ausdrücklich die Tatsache an, dass Bonn ein Provinznest war. Eine Ausnahme bildete lediglich Willy Brandt, der mit uncharakteristischer Taktlosigkeit anmerkte:

In Frankreich wäre übrigens niemand auf den Gedanken gekommen, im relativ idyllischen Vichy zu bleiben, als fremde Gewalt der Rückkehr an die Seine nicht mehr im Wege stand.

Doch implizit liefen die Argumente der Berlin-Befürworter auf die Feststellung hinaus, nur in der Stadt an der Spree werde sich jene lebendige, das Abenteuer suchende Energie, jene kreative Urbanität und jene Offenheit für das Neue und Moderne einstellen, die die notwendigen Markenzeichen eines wiedergeborenen Deutschlands sein würden. Das war der Grundtenor des leidenschaftlichen Plädoyers für Berlin, das der damalige Bundesinnenminister Wolfgang Schäuble, der 1990 den Einigungsvertrag mit der DDR ausgehandelt hatte, vortrug und das mit den Worten endete: «Es geht in Wahrheit um die Zukunft Deutschlands.»

Die Rede Schäubles mag entscheidend dazu beigetragen haben, dass nach 14stündiger Debatte eine knappe, nur 18 Stimmen betragende Mehrheit für Berlin zustande kam; sein Beitrag war freilich nicht geeignet, diejenigen versöhnlich zu stimmen, die sich für Bonn stark machten; viele von ihnen vertraten den Standpunkt, Deutschland sei mehr als vierzig Jahre lang unter der prosaischen Ägide der Stadt am Rhein gut gefahren, etwas, das man von den (zweifellos unruhigeren) Zeiten, in denen Berlin als Hauptstadt fungiert hatte, nicht unbedingt sagen könne. Abgesehen von den horrenden Kosten eines Regierungsumzugs – würde nicht, so wurde gefragt, die Entscheidung für Berlin früher oder später eine Schwächung der Bindungen an den Westen nach sich ziehen und die Sicherheit, die diese Bindungen gewährten, aufs Spiel setzen? Und würde der Umzug nicht in manchen Lagern alte und gefährliche Leidenschaften zu neuem Leben erwecken und die Renaissance eines Nationalismus fördern, der den Argwohn und den Widerstand der deutschen Nachbarn auf den Plan rufen müsste?

Diese Gedanken wurden im Verlauf der Debatte eher diskret suggeriert als offen ausgesprochen, aber es gab durchaus Augenblicke, in denen sie deutlich hervortraten, so zum Beispiel als Friedbert Pflüger, ein junger CDU-Abgeordneter aus Hannover, rundheraus erklärte, sein politisches Vaterland sei die Bonner Demokratie! Oder als das jüngste Mitglied des Hauses, der sozialdemokratische Abgeordnete Hans-Martin Bury, sagte, er empfinde die zwei gewichtigsten für Berlin vorgebrachten Argumente, «Glaubwürdigkeit» und «Symbolik», als ausschließlich auf die Vergangenheit bezogen, oder als Burys Parteifreund Peter Glotz Helmut Kohl vorwarf, mit seinem Votum für Berlin seiner bisher betriebenen Politik der Integration in ein vereintes Europa den Rücken zu kehren und in Richtung eines «Europas der Vaterländer» zu marschieren.[69]

Diese Argumente drangen nicht durch. Die Ängste, die in ihnen zum Ausdruck kamen, sind jedoch bezeichnenderweise nicht geschwunden. Preußen zum Beispiel scheint in den Nachrichten gerade ein allgegenwärtiges Thema zu sein, angeregt durch die Rückkehr der Quadriga auf das Brandenburger Tor (woraus sich eine Kontroverse darüber entspann, ob es politisch korrekt sei, den preußischen Adler und das Eiserne Kreuz auf dem von der Lenkerin des Gefährts, Gottfried Schadows Friedensgöttin, hochgereckten Stab als Symbole wieder aufzuwärmen) und die Umbettung der Gebeine Friedrichs des Großen in den Garten seines Schlosses Sanssouci in Potsdam (wobei sich ein weiterer Streit an der Entscheidung von Kanzler Kohl entzündete, an der Zeremonie teilzunehmen, womit er Kritiker zu bitteren, wenn auch wenig angemessenen Vergleichen mit der Begegnung zwischen Hindenburg und Hitler am Grab Friedrichs am 21. März 1933 provozierte). Es wurde sogar der Vorschlag unterbreitet und öffentlich debattiert, das Stadtschloss der Hohenzollern an seinem ursprünglichen Standort wieder aufzubauen. All das hat einige Leute in ziemliche Aufregung versetzt. Nicht alle Berliner sind glücklich über die Veränderungen, die ihrer Stadt ins Haus stehen. Wer mit ansehen muss, wie Immobilienpreise sich verdoppeln und Mieten in nicht für möglich gehaltene Dimensionen steigen und wie die Stadt einen Zuzug erlebt, der zur Verstopfung aller ihrer großen Verkehrsadern führt und selbst das Flanieren in der Innenstadt zu einem mühseligen Geschäft macht, der beginnt möglicherweise darüber nachzudenken, ob es sich hier nicht vielleicht um eine Veränderung zum Nachteil Berlins handelt und das Pochen auf Modernität womöglich nur ein Vorwand für die Beseitigung der besten Hinterlassenschaften der Vergangenheit ist. Schon trauern manche dem alten West-Berlin nach, der Stadt, von der der Maler Klaus Fussmann gesagt hat, sie sei zwar schon tot gewesen, aber noch immer sehr schön:

Es war eine Insel der Seligen, von der aus man, getrennt durch zweihundert Kilometer DDR, dem geschäftigen Treiben der Bundesrepublik zusah. In Berlin werden keine Entscheidungen getroffen, keine Verantwortung übernommen und kein Geld verdient. Man war nur Beobachter. Der Trend wurde im Westen gemacht, auch in Sachen Kultur. Hier wurde das schlechte Gewissen der Nation erhalten, zum Ärger der Progressiven im Westen, die am liebsten in der französischen und später in der amerikanischen Kultur aufgegangen wären. In Berlin ging das nicht. In der sterbenden Stadt waren die Folgen des Krieges unübersehbar.

In Kunstdingen neigte Berlin denn auch nicht irgendwelchem «postmodernen Geraune und Gestaune à la Yves Klein und Josef Beuys» zu. Die Berliner Kunst war, wie die Stadt selbst, bescheiden, reserviert und skeptisch, und sie zeigte die Gesellschaft, wie sie war. Das würde sich nun alles ändern:

Berlin wird das Gegenteil von dem vertreten, was es in der Nachkriegszeit war. In Berlin, das so lange abseits stand und der Mehrung des Wohlstands so skeptisch zusah, wird sich die Kultur der Bundesrepublik erst richtig verwirklichen.... Berlin wird groß sein. «Bedenke, dass du sterblich bist», flüsterte man den Caesaren während ihrer Proklamation zu, und in Anlehnung an diese Mahnung möchte der geliebten Stadt zuflüstern: Bedenke, dass du tot warst.[70]

II

Als Hauptstadt hat Berlin den Deutschen immer zwiespältige Gefühle eingeflößt. In den 1870er und 1880er Jahren war die Stadt ein Magnet für die Jungen, die Begabten und die Ehrgeizigen, die herbeiströmten und vereinnahmt wurden, wie der Protagonist von Conrad Albertis Roman *Die Alten und die Jungen*:

Jede Droschke ... schien ihm ein Wunder der Technik, hinter jedem Schaufenster öffnete sich für ihn ein Feenland ... jede Dame ein Ideal von Schönheit, ein Muster der Eleganz ... diese nervöse, unaufhörlich zitternde Berliner Luft ..., die auf den Menschen wirkt wie der Alkohol, das Morphium, das Cocain, erregend, belebend, abspannend, tötend: die Luft der Weltstadt.[71]

In den Augen anderer, so etwa des Publizisten Konstantin Frantz (der sich 1871 gegen die Entscheidung für Berlin als Reichshauptstadt wandte, weil die Spree-Metropole ihm zu jüdisch erschien) verkörperte Berlin nicht die Tradition und die Werte Deutschlands und seiner Bewohner, ja stand mit ihnen, da es eine Hochburg des Materialismus und der Verkommenheit war, geradezu auf Kriegsfuß – ebenso wie mit dem richtig verstandenen Ideal der Freiheit. Dieses Urteil deckte sich mit der Sichtweise des Lyrikers Rilke, der in seinem «Stundenbuch» die Berliner geringschätzig wie folgt charakterisierte:

> und nennen Fortschritt ihre Schneckenspuren
> und fahren rascher, wo sie langsam fuhren,
> und fühlen sich und funkeln wie die Huren
> und lärmen lauter mit Metall und Glas.[72]

Diese widersprüchlichen Standpunkte spiegeln sich auf interessante Weise in den Romanen wider, die Berlin in der Frühphase seiner Entwicklung porträtieren. Nicht viele Deutsche werden sich gerne der Aufgabe unterziehen, diese Romane zu lesen – wie viele lesen heute noch Spielhagen oder Paul Lindau, ganz zu schweigen von Fritz Mauthner oder Julius Stinde? Katherine Roper hat das stellvertretend für uns getan; 130 zwischen 1870 und 1914 geschriebene Romane hat sie durchgeschmökert, auf 50 von ihnen geht sie näher ein. Wie sie einleitend sagt, bezieht diese literarische Erbmasse ihr historisches Gewicht vor allem aus den dicht gewobenen Bezügen, die die Autoren – die ausnahmslos der Mittelschicht entstammten und für eine Mittelschichts-Leserschaft schrieben – zwischen der individuellen Existenz ihrer Protagonisten, dem Schauplatz Berlin und dem Heranreifen einer in stürmischer Modernisierung begriffenen Nation herstellten.

Die meisten dieser Autoren tauchten in den ersten Jahrzehnten nach der Reichsgründung von 1871 in das Schwerefeld Berlins ein; die Stadt galt ihnen, wie Gerhart Hauptmann es einmal ausdrückte, als das «Mekka», in dem sich «der Geist des Zeitalters am tiefsten auskosten ließ». Sie lebten in der Hoffnung, mit ihrer Arbeit zur Schaffung dessen beitragen zu können, was Roper als «eine nationale Kultur, die sowohl der Modernität Tribut zollen als auch die neu errungene Führungsrolle Deutschlands beglaubigen sollte», (1) bezeichnet. Wie aus ihrem Buch deutlich wird, kamen ihnen zunehmend größere Zweifel am Projekt Deutschland, und die meisten verfielen am Ende in eine kulturpessimistische Haltung, die sich in ihren Büchern widerspiegelt.

Das war eine vielleicht unvermeidliche Entwicklung. Die meisten Romanciers der 1870er Jahre waren Liberale und Patrioten und huldigten der Überzeugung, der Sieg über Frankreich habe ein Zeitalter eingeläutet, in dem die Ziele der gescheiterten Revolution von 1848 schließlich doch erreicht werden würden, in dem Deutschland sich den anderen Völkern als Ausbund an nationaler Wohlfahrt, Freiheit und Kultur und Berlin sich als Symbol für diesen Siegeszug des Geistes präsentieren würden. Allein, nichts dergleichen geschah: Das liberale Zeitalter ging 1879 zu Ende, als der Bismarcksche Absolutismus den Sieg davontrug, aus dem selbstbewussten Bürgertum, dessen Werte und Tugenden die Romanautoren über weite Strecken idealisiert hatten, wurde eine geduckte und materialistisch orientierte Bourgeoisie. Im gleichen Maß, wie die Hoffnungen der Autoren verblassten, büßte ihre einst so strahlende Stadt ihren magischen Glanz ein. Mit dem Anwachsen ihrer Einwohnerzahl und ihrer wirtschaftlichen Bedeutung gingen nie da gewesene soziale Probleme einher: drangvolle Enge, zyklische Phasen der Arbeitslosigkeit, ein Überhandnehmen von Elendsquartieren, Schmutz, Seuchen, Laster und Verbrechen. Diese Situation schilderten Romanautoren wie Max Kretzer mit Akkuratesse und Mitgefühl, wobei sich zu Letzterem allerdings kein kämpferisches Engagement gesellte, denn nur die wenigsten dieser Autoren verstanden sich als Aktivisten oder gar als Sozialisten.

Manche von ihnen waren offenbar sogar der Meinung, die Großstadt als solche bringe die Gebrechen hervor, an denen sie kranke. In Wilhelm Bölsches Roman *Die Mittagsgöttin* (1891) gelangt der Held, der sich immer am Brandenburger Tor und an der unweit davon stehenden Siegessäule aufgerichtet hat – beides Symbole der hochfliegenden Hoffnungen von 1871 –, zu der schmerzlichen Überzeugung, dass ihnen der Bahnhof Friedrichstraße mit seiner Hülle aus Gusseisen und Glas den Rang abgelaufen hatte, eine

Drehscheibe bullernder Emsigkeit und ein Spund, aus dem Tag für Tag Schwärme von Neuankömmlingen in die Stadt quollen. Über den monströsen Bau, der wie ein lauerndes Reptil über den benachbarte Dächern hänge, meinte Bölsche, er werde sehr wahrscheinlich die Sehnsüchte der nachfolgenden Generationen besser befriedigen als die griechischen Säulen des Brandenburger Tors. In Karl Gutzkows Roman über den Finanzkrach von 1873, *Die neuen Serapionsbrüder* (1877), hält ein Arzt einen Vortrag über eine «Trottoirkrankheit», hervorgerufen durch «Überfüllung, unfreiwillige Kontakte und den ständigen Druck, den das Leben in Berlin ausübe». Als Folge dieser «Trottoirkrankheit» bezeichnet der Mediziner die Aufweichung der einst soliden Tugenden des Bürgertums durch die beständige Überforderung der Bürger im Wettlauf miteinander um die Anhäufung von Reichtümern – es wird sogar angedeutet, dass der große Finanzkrach eine notwendige Konsequenz dieser Entwicklung gewesen sei. In Johannes Schlafs *Das Dritte Reich* (1900) wird der Protagonist, dessen Traum die Erschaffung einer neuen Philosophie ist, die ein Zeitalter der Menschlichkeit begründen und die Dichotomien der deutschen Seele auflösen soll, von der kalten Unpersönlichkeit der Stadt überwältigt, vom Gefühl der Einsamkeit inmitten der Menschenmassen um ihn herum und von seiner sich verstärkenden Befürchtung, die technischen Wunderwerke der U-Bahn-Zivilisation seien mit Vorzeichen einer herannahenden Katastrophe geschwängert.

Als das 19. Jahrhundert in seine letzte Phase ging, betonten immer mehr Romanautoren, Berlin ziehe zu viele Leute des falschen Typs an, mit der Folge, dass aus dem Spree-Athen der 1830er Jahre eine Spree-Parvenüpolis geworden sei, ein Ort, an dem, wie Theophil Zolling in seinem 1887 erschienenen Roman *Der Klatsch* schrieb, die Gesellschaft «kleinlich, niedrig und schäbig» bleibe. Dieses Unbehagen an Berlin und seiner zugewanderten Einwohnerschaft – ein Unbehagen, das heute in manchen Kreisen der Stadt erneut anklingt – erreichte einen Höhepunkt in Heinrich Manns frühem Roman *Im Schlaraffenland* (1900), dem ätzenden Porträt einer großstädtischen Gesellschaft, die von der ungleichen Verteilung kapitalistisch erworbenen Reichtums moralisch zerfressen worden ist und auch den Rest des Landes in den Strudel der Korruption hineingerissen hat, eines Landes, das mit seiner rauschhaften Lust an außenpolitischen Abenteuern und mit seinem Hurra-Patriotismus der in Laster und Vergnügungssucht versinkenden Hauptstadt nacheifert und wie sie fest entschlossen scheint, «die sich vollziehende kulturelle Demontage zu übersehen».

Nach dem Ersten Weltkrieg und der Gründung der Republik kam die Forderung auf, die Hauptstadt aus Berlin nach Weimar zu verlegen, ein Schritt, der nach Ansicht seiner Befürworter den Deutschen die Erkenntnis nahe gebracht hätte, dass Größe nicht unbedingt mit Macht und Wohlstand gleichzusetzen sei, sondern, wie von Schiller vorgetragen, mit moralischer Überzeugungstreue und dem Eintreten für die Sache der Freiheit. Diese Bestrebungen erwiesen sich als chancenlos: Berlin blieb Hauptstadt, zum einen weil es mit dem Akt der Reichsgründung durch Bismarck identifiziert wurde, zum anderen weil eine Verlegung des Regierungssitzes wie ein Sich-Bescheiden mit der stark beschnittenen Stellung, die Deutschland nach dem Willen der Siegermächte künftig einnehmen sollte, ausgesehen hätte. An das republikanische Berlin der Jahre zwischen 1919 und 1933 erinnert man sich heute hauptsächlich deshalb, weil es die lebendigste kulturelle Metropole seiner Zeit in Europa war; es war aber natürlich auch eine ungemein politische Stadt, Sitz sowohl der republikanischen Reichs- als auch der preußischen Staats- und der Berliner Stadtregierung. Zwischen dem kulturellen und dem politischen Berlin bauten sich ständig Spannungen auf, besonders von dem Zeitpunkt an, da der aufgehende politische Stern Adolf Hitler, der Berlin zwar hasste, aber seine Hauptstadtrolle notgedrungen akzeptierte, sich anschickte, es für seine Partei zu erobern, indem er Mitte der 1920er Jahre seinen Vertrauten Joseph Goebbels zum Gauleiter von Berlin ernannte.

Die faszinierenden Essays, die Charles W. Haxthausen und Heidrun Suhr in ihrem Band *Berlin: Culture and Metropolis* zusammengetragen haben, sollen, wie sie in ihrer Einleitung schreiben, «das oft schwierige Verhältnis zwischen dem Berlin des 20. Jahrhunderts und der in ihm entstandenen Kultur» beleuchten – seiner Literatur, seiner Dichtung, seines Filmschaffens, seiner Kleinkunst und seiner bildenden Künste. Die Aufsätze «explorieren die Vermittlung von Kultur in einer Stadt, in der diese Vermittlung immer problematisch gewesen ist». (XI)

Alle diese Essays verkörpern in der einen oder anderen Form den Versuch, die Entwicklung einer Stadt zu verstehen, die zwischen 1871 und 1919 ihre Einwohnerzahl von 907 000 auf 3 700 000 vervierfacht hat. Zwei der interessantesten Beiträge befassen sich mit dem latenten Dauerkonflikt zwischen Kultur und Politik. Aus den Beispielen, die Linda Schulte-Sasse in ihrem Aufsatz über die Rolle Berlins in den Spielfilmen der NS-Zeit erörtert, können wir ein ziemlich präzises Bild von den propagandistischen Mitteln gewinnen, mit denen Goebbels unter dem Kampfmotto «Bestürmt wird nun die schwarze Stadt!» seinen Feldzug für die Nazifizierung Berlins bestritt. Die Autorin arbeitet heraus, dass die Nazis alles das verabscheuten, was Berlin zur Weltstadt machte, vor allem seinen kosmopolitischen Charakter, der in ihren Augen für nichts anderes stand als einen «Zustand des Verfalls und der Erniedrigung», zu dessen Überwindung nur der Nationalsozialismus fähig sei. «Nationalsozialistische Kritik an der Moderne, sich manifestierend in ideologischen Motiven wie Blut und Boden, Volk und Heimat» (166) war das tägliche Brot, das Goebbels den Deutschen in seinen Ansprachen und später, nach 1933, auch in propagandistischen Filmen verabreichte, die den Berlinern und allen anderen Deutschen immer wieder in Erinnerung rufen sollten, was ihnen dank der Nazis erspart geblieben war. Im Filmschaffen des Nationalsozialismus diente Berlin, wie die Herausgeber des Buches deutlich machen, oft als «Metapher für die unerfreulichen Erinnerungen an die Weimarer Republik – Kommunismus, Kapitalismus, Zersplitterung der Gesellschaft, moralische Dekadenz, Unterwanderung der nationalen Identität und der deutschen Tradition durch den Internationalismus». (XIX)

Adolf Hitler empfand keine Zuneigung für Berlin und hatte kein Interesse an seiner Geschichte. Ab Anfang der 30er Jahre wurden in der Stadt Pläne für eine große Feier zum 700. Jahrestag der Stadtgründung im August 1937 geschmiedet. Hitler kümmerte sich darum nur insofern, als er dafür sorgen ließ, dass die Feier wie ein typisches nationalsozialistisches Spektakel aufgezogen wurde; ansonsten ignorierte er sie und hielt sich zum Zeitpunkt der Zeremonien fern von Berlin auf. Wie Gerhard Weiss in seinem Essay über Berliner Jahrestage schreibt:

Wie wenig sich das Dritte Reich um Berlins historisches Gesicht scherte, lässt sich daran ablesen, dass Hitler am 30. Januar 1937, zu Beginn des Jubiläumsjahrs, den berüchtigten Speerplan für ein neues Berlin vorstellte. Dieser projizierte eine vollständige Umgestaltung der Stadtmitte und ihre Verwandlung in ein gigantisches ‹Germania›, die Hauptstadt des Tausendjährigen Reiches. Das ganze Jahr 1937 hindurch wurden ehrwürdige Gebäude im Herzen Berlins abgerissen (so das Schlüterhaus, das Palais Schwerin, das Ephraimpalais und der Krögel). Genau in dem Augenblick, als man vorgab, Berlins historische Substanz zu feiern, wurde diese zerstört. (244)

Eine plastische Vorstellung von der Grandiosität der Hitlerschen Umbaupläne für Berlin wie auch vom Ausmaß der Zerstörung, die er der Stadt durch seine Kriegspolitik bescherte, vermittelt Alan Balfour in seinem Buch *Berlin: The Politics of Order*. In diesem ehrgeizigen Werk versucht Balfour die Geschichte der Berliner Baukunst und Stadtplanung von der Regierungszeit Friedrich Wilhelms I. bis zum Fall der Mauer 1989 zu erzählen, indem er den Werdegang des Leipziger Platzes und des Potsdamer Platzes beschreibt, die im 19. und frühen 20. Jahrhundert die wichtigsten Drehscheiben des Berliner Fahrzeugverkehrs waren und zu den bedeutendsten Einkaufs- und Vergnügungsquartieren der Stadt zählten, im Krieg dann jedoch wegen ihrer Nähe zu Hitlers Reichskanzlei den alliierten Bombenangriffen zum Opfer fielen und später auch noch durch die Mauer zweigeteilt wurden.

Barbara Miller Lane hat die Sujetwahl des Buches kritisch hinterfragt, indem sie darauf hinwies, dass Unter den Linden und die Charlottenburger Chaussee als Straßenzüge, die fast ein Jahrhundert vor dem Leipziger Platz entstanden, den eigentlichen Kern des alten Berlin und den Ausgangspunkt für das Koordinatensystem des Berliner Straßennetzes bildeten und dass das meiste von dem, was an bedeutsamen städtebaulichen Innovationen geschaffen wurde, entlang der Spree oder in den Außenbezirken passierte.[73] Das Buch Balfours weist noch weitere Unzulänglichkeiten auf, die man benennen könnte – die allzu häufige Falschschreibung deutscher Wörter und Eigennamen, den freizügigen Umgang mit Umlauten, den befremdlichen Einbau von Dingen, die nicht in den Kontext passen (wie zum Beispiel Zitate aus den Briefen Eva Brauns oder ein Porträt von Josephine Baker), peinliche historische Fehlgriffe (so etwa wenn der Autor Richard Wagner und Gottfried Semper, die Dresdener Barrikadenkämpfer von 1849, ins Berlin des Jahres 1848 versetzt) und eine Prosa, die manchmal alle Anker lichtet und sich in nebelhafte Unschärfen verflüchtigt.

Das Buch kann aber auch einiges Solide auf der Habenseite aufweisen. Der an Baugeschichte Interessierte wird mit Gewinn lesen, was Balfour über den modernistischen Architekten Erich Mendelssohn und die Geschichte seines Meisterwerks von 1931, des Kolumbushauses, schreibt; seine kritischen Äußerungen über das Berliner Nachkriegswirken von Architekten wie Le Corbusier, Scharoun und Mies van der Rohe sind alles andere als wohlwollend. Über Scharouns 1963 fertig gestellte Philharmonie schreibt Balfour:

Mitten in einer in Trümmer gegangenen Stadt gelegen, musste die Philharmonie jeder Sentimentalität, jeder Nostalgie, jedem Bedauern abschwören. Sie versprach nichts als ihr absolutes Selbst. Sie war lautlos, und das war und ist das Gute an ihr für ein Volk, das sehnsüchtig nach dem Trost wohlfeiler Verheißungen verlangt. Sie hat sich in ihrer Umgebung nie wohlgefühlt. An einem Standort und zu einem Zeitpunkt erbaut, die beide nach Rhetorik und leerer Geste gierten, sagt sie nichts außerhalb dessen, was mit ihr selbst zu tun hat, vor allem rein gar nichts zur Zukunft Berlins oder zur Teilung Europas. (219)

Noch strenger fällt sein Urteil über Mies van der Rohes Neue Nationalgalerie (1965–1968) aus:

Sie ist ein trostloser Ort, und nichts, was sich in den zwanzig Jahren ihrer Existenz ereignete, hat sie einnehmender gemacht. ... In ihrer zwanghaften Autonomie verniedlicht sie alle Kunst und alle Menschen, die sich in ihrem Einflussbereich befinden. (228)

Doch die Architekten, die in diesem Buch den größten Schatten werfen, sind Adolf Hitler und Albert Speer; in seinem Mittelteil widmet es sich ausführlich ihren Plänen für die Umgestaltung Berlins zu einer monströsen, pseudoklassischen Retortenstadt und dem Los, das diesen Plänen letztendlich beschieden war. Beim Anblick der spektakulären, aber furchteinflößenden Fotos, die den Text illustrieren, kommt einem in den Sinn, was Hitler im November 1944 angesichts der Bombenschäden zu Speer sagte:

Was hat das alles schon zu sagen Speer! ... Für unseren neuen Bebauungsplan hätten Sie allein in Berlin achtzigtausend Häuser abreißen müssen. Leider haben die Engländer diese Arbeiten nicht genau nach Ihren Plänen durchgeführt. Aber immerhin ist ein Anfang gemacht![74]

III

Über das Berlin, das der Bombenkrieg übrig ließ, ist so viel geschrieben worden, dass man geneigt ist, von Neuerscheinungen zu diesem Thema allenfalls noch Ausschmückendes zu einer vertrauten Geschichte zu erwarten. Dass Ruth Andreas-Friedrichs Buch *Schauplatz Berlin* heute weniger hermacht, als es vor zwanzig Jahren der Fall gewesen wäre, hat sicher damit zu tun. Die geborene Berlinerin Andreas-Friedrich startete ihre journalistische Karriere in den 1920er Jahren und arbeitete bei Kriegsausbruch als Autorin für die Zeitschrift *Die junge Dame*. In den Kriegsjahren schloss sie sich einer Berliner Widerstandsgruppe an, die sich «Onkel Emil» nannte und sich darauf spezialisierte, Juden und politische Dissidenten zu verstecken, ihnen falsche Papiere zu besorgen und Fluchtrouten für sie zu organisieren. Sie schilderte diese Aktivitäten (für die ihr in einem Nachruf, der 1977 in den *Israel Nachrichten* erschien, Tribut gezollt wurde) in ihrem ersten Buch *Der Schattenmann*, das Auszüge aus ihren Tagebüchern aus den Jahren 1938–45 versammelte und zuerst 1946 in den USA unter dem Titel *Berlin Underground* herauskam.

In seinem Nachwort zu dem hier besprochenen Buch erläutert Jörg Drews, Ruth Andreas-Friedrich habe 1949 «ein zweites Manuskript unter dem Titel *Schauplatz Berlin* zusammengestellt». Es erhebt sich zwangsläufig die Frage, weshalb die Veröffentlichung erst so viele Jahre später zustande kam und was dem Manuskript seit seiner Fertigstellung und seit dem Tod der Autorin 1977 widerfahren ist. Erklärtermaßen enthält das Buch ihre Tagebucheintragungen aus den Jahren 1945–1948, doch gibt es Anhaltspunkte dafür, dass es sich nur der Form, nicht der Substanz nach um ein Tagebuch handelt, denn tatsächlich sind die Texte durchformuliert, dramatisch und zitieren lange Gespräche, wobei Mienenspiel und Gestik der Gesprächsteilnehmer sehr genau beschrieben werden.

Zu den Hauptsujets des Buches gehören die Selbstauflösung der Gruppe «Onkel Emil» in den entbehrungsreichen Berliner Wintern von 1946 und 1947, die Wiederkehr der Politik und der Kampf rivalisierender sozialistischer Gruppen um die Vorherrschaft in der Stadt, die Versuche der Besatzungszonen, wenigstens der äußeren Form nach eine Zusammenarbeit aufrechtzuerhalten, während sich doch unaufhaltsam jene Konfrontation bildete, die schließlich in den Kalten Krieg mündete, und die unaufhörliche, aber fast aussichtslose Jagd der Stadtbewohner nach Lebensmitteln und Brennstoffen. Die interessantesten Stellen in dem Buch sind jene, in denen die Autorin Kommentare gewöhnlicher Berliner überliefert, Kommentare zu Vorgängen, auf die sie keinen Einfluss hatten, die aber ihrem Humor und ihrem Sinn für Ironie entgegenkamen, so etwa zu der Nachricht, dass Hermann Göring sich der Vollstreckung der Todesstrafe, zu der das Nürnberger Militärtribunal ihn verurteilt hatte, durch Selbstmord entzogen hatte oder zu dem Eifer, den die Siegermächte an den Tag legten, um Preußen auszumerzen (als sei der Nationalsozialismus auf Preußens Mist gewachsen und nicht auf dem von einem gebürtigen Österreicher bestellten Boden Bayerns), während sie zugleich Österreich die Ehre erwiesen, es als «das erste Land, das der Aggressionspolitik der Nazis zum Opfer fiel», zu bezeichnen. Welche Umwertung der Werte im Berlin der Nachkriegszeit vor sich ging, demonstriert die Autorin an einigen treffenden Beispielen:

Ohnehin spielt das Geld im täglichen Geschäftsverkehr keine maßgebende Rolle mehr. Wer zum Friseur geht, um sich den Kopf waschen zu lassen, muss Seife, Handtuch und fünf Stück Holz mitbringen. Gegen 2 Kilo Lumpen gibt es ein Scheuertuch. Gegen einen Zentner Lumpen einen Anzug. Für 3 Kilo Knochen kriegt man ein Stück Seife, für 2 Kilo Altpapier ein Buch. Wenn man Glück hat, erwischt man für vier Pfund Völkischen Beobachter sogar den Homer, Lieblingsdichter von Puschkin bis Goethe, Shakespeare und Racine. Für zwei Kilo Nazizeitungen fühlt man sich wundersam eingereiht in die Gemeinschaft aller Großen der Erde. (212)

Interessant sind auch die Hinweise auf die militanten Taktiken der SED-Kommunisten im September 1948, die nach einem Staatsstreich aussahen und bei vielen Berlinern ähnliche Überlegungen ausgelöst haben dürften wie bei Ruth Andreas-Friedrich:

Möglich, dass wir schon ab morgen zwei Stadtregierungen und eine chinesische Mauer mit Wehrgang und Wachttürmen längs der Sektorengrenze haben. (259)

Hsi-Huey Liangs Buch über seinen einjährigen Aufenthalt in West-Berlin um die Mitte der 1950er Jahre sollte all jenen ein großes Lesevergnügen bereiten, die, wie Klaus Fussmann, angefangen haben, einer entschwundenen Zeit nachzutrauern. Noch zu Lebzeiten des Reichspräsidenten Hindenburg als Sohn eines chinesischen Diplomaten in Berlin geboren, verbrachte Liang seine Kindheit und Jugend in verschiedenen Ländern, bis er 1951 in die USA ging und in Yale Geschichte zu studieren begann. Im Herbst 1953 beschloss er, nach Berlin zurückzukehren und Fragen der Sozialgeschichte des 19. Jahrhunderts zu erforschen, ein Entschluss, in dem ihn seine akademischen Lehrer Hajo Holborn, Harry Rudin und Leonard Krieger bestärkten. Sein treibendes Motiv war dabei, wie er schreibt, der Wunsch, «die Lebensbedingungen – und durch sie die Mentalität – der unteren Schichten in einer der großartigsten Hauptstädte Europas zu erforschen, die ich als Kind kennen gelernt hatte». (12) Er blieb bis zum Oktober 1954 in Berlin, wohnte in Steglitz, verbrachte aber einen großen Teil seiner Tage in den Arbeiterbezirken Neukölln und Wedding und führte ein bewundernswert penibles Tagebuch, illustriert mit Dutzenden bezaubernder, höchst aufschlussreicher Bleistiftzeichnungen. Später als Professor am Vassar College lehrend, legte er sein Manuskript zu den Akten, bis der Fall der Berliner Mauer ihm den Gedanken eingab, ein Verlag könne daran interessiert sein.

Liang verfügte über einen offenbar unerschöpflichen Vorrat an Energie; er belegte Seminare an der Freien Universität, besuchte Bibliotheken und Archive, in denen er sich durch Berge von Material über die Geschichte Berlins im 19. Jahrhundert wühlte, und interviewte jeden, bei dem irgendeine Aussicht bestand, etwas zu erfahren, das seinem Forschungsvorhaben dienlich war, von Archivaren bis zu altgedienten Siemens-Arbeitern. Gleichzeitig ging er systematisch daran, durch Besuche in Kleinbetrieben und Gespräche mit Arbeitern, Meistern und Gewerkschaftsvertretern ein Gefühl für die Kultur der deutschen Arbeiterschaft und für deren althergebrachte Einstellungen und Vorurteile zu gewinnen. Er fand es höchst erstaunlich, wie unterschiedlich Zimmerleute, Schmiede, Drechsler oder Müller sich und ihre berufliche Tätigkeit einschätzten und wie sehr sie auf ihre Einzigartigkeit pochten, so dass Liang schließlich an der Zweckdienlichkeit von Begriffen wie «Arbeiter» zu zweifeln begann. Auch ihre Einstellungen zur Gesellschaft entsprachen nicht immer dem, was er erwartet hatte. Im Juni 1954 schrieb er:

Am frühen Morgen nach Reinickendorf gefahren, um Frau Bertha Kolasinski zu interviewen, die früher als Hausmädchen tätig war. ... Frau Kolasinski wohnt in der Kleiststraße, und ich traf sie auf der Straße vor ihrer Wohnung, als sie gerade mit ihrem Hund vom Einkaufen zurückkam. Sie hatte Fisch gekauft. Wir setzten uns in ihr (recht geräumiges und gut möbliertes) Wohnzimmer, und sie erzählte mir von ihrem Leben unter der Herrschaft Wilhelms II. Ich war ein bisschen überrascht, als sie sich selbst einmal zum ‹Mittelstand› rechnete. Doch wenn ich darüber nachdenke, leuchtet mir ein, dass Bedienstete in bürgerlichen Haushalten im Grunde Teil dieser Kultur sind. (187)

Im Berlin des Jahres 1954 war die Politik allgegenwärtig. Noch lagen die Spannungen in der Luft, die sich anlässlich des Arbeiteraufstandes vom 17. Juni 1953 in der DDR aufgebaut hatten, und man schrieb außerdem das Jahr der ergebnislosen Außenministerkonferenz zur Wiedervereinigung und erlebte erregte Debatten über die Aufstellung eines bundesdeutschen Truppenkontingents für die NATO. Liang verpasste kaum eine Demonstration oder politische Kundgebung von Rang. In seinen Zeichnungen hielt er das trostlose Gelände des Potsdamer Platzes ebenso fest wie Straßenszenen im Wedding und in Neukölln, das frühere Hauptquartier der Wehrmacht in der Bendlerstraße, wo Claus Schenk von Stauffenberg nach dem fehlgeschlagenen Attentat auf Hitler erschossen worden war, und Bilder von Berlinern, die sich in Tanzpalästen und Cafés amüsierten; daneben finden sich in seinem Tagebuch Porträts fast aller wichtigen Politiker jener Zeit, die er mit seinem emsigen Stift bei Interviews oder öffentlichen Redeauftritten skizzierte. Liang war ein guter Zuhörer und bekam, weil er Chinese war, Dinge zu hören, die seine deutschen Gesprächspartner einem Amerikaner oder Engländer nicht anvertraut hätten, darunter auch antisemitische Äußerungen in nicht unbeträchtlicher Dosis. An einem Juli-Abend machte ihm seine Vermieterin im Verlauf eines langen Gesprächs zu seiner Bestürzung deutlich, welche Tugenden sie bewunderte, nämlich

Manneszucht, Treue zum Vaterland, alter Preußengeist, sogar das Führerprinzip (in ihren Augen eine gute Sache, solange man einen guten Führer hat). Zwar räumt sie ein, dass Hitler schlecht war und dass Deutschland nicht hätte versuchen sollen, ganz Europa zu unterwerfen (‹Das war ein Fehler!›), doch dann gibt sie die Schuld den Siegermächten, weil sie den Deutschen den Versailler Vertrag aufgezwungen und damit die NS-Bewegung erst möglich gemacht hätten. Auch den Amerikanern macht sie einen Vorwurf: Sie hätten es versäumt, Hitler 1943 oder 1944 zu beseitigen. ... Dass die Deutschen ihn von unten hätten stürzen können, bezeichnet sie mit Nachdruck als ‹unmöglich›. Sie erwähnte auch, Hitler habe nie geheiratet, um den magischen Bann, den er auf die deutschen Frauen ausübte, besser aufrecht erhalten zu können. ... Sie meint es offenkundig ehrlich, aber sie weiß nicht, was Demokratie bedeutet. Sie hat auch eine herzliche Abneigung gegen die SPD und die Arbeiterklasse. (197)

Solche Zeugnisse für den Fortbestand alter Denkschablonen und Vorurteile faszinierten Liang ebenso, wie die Freundlichkeit und Fröhlichkeit der Berliner ihn beeindruckten, deren Stadt sich doch immerhin in einem Schwebezustand befand und von fremden Mächten, die über ihre Zukunft entschieden, abhängig war. Als er von Berlin Abschied nahm, schrieb er:

Ich werde immer die Erinnerung an die Putlitz-Brücke und an die hoch aufragenden Schornsteine der Brauerei Bolle bewahren, die ich jeden Morgen auf meiner Fahrt nordwärts zum Wedding sah und die für mich die symbolische Eingangspforte zu den ärmsten Arbeiterbezirken Berlins war. Ich werde auch die freundlichen, stillen Straßen von Neukölln nicht vergessen, wo ich das meiste Material für meine Arbeit gefunden habe. Ich werde oft an den Gegensatz zwischen der Glitzerpacht des Ku-Damms und dem armseligen Leben der vielen in Berlin gestrandeten Flüchtlinge und der alten Rentner zurückdenken. Und ich werde an den Ostteil der Stadt mit seinen grellen Plakatwänden, seinen plärrenden Lautsprechern und seiner grauen, trostlosen Leere denken. (255f.)

Die Plakate, Spruchbänder und Lautsprecher, denen Liang jenseits der Sektorengrenze begegnete, waren nicht attraktiv genug, um die Bewohner der Sowjetzone von der Flucht in den Westteil der Stadt abzuhalten; das stetige Anschwellen des Stroms der «Republikflüchtigen» führte schließlich im August 1961 zu dem Beschluss der DDR-Regierung, das Schlupfloch Berlin abzudichten. Der Bau der Mauer löste ein akutes Problem und trug ein gut Teil dazu bei, das DDR-Regime für die Dauer von fast drei Jahrzehnten zu stabilisieren. Andererseits hat Charles McClelland sicherlich Recht, wenn er in seiner Einleitung zu Leland Rices Buch *Up Against It* schreibt:

Die Mauer, die errichtet wurde, um die DDR als Staat und die SED als herrschende Kraft zu retten, schürte in Wirklichkeit den weltweiten Abscheu, der ihnen schließlich beiden zum Verhängnis wurde. (18)

Die Mauer wurde nicht nur zu einem politischen Symbol ersten Ranges, sondern auch (zumindest auf ihrer westlichen Seite) zu einer einladenden Gestaltungsfläche für Graffiti-Sprüher und für die Schöpfer jener anspruchsvolleren Bildwerke, für die sich die Bezeichnung Mauerkunst durchsetzte. Den Fotografen Leland Rice faszinierten diese Schöpfungen umso mehr, als er sich ihrer ephemeren Natur schmerzlich bewusst war (denn in ihrem Drang nach künstlerischer Selbstverwirklichung schreckten viele Mauerkünstler nicht davor zurück, die Werke anderer teilweise oder ganz zu übermalen). 1983 begann Rice, Mauerkunst fotografisch festzuhalten, wobei sein besonderes Interesse den grellbunten Piktogrammen und den Symbolen und Sinnsprüchen galt, die für dieses spezielle Kunstgenre typisch waren. Er arbeitete an seinem Projekt acht Jahre lang, und was dabei herauskam und Aufnahme in sein schönes Buch fand, stellt die vollständigste Bestandaufnahme der Mauerkunst dar, über die wir heute verfügen, denn nach dem 9. November 1989 wurden große Teile der Berliner Mauer von Touristen und Kleinunternehmern zersägt und zerstückelt und als Souvenirs in alle Welt verkauft. Vielleicht werden manche, die das Buch von Rice durchblättern, die Zerstörung der Originale nicht als einen großen Verlust empfinden, denn auch wenn einige dieser Wandmalereien mit spektakulären Kombinationen aus Farbe und Form aufwarten, kranken die meisten von ihnen wegen überlappender Übermalungen doch an erheblichen Inkohärenzen.

Was überrascht, ist der relativ geringe Anteil politischer Elemente an und in diesen Bildwerken, sieht man einmal ab von Verwünschungen wie «Scheiß Hitler!», Heimkehr-Aufforderungen an die Adresse von Türken und Yankees und Sinnsprüchen wie «Das Einzige, was mich interessiert, ist auf welcher Seite die Faschisten stehen, damit ich mich auf die andere schlagen kann!» Zu den wenigen Ausnahmen gehört eine quicklebendige Karikatur, die einen erschrockenen Humpty Dumpty namens «Détente» (Abb. 8) zeigt, der von der Mauer fällt; die Botschaft dieses Sinnbilds ist freilich zweideutig, denn es lässt sich als Plädoyer sowohl für als auch gegen die Mauer interpretieren. In den meisten Kompositionen springen dem Betrachter Fantasietiere, ausgebeinte Fische, Chaplin-Figuren, ineinander verkrallte Skelette oder Gruppen von Jugendlichen in Lederkluft und Miniröcken entgegen, oft mit Farbklecksen und unzusammenhängenden Graffiti-Sprüchen eingedeckt und mit Mottos wie «Getto Love», «Sex and Crime», «Tango King» oder «Das Fremde kennenlernen» überschrieben. Was daraus deutlich wird, ist, dass viele der Künstler etwas anderes und für sie Vordringlicheres im Sinn hatten als die Teilung Berlins.

IV

In seinem brillanten neuen Roman *The Translator*, der sich in verfremdeter Form, aber kenntnisreich mit den Ereignissen von 1989 und 1990 befasst, beschreibt Ward Just, wie die Wiedervereinigung Deutschlands bewerkstelligt wurde (wobei er seine Worte einem DDR-Bürger in den Mund legt):

Viele von uns am Gymnasium hatten den Eindruck, dass unser Berlin nicht verdorbener war als euer Berlin oder Washington oder Paris. Es war auf eine andere Weise verdorben, und Reformen durchzuführen, war für uns kein bisschen einfacher als für die Amerikaner und die Franzosen. Wir dachten, wenn wir mit der Reform der Partei durch wären, hätten wir eine anständige Politik und eine moderne Gesellschaft. Einige von uns dachten das. Ziemlich viele sogar. Ihr müsst nicht denken, dass wir alle uns von Autos, Fernsehgeräten und schmutzigen Filmen becircen lassen. ... Aber wir sind zu wenige, und wir sind wahrscheinlich auch naiv, auch wenn Naivität nie einer unserer hervorstechenden Wesenszüge war. Was ich meine, ist, dass wir vielleicht zu romantisch sind. Die Partei aber brach im Nu zusammen. Und als sie zerfiel, sahen wir, wie verdorben sie war. Sie war bloß noch ein kranker alter Mann, der nicht einmal mehr die Kraft zur Paranoia hatte. Das Proletariat rannte auf die Straße, ohne zu wissen, was es dort finden würde. Und es fand Herrn Kohl. Und somit sind wir hier.[75]

Die neuen Bücher von Robert Darnton und John Borneman lassen sich als durchgearbeitete Variationen zu dieser lapidaren Feststellung lesen. Darnton ging 1989 als Stipendiat der Denkfabrik, die sich Wissenschaftskolleg nennt, nach West-Berlin, um dort, wie er schreibt, «eine weitere Monographie über das 18. Jahrhundert zu verfassen». (9) Zu seiner Überraschung fand er sich in etwas hinein versetzt, das ihm wie eine Revolution vorkam, und beschloss, eine journalistische Aufarbeitung der Ereignisse, wie sie sich vor seinen Augen entfalteten, zu versuchen. Dabei ist ein sehr reizvolles, höchst lesenswertes Buch herausgekommen. Historiker sind aber in der Regel besser, wenn sie auf Ereignisse zurückblicken, die schon abgeschlossen sind, als wenn sie hautnah von aktuellem Geschehen berichten; bei Darnton nachzulesen, wie die Mauer fiel, wie im Januar 1990 die Massen das Stasi-Hauptquartier stürmten und wie die Volkskammerwahl im März 1990 ablief, ist nicht viel interessanter als in alten Zeitungen zu schmökern, und die Erklärung, die er für das Scheitern des Neuen Forums gibt, das einen «dritten Weg» zu finden hoffte, fügt dem, was Ward Justs DDR-Protagonist über Naivität und Romantizismus sagt, «nichts Neues hinzu».

Immerhin gibt es auch schöne Sachen in diesem Buch, zum Beispiel eine sehr gelungene Schilderung einer der Epilog-Szenen für das Revolutionsdrama vom November 1989, in der junge DDR-Familien den ersten Schritt in Richtung Freiheit taten, indem sie auf das Gelände der bundesdeutschen Botschaft in Prag vordrangen. Darnton schreibt: «Ihren Gesichtern konnte man bei der Ankunft ablesen, wie sich Verlustgefühle mit Hoffnung mischten». Einige lächelten, andere weinten, wieder andere blickten verbissen nach vorne. Niemand von ihnen schritt leichten Herzens über die Schwelle. (50)

Zu guter Form läuft der Autor auf, wenn es um Dinge wie die Rolle des Zufalls im Ablauf der Ereignisse geht; so schildert er zum Beispiel, wie die improvisierte Bekanntgabe einer vorübergehenden Aufhebung des Visumzwangs für den Grenzübertritt in den Westen im Vorgriff auf ein noch zu verabschiedendes neues Reisegesetz, verkündet von Politmitglied Günter Schabowski, unbeabsichtigt die Öffnung der Mauer nach sich zog, als die Ost-Berliner in Scharen zu den Grenzübergängen strömten und das Wachpersonal davon überzeugten, dass die Regierung die Ausreiseerlaubnis via Fernsehen erteilt hatte. Er beschreibt die Symptome eines zusammensinkenden Enthusiasmus' in den Reihen der DDR-Kommunisten und analysiert die unterschiedlichen Zeit- und Geldbegriffe in den beiden deutschen Staaten ebenso wie das Funktionieren des Zensurapparats in Ost-Berlin. Ein interessantes Kapitel erzählt von den Begegnungen des Autors mit einigen verbitterten, intellektuell deprimierten Professoren der Universität Halle, eine Passage, die auf eines der gravierendsten Probleme verweist, vor denen das neue Deutschland steht: an den Universitäten der alten und der neuen Bundesländer homogene Leistungsstandards zu erreichen.

Trotz alledem ist dies ein enttäuschendes Buch, nach dessen Lektüre man sich fragt, warum in einem «Berliner Tagebuch» so wenig vom Westteil der Stadt die Rede ist. West-Berlin war zu jener Zeit schließlich nicht der übelste Ort, sondern unter allen deutschen Städten die mit der geschärftesten politischen Sensibilität, von ihrer Bedeutung als kulturelles und geistiges Zentrum gar nicht zu reden. Hsi-Huey Liang widmet sich in seinem Tagebuch ziemlich ausführlich der Resonanz, die die Geschehnisse von 1953 und 1954 im Westteil der Stadt fanden, und als 1961 die Mauer errichtet wurde, ließ sich John F. Kennedy davon zu seiner berühmt gewordenen Hommage an die politische Energie der Stadt inspirieren. Sollen wir annehmen, dass sich in West-Berlin nichts Nennenswertes zutrug, während im Ostteil der Stadt und anderswo im Osten die umwälzenden Ereignisse von 1989 und 1990 abliefen? Was verkündete die gewöhnlich vollmundige West-Berliner Presse in dieser Zeit? Was geschah an den als Unruheherden berüchtigten Hochschulen der Stadt? Zeigten sich Spontis und Chaoten, Mescaleros und Stadtindianer völlig unbeeindruckt von dem in der Luft liegenden Duft nach Revolution? Darnton legt dieser Seite der Geschichte gegenüber eine seltsam anmutende Gleichgültigkeit an den Tag und verrät uns nicht einmal etwas über die Reaktion der rot-grünen Koalitionsregierung West-Berlins auf den Mauerfall oder darüber, wie sie – um nur ein Beispiel für einschlägige Aktivitäten zu geben – sogleich Pläne für die künftige Nutzung der Brache, die einstmals der Potsdamer Platz gewesen war, zu schmieden begann.

Bei John Bornemans Buch *After the Wall* liegt der Akzent auf dem neuen Berlin, das aus den bei Darnton geschilderten Ereignissen hervorgehen wird. Es ist offenkundig, dass die Stadt den Autor ebenso fasziniert wie die Akteure in den von Katherine Roper besprochenen Romanen; an einer Stelle zu Anfang des Buches bezeichnet er Berlin denn auch als «die erste postmoderne Stadt»:

Wenn, wie der große Berliner Kulturkritiker der Vorkriegszeit, Walter Benjamin, gesagt hat, Paris die Hauptstadt des 19. Jahrhunderts war, dann spricht einiges dafür, das man Berlin zum paradigmatischen Ort des 20. Jahrhunderts krönen sollte – jede gesellschaftliche Erschütterung von geschichtlicher Bedeutung in diesem Jahrhundert hat dieser Stadt entweder zur Zierde oder zum Schaden gereicht. Wann immer ich ihre breiten Boulevards und ihre Alleen durchwandere und an den noch mit Einschlaglöchern verzierten Fassaden der durch postmoderne Schönheitsoperationen aufgelockerten Stadthäuser emporblicke, finde ich es bemerkenswert, wie viel Geschichte ich zu sehen bekomme – nicht die in einem Museum aufbewahrte Geschichte früherer Jahrhunderte, sondern Geschichte des 20. Jahrhunderts. Berlin zwingt einen zum ‹Dasein›. Die Romantik von Paris und das nostalgische Flair Wiens wirken im Vergleich dazu wie Schutzpolster gegen das eigenartige, schwindlig machende Gefühl des Ausgeliefertseins an eine raue, unverdaute Gegenwart. (16)

Das Interesse Bornemans richtet sich hauptsächlich auf den östlichen Teil der Stadt, in dem jene Berliner zu Hause sind, deren Mitwirkung an der deutschen «Herbstrevolution» von 1989 durch die spezifische Eigenart des Lebens in der DDR geprägt worden ist, eines Lebens, das sich am besten als ein ständiges Warten und Hoffen auf Befriedigungen charakterisieren lässt, die bis zur Erfüllung des Plans und bis zur Vollendung der Revolution vertagt waren. Viele Jahre lang lebten die Bürger der DDR in dem (von vielen im Westen geteilten) Glauben, ihr Land sei das wirtschaftlich produktivste in Osteuropa, und es sei nur eine Frage der Zeit, bis eine ausgeglichene Handelsbilanz mit dem Westen erreicht sein würde und sie die Früchte ihrer Arbeit genießen könnten. Im November 1989 wurde ihnen mit schrecklicher Schlagartigkeit klar, dass sie die ganze Zeit über Aktionäre eines Unternehmens gewesen waren, dessen Vorstandsmitglieder das Firmenvermögen systematisch zur eigenen Bereicherung geplündert hatten, und dass ihnen nach jahrzehntelanger Arbeit nichts anderes geblieben war als ein von Industrieabfall verseuchtes Land und eine durch die Denkverbote und die schrankenlose Überwachungstätigkeit der Stasi vergiftete Gesellschaft. Schon vor dem Fall der Mauer lag der Hauch des Niedergangs über der DDR. Im Sommer 1989 unterhielt sich Borneman mit einem ostdeutschen Freund, der ihm anvertraute, die Menschen in der Republik seien «stinksauer», und hinzufügte: «Unser Regime hat uns jahrelang regelrecht verkauft. Ich habe in diesem Sommer ein Dorf gesehen, dessen Straßenbelag aus Kopfsteinpflaster, das noch aus dem Mittelalter stammt, nach Westdeutschland verscherbelt wird. Ist es zu glauben? Sie verkaufen unsere Straßen! Und wohin fließt das Geld? Die besten Sachen, die wir produzieren, gehen alle in den Export.»

Borneman kennzeichnet sein Buch als «eine Bergungsoperation», einen Versuch, die Gedanken und Sorgen der Opfer dieser Ausbeutung aufzuzeichnen und festzuhalten, bevor sie im Prozess der Wiedervereinigung fortgeschwemmt werden. Ein Eindruck, der sich aus seinen Gesprächen mit DDR-Bürgern unterschiedlicher Alters- und Berufsgruppen über ihr Leben und berufliches Wirken in der DDR, ihre Einstellung zum Regime, ihre Hoffnungen und Ambitionen ergibt, ist der, dass die vorherrschende Stimmungslage bei ihnen nicht etwa eine Mischung aus Freude und Erleichterung über ihre Befreiung ist, sondern dass eine mit Bedauern versetzte Ratlosigkeit vorherrscht. Eine der Gesprächspartnerinnen des Autors, Erika Gruner, die ihr Leben lang überzeugte Sozialistin war und das Familienrecht der DDR formuliert hat, hatte noch im März 1990 das Bedürfnis, stolz auf bemerkenswerte Errungenschaften der DDR wie die Bodenreform, bestimmte Programme zur Aufhebung des Klassengegensatzes oder das Eintreten für die Rechte der Frau hinzuweisen, wobei sie allerdings einräumte, nunmehr erkannt zu haben, dass «wir keinen Sozialismus hatten; wir hatten eine Form des Staatskapitalismus, ein System der Ausbeutung mit einer sehr kleinen Parteielite an der Spitze». Ihr war klar, dass unter diesen Umständen keine der genannten Errungenschaften weiterbestehen würde.

Andere, die Borneman interviewte, vertrauten ihm an, dass die anfängliche Euphorie, in die der November 1989 sie versetzt hatte, von einer komplexeren emotionalen Gemengelage abgelöst worden war. «Gewiss freuten wir uns alle überschwänglich über den Zusammenbruch des Regimes», sagte einer. «Doch dann ging alles so schnell und schwindelerregend.» Es sei keine Zeit geblieben, Maß zu nehmen, über die Chance zum Aufbau eines freien sozialistischen Staates nachzudenken. Dabei erinnerte sich ein Freund Bornemans später daran, dass «am 16. Oktober ... noch alles offen war, dass es auch anders hätte ausgehen können. Am 4. November war kein einziges Transparent zu sehen, auf dem die Wiedervereinigung gefordert wurde.» Dabei blieb es nicht. Die Versuchung, das gescheiterte Experiment DDR fallen zu lassen, war zu stark. Doch viele in der DDR hegten eine instinktive Abneigung gegen die Verlockungen des westlichen Kapitalismus, und unter denen, die ihnen erlagen, sind viele, die ihre damalige Entscheidung inzwischen bereuen.

In Conrad Albertis Roman *Die Alten und die Jungen* sind wir einem Helden begegnet, der ganz im Bann der Verheißungen stand, die das neue Berlin der 1870er Jahre für ihn bereit hielt, der sich an dem Gedanken delektierte, in dieser glühenden, sinneberauschenden Luft den Atem der Freiheit [zu] trinken, der unbeobachteten, rücksichtslosen Freiheit, in der jeder nur sich selbst verantwortlich war – angeweht von dem Hauche der Weltgeschichte, die von hier aus bestimmt ward, umringt von all dem Glanz, der Größe, der Schönheit, dem Reichtum, die sich hier in jedem Hause ausbreiten, auf jedem Pflastersteine, allen zugänglich, die Kraft und Mut hatten, sie zu ergreifen ...[76]

Die meisten jener DDR-Bürger, mit denen sich Borneman anfreundete, waren durch ihr Leben in der DDR zu schlecht darauf vorbereitet (und von dem, was sie über den Westen wussten, zu befremdet), um nach dieser Art von Freiheit zu streben. Ihre Hoffnungen richteten sich stattdessen darauf, einen (allerdings nicht markierten) Weg zu einem demokratischen Sozialismus zu finden, der irgendwo zwischen der Welt des Kapitalismus und der des Kommunismus angesiedelt sein würde. Ihre eigene Apathie, ihr Mangel an Organisiertheit und das rasche Fortschreiten der Entwicklung ließen diese Hoffnung zerstieben. Das Ergebnis war nicht allzu erfreulich. Wie Borneman schreibt:

Die vielleicht akuteste, wenn auch nicht sichtbarste Schwierigkeit, vor der der neue deutsche Staat stehen wird, ist die zerrissene Subjektivität der bisherigen DDR-Bürger, die er integrieren möchte. Viele dieser potenziellen Bundesbürger leiden an einer lähmenden Orientierungslosigkeit, einem Zustand der drastischen Entfremdung sowohl von dem Staat, in und mit dem sie aufgewachsen sind, als auch von dem, der den Anspruch erhebt, sie zu adoptieren. Sie kommen einem vor wie Opfer einer Ambivalenz, die zum einen einen konkreten geschichtlichen Hintergrund hat und zum andern fast paradigmatisch modern wirkt.

Sie sind Wanderer zwischen zwei Welten, und es wird nicht leicht sein, ihre schmerzenden Identitätsprobleme zu lindern.

Vereint fallen

Ganz am Ende des Tagebuchs, das Horst Teltschik, Chefberater von Bundeskanzler Helmut Kohl in Fragen der Außen- und Sicherheitspolitik, vom 9. November 1989 (dem Tag, als die Berliner Mauer aufhörte, ein wirksamer Sperrriegel gegen die Freizügigkeit zwischen Ost und West zu sein) bis zum Tag der Deutschen Einheit am 3. Oktober 1990 führte, schilderte er die Szenerie im Reichstag nach Abschluss der Wiedervereinigungsfeierlichkeiten:

Es ist halb zwei Uhr nachts, Helmut Kohl und Lothar de Maizière sitzen noch im Reichstag zusammen. Hannelore Kohl ist dabei und Ilse de Maizière sowie eine ihrer Töchter, dazu Eduard Ackermann, Wolfgang Bergsdorf, Juliane Weber, Johannes Ludewig, Norbert Prill und einige Freunde de Maizières. Draußen stehen noch immer Zehntausende von Menschen. Ihre Helmut-Helmut-Rufe ebben nicht ab. Immer wieder tritt der Kanzler ans Fenster und winkt den Menschen zu, und jedes Mal fordert er de Maizière auf, mitzukommen. Doch dieser zögert: Er wirkt müde, fast apathisch.
Wolfgang Bergsdorf fragt die Tochter de Maizières, was sie jetzt empfinde. Sie reagiert unsicher. Sie sei in der DDR geboren, und diese sei Teil ihres Lebens gewesen.
Um zwei Uhr früh gehen wir zu Fuß in Richtung unseres Hotels. Überall liegen Scherben herum.
Deutschland ist geeint[77]

Eine an Symbolik reiche Passage für Leser, denen solche Dinge sehr bedeutend erscheinen: der Gegensatz zwischen den Stimmungslagen der vermeintlichen Partner, die Ratlosigkeit und Skepsis der Generation, die nunmehr gefordert ist, den von ihren Vätern geschlossenen Vertrag mit Leben zu erfüllen. Und auf den Straßen, nachdem die Menschenmasse sich zerstreut hat, die Scherben, ein Begriff, der an den Scherbenhaufen erinnert, der zusammengekehrt werden muss, bevor eine belastete Beziehung wieder in Ordnung gebracht werden kann. Das Triumphgefühl, das in dieser Schilderung beschrieben wird, ist gedämpft und zögerlich, und der Text schließt in einem Tonfall, der einen fast trotzigen Optimismus verströmt. Es muss Teltschik klar gewesen sein, dass Deutschland an jenem 3. Oktober 1990 noch nicht wirklich wiedervereinigt war. Man kann sogar die These wagen, dass sich daran bis heute nichts geändert hat.

Der Bewusstseinszustand, in dem die Deutschen sich heute befinden, ist zutiefst vom Charakter des Wiedervereinigungsprozesses und von dessen unmittelbaren Folgen beeinflusst worden. Wenn die Bewohner der alten, westlichen Bundesländer sich schwer tun, die Gründe für die gegenwärtige deutsche Malaise zu verstehen, liegt das vorwiegend daran, dass der größte Teil dessen, was über die Wiedervereinigung geschrieben worden ist, impressionistisch, episodisch, tendenziös oder apologetisch geraten ist. Von journalistischer Seite haben wir aufregende Reportagen und Enthüllungen über die Verbrechen des DDR-Regimes bekommen, von den Akademikern anspruchsvolle Analysen, die dem Versuch dienten, die Vorgänge in Deutschland in den Rahmen einer allgemeinen Theorie der Revolution einzupassen, dazu eine große Zahl technischer Analysen zu speziellen Problemen. Woran es bis heute fehlt, sind umfassende Studien des Einigungsprozesses als ganzem, erarbeitet von Leuten, die sowohl über eine gründliche Kenntnis der deutschen Geschichte verfügen als auch mit dem Leben im heutigen Deutschland vertraut sein sollten, und gestützt auf seriöse Quellen wie persönliche Gespräche, dokumentarische Belege, soweit sie der Forschung bereits zur Verfügung stehen (Staats- und Parteiarchive, Spezialbestände zur deutschen Einigung, die in Berlin, Bonn, Leipzig und anderswo in überraschend großer Fülle vorliegen), Pressearchive, die reichhaltige Erinnerungsliteratur und nicht zuletzt die vielen Meinungsumfragen, die von Instituten wie EMNID oder dem Allensbacher Institut für Demoskopie durchgeführt wurden und deren sorgfältige Analyse zu interessanten Erkenntnissen führen könnte.

Die drei beachtlichen Werke, die hier besprochen werden sollen, sind Vorboten für ein baldiges Ende der mageren Jahre. Konrad H. Jarausch ist ein anerkannter Kenner der politischen und sozialen Geschichte Deutschlands im 19. und 20. Jahrhundert und hat neben einer viel beachteten Biographie des Reichskanzlers Theobald von Bethmann-Hollweg, der von 1909 bis 1917 amtierte, originäre Arbeiten über das Hochschulwesen, das Studentenleben und die

Geschichte der akademischen und freien Berufe in Deutschland veröffentlicht; Elizabeth Pond, MacArthur-Stipendiatin in Deutschland, schreibt seit langem als Europa-Korrespondentin für den *Christian Science Monitor;* Peter H. Merkl, Professor für politische Wissenschaften an der Universität von Kalifornien in Santa Barbara, hat eine Menge über die Politik der Bundesrepublik Deutschland geschrieben und ist ausgewiesener Fachmann unter anderem für Meinungsumfragen; er war Mitarbeiter der Mannheimer Forschungsgruppe Wahlen und lehrte in Göttingen und 1990-91 an der Freien Universität Berlin. Die Bücher dieser drei Autoren, die allesamt eine Fülle neuer Informationen und Einsichten bringen, ergänzen einander aufs Schönste und werfen ein helles Licht auf die Paradoxien und Ungereimtheiten des gegenwärtigen Geschehens in Deutschland.

I

In seiner brillanten Schilderung des Lebens in Deutschland in den Jahren 1989 und 1990 kommentierte der niederländische Romancier Cees Nooteboom ein Foto, das Michail Gorbatschow und Erich Honecker beim Bruderkuss während des Besuchs des sowjetischen Parteichefs in der DDR im Frühjahr 1989 zeigt, mit den Worten:

Den Kuss führen Menschen aus, aber was sich dort küsst, sind Staaten, Strategien, politische Philosophien. Das Land, das ohne die Sowjetunion undenkbar war, wird von dem Land geküsst, das den Untergang der DDR, so wie sie ist, denkbar macht. Die von Lenin und Stalin geerbte Orthodoxie wird von der Häresie geküsst. Die Philosophie, die alles in Gang gesetzt hat, küsst die Philosophie, die am Alten festhält. Das gemeinsame Haus küsst das getrennte Haus. Der eine Mann verkörperte eines der größten Abenteuer der Geschichte, eine Revolution, das der andere nun just als Verrat der Revolution empfindet. Unsichtbar auf dem Foto sind die anderen, jene, um die es geht.[78]

Es besteht wohl kaum ein Zweifel daran, dass die Kräfte des Wandels, die sich in Deutschland ans Werk machten, es ohne Gorbatschow erheblich schwerer gehabt hätten. In dem Verlangen, sich eines Teils seiner eigenen Probleme zu entledigen, ließ der sowjetische Parteichef, so sieht es Elizabeth Pond, die Regierungen seiner Satellitenstaaten wissen, «sie seien ab jetzt auf sich gestellt, jedenfalls so lange, wie sie die Kontrolle behielten», und wenn sie «Schwierigkeiten mit ihrer Bevölkerung bekämen, werde die Sowjetunion nicht für sie die Kohlen aus dem Feuer holen». Die Ungarn ließen sich das nicht zweimal sagen und kurbelten den Reformmotor an, machten unter anderem die Grenze nach Österreich durchlässig und ermöglichten damit einen Massenexodus von DDR-Bürgern über Ungarn und Österreich im Sommer 1989.

Die DDR wäre freilich auch ohne die Perestroika und ihre Auswirkungen auf eine Explosion zugesteuert. Jarausch weist darauf hin, dass der Anteil der Unzufriedenen in der DDR-Bevölkerung nach Erkenntnissen der Meinungsforscher zwischen 1982 und 1987 von 38 auf 17 Prozent zurückgegangen war; nur zwei Jahre später jedoch erklärten 68 Prozent der DDR-Bewohner, sie hätten den Eindruck, alles werde schlechter, und die aktivsten Elemente der Bevölkerung nützten von da an verstärkt jede sich bietende Gelegenheit, um sich nach dem Westen abzusetzen. Jarausch zitiert eine «vernichtende» Analyse der Staatssicherheit, die 1989 vorgelegt wurde und zu dem Schluss kam, die große Mehrheit der «Republikflüchtigen» habe einfach genug von den «Problemen und Unzulänglichkeiten in der gesellschaftlichen Entwicklung und insbesondere im persönlichen Bereich» (23); sie ärgerten sich über den Mangel an Konsumartikeln und den schlechten Service in Werkstätten und Restaurants, seien frustriert wegen der geringen Verdienstmöglichkeiten und begrenzten Karrierechancen und übten zunehmend scharfe Kritik daran, dass in der DDR nicht frei und offen über diese Probleme diskutiert werden könne und dass die Presse bei der Darstellung gesellschaftlicher Probleme Schönfärberei betreibe.

Nicht weniger als 343 854 Personen kehrten dem Land 1989 den Rücken; das waren 2 Prozent der Gesamtbevölkerung, und es waren überwiegend Menschen, die zu den tatkräftigsten, am besten ausgebildeten Kräften in der DDR-Gesellschaft gehörten. Zu einem überproportionalen Teil kamen sie aus Ost-Berlin, aus kleineren Städten in Thüringen und Sachsen sowie aus den stark umweltgeschädigten Industrierevieren um Leipzig, Karl-Marx-Stadt (Chemnitz) und Dresden; 56,5 Prozent der Ausreisenden waren zwischen achtzehn und vierzig Jahren alt, rund zwei Drittel hatten eine höhere Fachausbildung, ein Sechstel ein Universitätsstudium; unter Letzteren befanden sich viele Mediziner und Mitglieder akademischer Fakultäten. Ihr Weggang hatte auf die Industrieproduktion der DDR und auf die Leistungsfähigkeit ihrer Sozialsysteme ähnliche Auswirkungen wie der grosse Exodus in den Monaten vor dem Bau der Mauer 1961. Für die Führung der SED, die vierzig Jahre lang die unangefochtene Macht im Staat ausgeübt hatte, war dieser Auszehrungsprozess deprimierend; unter seinem Eindruck kam es zu einem Komplott gegen Erich Honecker, bis zu dessen Ausführung es allerdings sehr lange dauerte, weil die Mitglieder des kommunistischen Herrschaftszirkels eine grosse Scheu davor hatten, einander ihre Gefühle und Hoffnungen anzuvertrauen. Erst als im Zuge der massenhaften Abwanderung deutlich wurde, dass viele Tausende in der DDR bereit waren, Risiken einzugehen und ihre Lebensweise zu ändern, wurde der Führungswechsel an der Spitze vollzogen, aber zu diesem Zeitpunkt hatten die Demonstrationen auf den Strassen Leipzigs, Dresdens und Berlins bereits begonnen und eine Eigendynamik entwickelt.

Jarausch betont, dass diese Bürgerbewegung eine «Eigenentwicklung» der DDR gewesen sei. Sie habe sich, so schreibt er, innerhalb des sozialistischen Rahmens entwickelt und sei zumindest in ihrem Anfangsstadium von einer «protestantischen Abneigung gegen die Politik» und von dem Wunsch beseelt gewesen, «den humanistischen Kern des Marxismus wieder freizulegen». (44) Unter dem Eindruck der Massenflucht aus dem Land habe sie sich jedoch unvermeidlicherweise politisiert und sich für einen reformierten Sozialismus eingesetzt, der ein Weggehen unnötig, ja sinnlos machen würde. Diese Forderung, auf die Strasse zu gehen, war ein gefährliches Unterfangen, wie sich an dem brutalen Einschreiten der Volkspolizei gegen die Teilnehmer an den ersten Demonstrationen in Leipzig und Dresden zeigte; dass die Leute trotzdem weiter auf die Strasse gingen, zeugte von bemerkenswertem Mut und Engagement. Doch in dem Mass, wie die Zahl der Demonstranten zunahm – am 9. November 1989 zogen 70000 Menschen durch die Strassen Leipzigs, am Ende des Monats waren es fünfmal so viele –, wurde deutlich, dass weder die SED-Führung noch die Stasi den Nerv hatte, es in Leipzig oder irgendeiner anderen Stadt auf eine «chinesische Lösung» ankommen zu lassen. Es erschien ihnen zweckmässiger, den uneinsichtigen Honecker endlich abzusetzen und zu hoffen, dass dann alles besser würde. (Bei Pond findet sich eine ausgezeichnete Schilderung der Verschwörung gegen Honecker und der Art und Weise ihrer Durchführung am 17. Oktober.)

Wenn man nachliest, wie die Nachfolger Honeckers – Egon Krenz, Günther Schabowski, Erich Mielke und wie sie alle hießen – in der Folge mehr schlecht als recht versuchten, sich den Volksmassen auf der Straße anzubiedern, kann man nur zu dem Schluss kommen, dass sie in Panik und Ratlosigkeit versanken. Das ist vielleicht gar nicht verwunderlich. Wie Jarausch schreibt:

Die führenden Männer der DDR lebten in einer Welt voller Wunschvorstellungen, ohne Wahrnehmung der tatsächlichen wirtschaftlichen Verhältnisse oder der zunehmenden Unzufriedenheit der Bevölkerung. (57)

Sie waren offenbar auf ihre eigene Propaganda über das tolle Funktionieren ihrer Wirtschaft hereingefallen, die doch in Wirklichkeit immer klappriger und umweltverschmutzender wurde. In ihrem hermetisch eingezäunten und abgesicherten Wohnbezirk bei Wandlitz nördlich von Berlin waren sie von den Problemen und Sorgen der gewöhnlichen DDR-Bürger abgeschirmt. Was die Lage für sie noch ausweglosser machte, war die Tatsache, dass Erich Mielke, der Chef der Staatssicherheit, alles, was die Staatsführung an Informationen aus dem Land erhielt, manipulieren konnte – da die Berichte der Stasi geheim waren, war eine kritische Überprüfung ihres Wahrheitsgehalts ausgeschlossen, und somit gab es keine Möglichkeit, sie in Frage zu stellen.

Das Festhalten am Fetisch der Parteidisziplin und die Erfahrung, dass gegen hohe Funktionsträger, die abweichende Meinungen äußerten, Sanktionen verhängt wurden, behinderten eine freie Diskussion selbst auf höchster Führungsebene. (56)

Als die Realität in ihre Scheinwelt einbrach, erwiesen diese Männer sich als unfähig, intelligent zu reagieren; hierin liegt sicherlich ein guter Teil der Erklärung dafür, dass die neue Reisebestimmungen, die das Politbüro am 9. November in der Hoffnung erließ, die anschwellenden Bevölkerungsverluste einzudämmen, so zweideutig und widersprüchlich konzipiert waren, dass sie die – so sicherlich nicht gewollte – Öffnung der Mauer am selben Abend auslösten.

Es war diese dramatische Wendung, die die Wiedervereinigung Deutschlands plötzlich wieder auf die politische Tagesordnung setzte, eine Wiedervereinigung, die man den Menschen im Osten jahrzehntelang ausgeredet hatte und die im Westen als Ziel praktisch in Vergessenheit geraten war, in erster Linie im Gefolge der Brandtschen Ostpolitik, die die Anerkennung der Existenz zweier deutscher Staaten mit sich gebracht hatte. Helmut Kohl entschloss sich mit der für ihn charakteristischen politischen Instinktsicherheit, voll auf die Wiedervereinigung zu setzen, eine Entscheidung, die die Bürgerbewegung in der DDR spaltete und schließlich verdorren ließ.

Teltschik hat geschrieben:

Der Bundeskanzler hat eine historische Chance rechtzeitig erkannt, sie entschlossen genutzt und im richtigen Moment die richtigen Entscheidungen getroffen. (375)

Wären diese Entscheidungen nicht von Erfolg gekrönt gewesen, würde das Urteil darüber, ob sie richtig waren, sicherlich anders ausfallen, und Elizabeth Pond weist überzeugender als irgendjemand vor ihr nach, dass sie ohne die konsequente und uneingeschränkte Unterstützung der Vereinigten Staaten nicht von Erfolg gekrönt gewesen wären. Man sollte nicht vergessen, dass das diplomatische Manöver, mit dem Kohl den Wiedervereinigungszug ins Rollen brachte, sein Zehnpunkteprogramm vom 28. November 1989, in dem er die Bildung einer «Vertragsgemeinschaft» zwischen den beiden deutschen Staaten im Rahmen eines zu beschleunigenden europäischen Einigungsprozesses anregte, von den anderen Mächten mit Befremden und kaum verhohlenem Unmut aufgenommen wurde. Margaret Thatcher ließ verlauten, über eine Wiedervereinigung Deutschlands könne man vielleicht in fünf oder zehn Jahren reden, aber sicher nicht früher, eine Auffassung, die Belgien und die Niederlande teilten. Mitterrand schien der Ansicht zu sein, dass der von Thatcher genannte Zeitrahmen den Deutschen zu weit entgegenkam, und machte sich auf die Reise nach Kiew, um sich mit Michail Gorbatschow zu beraten. (In ihren unlängst veröffentlichten Memoiren wirft Frau Thatcher dem französischen Präsidenten allerdings vor, er habe es an Entschlossenheit fehlen lassen und habe sich voreilig auf die Überzeugung verlegt, der Einigungsprozess sei nicht mehr aufzuhalten.)

Die einzige Stimme gegen diesen Chor der Vereinigungsgegner kam aus den Vereinigten Staaten. Die Regierung Bush zeigte sich nicht willens, den Austausch gegenseitiger Vorwürfe zwischen Washington und Bonn fortzusetzen, zu dem es im Gefolge der Auseinandersetzungen um die Modernisierung der Lance-Raketen ab Ende 1988 gekommen war. US-Außenminister James Baker schloss Frieden mit seinem deutschen Kollegen Genscher; Vernon Walters, der US-Botschafter in Bonn, verkündete bei mehr als einer Gelegenheit fröhlich, die Wiedervereinigung Deutschlands werde nicht lange auf sich warten lassen; und Präsident Bush selbst stellte schon im April 1989, und danach noch in mehreren Pressegesprächen im September und Oktober fest, er befürworte eine Wiedervereinigung und sehe die Angst vor der Renaissance eines deutschen Nationalismus, die seine Verbündeten immer wieder artikulierten, als unbegründet an. Über dieses Bekenntnis waren die Europäer ganz und gar nicht glücklich; Conor Cruise O'Brien schrieb nach einem Interview mit dem Präsidenten im Oktober in der Londoner *Times,* falls die Sowjetunion nicht noch ein Machtwort spreche, sei ein Viertes Reich nicht mehr abzuwenden und werde schon in naher Zukunft Realität sein – dann werde bald in jeder deutschen Stadt ein Standbild Adolf Hitlers stehen.

Diese Kassandrarufe beeindruckten George Bush nicht. Über das Verhalten der Amerikaner in den darauf folgenden Monaten schreibt Frau Pond: «Die Vereinigten Staaten ... unterstützten die Wiedervereinigung vorbehaltlos und spielten eine entscheidende und aktive Rolle bei ihrer Herbeiführung, einerseits indem sie den Widerstand der Briten und Franzosen umpolten, andererseits indem sie den Russen die Überzeugung nahe brachten, sie könnten die deutsche Wiedervereinigung ohne Gesichtsverlust überstehen.» (153)

Mit großem Geschick und sehr überzeugend schildert die Autorin, wie dies bewerkstelligt wurde, wobei sie einige interessante Schlaglichter auf die unterschiedlichen Taktiken richtet, deren sich das State Department und das National Security Council im Umgang mit den Russen bedienten. Sie macht dabei übrigens keinen Hehl aus ihrer Verwunderung darüber, dass George Bush für die bemerkenswerte diplomatische Meisterleistung, die er hierbei vollbrachte, nie angemessen gewürdigt geworden ist. Wie sie schreibt:

Seltsamerweise hat sich in den Vereinigten Staaten ein populärer Konsens durchgesetzt, der die aktive Mitwirkung der Amerikaner als unwesentlich abtut und davon ausgeht, die erstaunliche Wiedervereinigung Deutschlands zu den Bedingungen des Westens sei fast von selbst zustande gekommen. Vielleicht hat diese Wahrnehmungsstörung etwas damit zu tun, dass die Bush-Administration primär auf den Golfkrieg als ihr großes Husarenstück fixiert war, dass die Linke ein Problem damit hatte, Bush außenpolitische Fähigkeiten zuzugestehen, und dass die Rechte sich schwer tat, anzuerkennen, dass das ‹sanfte› Werben des Präsidenten um die Zustimmung der Russen und sein Vertrauen in die Deutschen in der gegebenen Situation das richtige politische Rezept darstellten. (153)

Während Kohl mit amerikanischer Unterstützung voranmarschierte, geriet die Bewegung, die sich eine Reform des DDR-Sozialismus auf die Fahnen geschrieben hatte – eine Reform, die den Fortbestand der DDR als eines selbstständigen Staatswesens hätte sichern können und ihr die Chance eröffnet hätte, vielleicht einen dritten Weg zwischen Kommunismus und Kapitalismus zu finden, in Turbulenzen und sank in sich zusammen. Als Ende 1989 öffentlich wurde, wie privilegiert die Mitglieder der Nomenklatura in Wandlitz gelebt hatten, löste dies einen so heftigen Volkszorn aus, dass die Regierung des Egon Krenz abdanken musste. Es gab nur wenig Zuversicht im Land, das unter Krenz' Nachfolger Hans Modrow die Dinge entscheidend besser würden, auch wenn er sich bereit erklärte, sich in die Sitzungen des Runden Tisches einzubringen, den die Bürgerbewegung und die Kirchen der DDR eingerichtet hatten, um in einem nationalen Dialog Lösungen für die Probleme des Landes zu finden. Die meisten der in dieser Bewegung vereinten Bürgergruppen traten, dies verdient, festgehalten zu werden, nicht für eine Wiedervereinigung ein. Sie wollten einen neuen, demokratischeren und menschlicheren ostdeutschen Staat. Allein, die immer neuen Enthüllungen über die tatsächliche Verfassung der DDR-Wirtschaft, die fast täglich herauskamen und die Jarausch in bewundernswerter Manier nachzeichnet – die katastrophale ökologische Bilanz der Industrie wie auch der Landwirtschaft zum Beispiel –, schockierten die Bevölkerung und ließen jene massenhafte Identifizierung mit der DDR abbröckeln, die eine notwendige

Voraussetzung für eine Revitalisierung von innen heraus gewesen wäre.

Das Ansehen, das die Bürgerbewegung bei der arbeitenden Bevölkerung genoss, schrumpfte rapide zusammen, weil die Leute das Gefühl bekamen, bei den endlosen Diskussionen am Runden Tisch komme nichts heraus, und weil bei ihnen wieder das alte Misstrauen gegen die Intellektuellen die Überhand gewann. Jens Reich, angesehener Biologe und Mitbegründer des Neuen Forums, einer der wichtigsten Gruppen der DDR-Opposition, hat seinen Landsleuten bescheinigt, dass ihr generelles Misstrauen gegen «die Brillenheinis» und das «Arschloch in dem fetten Audi» voll und ganz gerechtfertigt gewesen sei, da in der DDR die Intellektuellen immer nur Leporellos in der Hand der Don Giovannis von der SED gewesen seien – Leute, die zwar ausdauernd gemeckert, aber letzten Endes doch immer den Befehlen ihrer Herren und Meister gehorcht hätten. Reich kam zu der Überzeugung, dass trotz aller Aufrufe der revolutionären Bürgerbewegung zu einer grundlegenden Veränderung solche neuen Errungenschaften wie der Runde Tisch und solche Aktionen wie die Erstürmung des Stasi-Hauptquartiers an der Normannenstraße im Januar 1990 (die das Neue Forum mit initiierte) im Wesentlichen «Theater» waren. Sie seien für die Fernsehkameras inszeniert worden, mit den Intellektuellen in den Hauptrollen und dem Volk als Nebendarsteller.[79]

Die Kritik Reichs an den Gruppen der DDR-Opposition war vielleicht ein wenig zu pauschal, um ganz nachvollziehbar zu sein; es kann sein, dass sie wegen seines persönlichen Pessimismus und seiner Schuldgefühle besonders bitter ausgefallen ist. Offensichtlich ist er unglücklich darüber, dass er und andere DDR-Intellektuelle das kommunistische Regime über so viele Jahre hinweg tolerierten und nicht schon viel früher eine Oppositionsbewegung zu organisieren versuchten. Dennoch hat er zweifellos Recht mit der Feststellung, dass die gemeinen Leute in der DDR 1990 die Nase voll hatten. Auch Jarausch konstatiert, sie hätten spätestens im Februar das Gefühl gehabt, dem Runden Tisch sei es wichtiger, «den Dritten Weg» zu erkunden, als die Lebensverhältnisse zu verbessern. Die meisten Leute wollten weniger eine menschlichere Welt als einen höheren Lebensstandard durch Wiedervereinigung mit dem Westen. Im Vertrauen darauf, dass ‹wir die Macht haben›, begannen Demonstranten in wachsender Zahl, der Bürgerbewegung den Rücken zu kehren. Sie skandierten eine neue Parole: «‹Weder braun noch rot – Helmut Kohl tut Not!›» (106)

Zwei Ereignisse beschleunigten jetzt den Vereinigungszug zusätzlich und machten ihn unaufhaltbar. Das eine war der Kantersieg der Christdemokraten bei den Wahlen zur DDR-Volkskammer im März 1990. Vorschub leisteten diesem Triumph die Gruppen der Bürgerbewegung, indem sie es einerseits versäumten, sich wirksam gegen das massive Eingreifen der westdeutschen Parteiorganisationen in den Wahlkampf zu wehren, und es andererseits nicht fertig brachten, selbst schlagkräftige Parteilisten an den Start zu bringen. Wahlhilfe für die CDU leistete auch die bundesdeutsche SPD durch ihre verworrene und ambivalente Haltung in der Wiedervereinigungsfrage. Doch im Wesentlichen war das Wahlergebnis ein persönlicher Triumph Helmut Kohls, errungen durch seine eindrucksvollen Auftritte in Erfurt, Chemnitz, Magdeburg, Rostock, Cottbus und Leipzig in der letzten Wahlkampfwoche, mit denen er fast 1 Million Menschen erreichte, rund 10 Prozent aller Wahlberechtigten.

Kohl machte bei diesen Auftritten Versprechungen, die er später zweifellos bereute. Er verhieß den Wählern wirtschaftlichen Wohlstand gleichsam über Nacht, weil im Fall einer Wiedervereinigung binnen kürzester Zeit «nicht nur Hunderte, sondern Tausende von investitionsbereiten Unternehmern – von Großunternehmen bis hin zum Handwerk – aus der Bundesrepublik kämen und gemeinsam in kurzer Zeit ein blühendes Land schaffen würden». Für Rentner, Arbeitslose und Kleinsparer würde das «bewährte soziale Netz» der Bundesrepublik da sein, und die Vereinigung werde sich nicht in Form einer Annektion vollziehen, sondern sei als Angebot für ein besseres Leben zu verstehen; mit ihren Stimmen könnten die Menschen über die Zukunft des deutschen Vaterlandes und dessen gemeinsame Zukunft in Europa entscheiden. Diese Mischung erwies sich als unwiderstehlich, und so holte die CDU bei der Wahl, an der sich 93,38 Prozent aller Stimmberechtigten beteiligten 192 Parlamentsmandate, denen 88 für die SPD gegenüber standen.

Der zweite entscheidende Faktor waren die Verhandlungen Kohls mit Gorbatschow, zunächst in Moskau, dann, im Juli 1990, in Stawropol im Kaukasus, in denen die letzten diplomatischen Hindernisse für die Wiedervereinigung Deutschlands beiseite geräumt wurden. Die zwischen beiden Staatsmännern getroffene Vereinbarung gestand der DDR das Recht zu, selbst über ihre Sicherheitspolitik zu bestimmen, d.h. im Falle einer Vereinigung mit der Bundesrepublik Teil der NATO zu werden (womit eine der von den Westmächten gestellten Bedingungen für die Wiedervereinigung erfüllt war). Vereinbart wurde ferner, dass die Streitkräfte des wiedervereinigten deutschen Staates auf eine Sollstärke von höchstens 370000 Mann reduziert und dass deutsche NATO-Verbände so lange nicht auf dem Gebiet der früheren DDR stationiert werden sollten, bis die sowjetischen Besatzungstruppen abgezogen waren. In seinem Tagebuch bezeichnet Teltschik diese Vereinbarung als «das Wunder von Moskau» und verbucht sie als Erfolg der persönlichen Diplomatie Kohls (313 ff.). Es handelte sich jedoch in hohem Maße um das Resultat einer Teamarbeit, denn Außenminister Genscher und seine Mannen hatten durch geschicktes Taktieren mit finanziellen Hilfszusagen ebenso den Weg geebnet wie George H.W. Bush, der immer, wenn es nötig war, im Hintergrund Druck auf Moskau ausgeübt hatte. Wie wir von Frau Pond erfahren, tat sich die US-Regierung schwer, der amerikanischen Presse glaubhaft zu machen, dass die Dinge sich so verhielten – in den Zeitungen war viel von «Stawrapallo» und von einem Schwinden des amerikanischen Einflusses zu lesen. Die eigene Diplomatie ins rechte Licht zu setzen, war noch nie eine Stärke der Amerikaner.

Jetzt blieb nicht viel mehr zu tun, als die losen Fäden zusammenzuknoten, und das wurde zügig getan. Im August 1990 stellten die beiden deutschen Regierungen Regularien für die erste gesamtdeutsche Parlamentswahl auf und brachten ihr Vereinigungsabkommen unter Dach und Fach. Im September schlossen die Außenminister die so genannten Zwei-plus-Vier-Verhandlungen ab (zwischen den beiden deutschen Staaten und den vier ehemaligen Besatzungsmächten, USA, Sowjetunion, Großbritannien und Frankreich, die ihre «Rechte und Verantwortlichkeiten für Berlin und für Deutschland als ganzes» für erloschen erklärten). Am 3. Oktober fand vor dem alten Reichstag in Berlin die Vereinigungsfeier statt, und am 2. Dezember endete die erste wirklich nationale Wahl seit Hitlers Zeiten mit einem Triumph der in Bonn regierenden Mitte-Rechts-Koalition.

II

Dies ist vielleicht der richtige Moment, um nach allem, was über den Gezeitenwechsel der Gefühle in der ehemaligen DDR gesagt worden ist, die Frage zu stellen, wie populär der Wiedervereinigungsgedanke in der alten Bundesrepublik war. Das ist keine leicht zu beantwortende Frage. In den langen Jahren nach der Teilung Deutschlands durch die Siegermächte des Zweiten Weltkriegs hatte es durchaus Momente gegeben, in denen der Wunsch nach Wiedervereinigung lichterloh aufgeflammt war – unter dem unmittelbaren Eindruck des Arbeiteraufstands in Ost-Berlin am 17. Juni 1953, nach dem Bau der Mauer im August 1961 –, aber ansonsten hatte er sich zu einem Glaubensartikel, der automatisch repetiert wurde (und dem gewöhnlich das Wort «natürlich» voranging), abgekühlt. Auf diplomatischen Konferenzen gerieten sich Mächte darüber in die Haare, die im Grunde, selbst wenn sie im westlichen Lager standen, nicht gerade darauf brannten, eine Lösung zu finden. Unter diesen Umständen nahm die Zahl derer, die mit einer Wiedervereinigung Deutschlands innerhalb eines überschaubaren Zeitraums rechneten, immer weiter ab, schrumpfte von 13 Prozent aller Befragten 1968 auf bloß noch 3 Prozent 1987. Nach Einschätzung Peter Merkls war die Wiedervereinigung 1989 zu einem «kastrierten Anliegen von ... hoher ideologischer Symbolkraft, aber ohne jeden politischen Gehalt» geworden.

Die Vorgänge jenes ereignisreichen Jahres änderten das alles, und die Begeisterung für die Wiedervereinigung wuchs in dem Maß, wie deutlich wurde, dass sie erreichbar war. Merkl, der die unendlichen Datenmengen der Meinungsforscher mit analytischer Gründlichkeit und Schärfe durchforstet hat, weist allerdings darauf hin, dass in der Ausprägung des Wunsches nach Wiedervereinigung signifikante, mit Lebensalter und Status korrelierende Unterschiede bestanden. Am stärksten war die Zustimmung bei den über 50-jährigen, also Menschen der Weltkriegsgeneration, der auch Helmut Kohl angehörte; die Jüngeren, insbesondere die unter 25 Jahre alten, äußerten bestenfalls ein lauwarmes Interesse an der Wiedervereinigung. Junge Bundesbürger wurden in Zeitungen und im Fernsehen mit der Aussage zitiert, sie wüssten nichts über die Ostdeutschen und sähen keinen Grund, einen Unterschied zwischen ihnen und zum Beispiel den Tschechen oder den Schweizern zu machen. Nur wenige von ihnen betrachteten die Einheit als einen «Wert an sich oder eine nationale Aufgabe von absoluter Vordringlichkeit», wie ein Beobachter registrierte. Das Entsprechende schien auch für die junge Generation in der DDR zu gelten – der Anteil derer, die sich bei einer Befragung im Mai 1990 für eine Wiedervereinigung aussprachen, lag bei den unter 30-jährigen nur halb so hoch wie bei den über 60 Jahren alten.

Zukunftsängste flossen bereits in die Meinungsäußerungen ein, lange bevor der Einheitsvertrag unterzeichnet wurde. «Selten haben optimistische Erwartungen, Ängste und Besorgnisse so nahe beieinander und in so widersprüchlicher Mischung existiert wie in der Mitte der 90er Jahre», (139) schrieb Hans-Joachim Veen von der Konrad-Adenauer-Stiftung. Die Sympathien für diejenigen, die sich aus der DDR in den Westen absetzten, gingen schon ab Januar 1990 stark zurück – auf nur noch 10 Prozent aller Befragten im April 1990 von zuvor zwei Dritteln –, und von denen, die ihre Meinung äußerten, sprachen sich mehr als 50 Prozent dafür aus, die Zuwendungen an die Flüchtlinge zu kürzen, um nicht mehr so viele anzulocken. Dieselben Enthüllungen und Erkenntnisse über die desolate Lage der DDR-Wirtschaft, die die Menschen im Osten veranlassten, sich von der Bürgerbewegung abzuwenden und auf den Wiedervereinigungszug aufzuspringen, ließen bei den Menschen in den alten Bundesländern zunehmend die bange Frage nach den Kosten der Wiedervereinigung und nach den dafür womöglich ins Haus stehenden Steuererhöhungen aufkommen.

Das Vorwalten solcher skeptischer Gedanken liefert eine plausible Erklärung dafür, dass diejenigen im Westen, die fürchteten, der Vollzug der Wiedervereinigung könne einen Ausbruch nationalistischer Begeisterung nach sich ziehen, von der Stimmungslage, die im Oktober 1990 in Deutschland vorherrschte, angenehm überrascht waren – von einem Hochgefühl war wenig zu spüren, eher herrschte ein gewisses Unbehagen. Es flatterten keine Nationalflaggen in Frankfurt, Würzburg oder Erlangen. In Bayern herrschte eine so nüchterne Atmosphäre, dass der CSU-Politiker Theo Waigel seine Landsleute aufrief, «ein bisschen mehr Freude und ein wenig mehr Dankbarkeit» zu zeigen. Auch in Berlin war die Stimmung, als um Mitternacht des 2. Oktober der große Augenblick kam, von feierlichem Ernst geprägt; die Vereinigungsfeier war von ihren Organisatoren wohlweislich auf die allernotwendigsten Elemente reduziert worden – etwas ·Beethoven, das Läuten der Freiheitsglocke, das Hissen der bundesrepublikanischen Fahne, gefolgt von einer aus einem Satz bestehenden Proklamation und dem Absingen der dritten Strophe des Deutschlandliedes.[80]

III

Doch dann kamen die Nachwehen, und sie kamen nicht vereinzelt, sondern massiert. Da waren zunächst die wirtschaftlichen Verwerfungen, die umso schlimmer waren, als man nicht mit ihnen gerechnet hatte. Kaum jemand war sich darüber klar, dass die Volkswirtschaft der DDR, vermeintlich die leistungsfähigste in Osteuropa, seit dem Ölschock der 70er Jahre in stetem Niedergang begriffen war und dass das Regime sich seit Anfang der 80er Jahre, wie Merkl es formuliert, «in ein Schneckenhaus der Autarkie und der Selbsttäuschung zurückgezogen hatte, die Augen vor den wirtschaftlichen Problemen verschließend und die schrumpfenden Bodenschätze des Landes, wie etwa seine Braunkohle, ohne Rücksicht auf ökologische und andere Kosten bis zum letzten Jota ausbeutend». (236)
Infolge unrealistischer Planvorgaben und schlichten Schlendrians waren alle wichtigen Industriezweige der DDR – Stahl, Maschinenbau, Chemie, Automobil- und Nutzfahrzeugbau, Textil und Wohnungsbau – weit hinter westliche Standards zurückgefallen; um sie wieder wettbewerbsfähig zu machen, bedurfte es größerer Investitionen, doch das Geld dafür war schwer zu beschaffen, nachdem die wahre Verfassung der DDR-Wirtschaft offenkundig geworden war. Auch die Verkehrswege des Landes befanden sich in beklagenswertem Zustand; sowohl Straßen als auch Schienenstrecken und rollendes Material bedurften dringend der Modernisierung. Von den horrenden Umweltschäden, die Jahrzehnte einer rücksichtslosen kommunistischen Industrie- und Landwirtschaftspolitik angerichtet hatten, erwähnt Merkl insbesondere die Folgen des unter sowjetischer Regie betriebenen Uran-Tagebaus im Süden Sachsens, der viele Quadratkilometer verstrahlten Bodens zurückgelassen hatte, deren Sanierung Milliarden kosten würde, und die Auswirkungen jahrzehntelanger Schwefeldioxid-Emissionen im Gebiet um Bitterfeld, die die Lebenserwartung der Menschen verkürzten und Wachstumsstörungen bei Kindern verursachten; Abhilfe konnte in diesem Fall nur durch Schließung der betreffenden

Betriebe – und das hieß um den Preis massenhafter Arbeitslosigkeit – geschaffen werden.

Niemand wusste, wie viel die Beseitigung dieser katastrophalen Defizite kosten würde. Die verspätet unternommenen Bemühungen, die Gesamtkosten der Wiedervereinigung zu berechnen, führten zu Ergebnissen, die die Menschen erschreckten und verärgerten; so gelangte Klaus von Dohnanyi, der angesehene frühere Regierende Bürgermeister von Hamburg, «nach bestem Gewissen» zu der Schätzung, dass man rund 1 Billion DM aus öffentlichen Kassen und rund 1,5 Billionen DM an privaten Investitionen brauchen werde, um Wirtschaft und Infrastruktur der ehemaligen DDR bis zum Jahr 2000 zu modernisieren. Die wohlfeilen Versprechungen, die Kohl im Wahlkampf vom März 1990 gemacht hatte, erschienen im Rückblick wie bewusst geschossene Eigentore, und so brach sich in Teilen der wohlhabenden westdeutschen Bevölkerung, die für unabsehbare Zeit eine stärkere Steuerbelastung heraufziehen sah, ein heftiger Groll gegen Kohl und gegen die «Ossis» Bahn, die ihnen diese Probleme eingebrockt hatten.

Den «Ossis», die mit ansehen mussten, wie ihr Außenhandel in die Knie ging, ihre Betriebe schließen mussten, weil der Markt die Investitionen, ohne die sie nicht weiterbestehen konnten, nicht hergab, wie die Hälfte ihrer industriellen Arbeitsplätze dahinschwand und wie sich Verhältnisse ausbreiteten, die denen in der Weltwirtschaftskrise ähnelten, fingen an, die Wiedervereinigung als eine Bauernfängerei und die «Wessis» im Ganzen als ein Volk von Ausbeutern zu betrachten. Im März 1990 hatte die Volkskammer eine Treuhandanstalt errichtet, die die Privatisierung der DDR-Wirtschaft durch den Verkauf bisher volkseigener Betriebe in Gang bringen sollte, wobei die Bürger in den Genuss eines fairen Anteils an den Erlösen kommen sollten. Die Treuhandanstalt, die nach vollzogener Wiedervereinigung dem bundesdeutschen Finanzministerium unterstellt wurde, begann ihre Arbeit nach dem Urteil von W. R. Smyser quälend langsam, «das Einfließen von Investitionsmitteln in den deutschen Osten eher bremsend als beschleunigend». Bis Ende 1991 hatte sie erst rund 3500 Betriebe verkauft und dafür einige hundert Millionen DM erlöst; rund 20 Prozent dieser Verkäufe waren auf Management-Buyouts entfallen.[81]

Nicht lange, und die Treuhandanstalt wurde auch mit dem Vorwurf konfrontiert, sie behindere den Einstieg ausländischer

Investoren, indem sie Interessenten aus Westdeutschland bevorzuge, eine Kritik, die eine gewisse Plausibilität dadurch erhielt, dass zum Beispiel die Lufthansa den Zuschlag für die Übernahme der DDR-Airline Interflug erhielt oder dass 28 moderne Interhotels, darunter 2 an der Kreuzung Friedrichstraße und Unter den Linden in Berlin, zu einem angeblich lächerlich niedrigen Preis an einen bundesrepublikanischen Immobilienkonzern gingen. Fehler bei der Verwertung der treuhandeigenen Landwirtschaftstitel (im Gesamtumfang von 4 Millionen Hektar)[82] führten zu widersinnigen Kahlschlägen in Obstanbaugebieten und dazu, dass Bauern von ihren Kolchosen vertrieben wurden. Im Großen und Ganzen gewann man den Eindruck, die Treuhand sei ein Werkzeug westlichen Ausbeutungs- und Kolonisierungswillens; das regte unter anderem den Dramatiker Rolf Hochhuth zu einer Sammlung bitterböser Sketche an, die 1993 unter dem Titel *Wessis in Weimar. Szenen aus einem besetzten Land* erschien,[83] zu einem Zeitpunkt, da die Vereinigungseuphorie längst verflogen war und das Ost-West-Verhältnis einen Tiefpunkt erreicht hatte.

Zudem waren inzwischen viele andere Sorgenkinder herangewachsen; eines davon, und nicht das harmloseste, war der internationale Ansehensverlust, den Deutschland infolge der Perspektivlosigkeit und Tapsigkeit seiner Außenpolitik nach der Wiedervereinigung erlitt. Der Respekt, den die Diplomatie Helmut Kohls sich 1989 und 1990 erworben hatte, schmolz infolge seiner unrealistischen Einschätzung der wirtschaftlichen und psychischen Auswirkungen der Wiedervereinigung dahin. So konnte er nicht verhindern, dass strittige Fragen, die mit der Interpretation des Grundgesetzes zu tun hatten, die Fähigkeit der Bundeswehr lähmten, sich an friedenserhaltenden Operationen der deutschen NATO-Verbündeten zu beteiligen, ein Defizit, das er während des Golfkrieges durch eine Scheckbuch-Diplomatie zu kompensieren versuchte, die viele seiner Landsleute ebenso selbsterniedrigend fanden, wie sie kontraproduktiv war. Er setzte in Maastricht die Anerkennung Sloweniens und Kroatiens durch und weigerte sich anschließend, einen Teil der Lasten zu schultern, die diese Anerkennung mit allem, was sie in Bosnien an unguten Dingen nach sich zog, der Staatengemeinschaft aufbürdete.

Das Schädlichste von allem war jedoch vielleicht, dass die Regierung Kohl es nicht fertig brachte, die Regeln und Vorgaben für das

Handeln der Bundesbank so abzuändern, dass diese eine mit der Fiskalpolitik der Verbündeten abgestimmte Linie hätte fahren können. Die Politik der Bundesbank, die Zinsen hoch zu halten, um den Inflationstendenzen entgegenzuwirken, die die heftige Kreditaufnahme für die Deckung der Wiedervereinigungskosten heraufbeschworen hatte, stürzte die westlichen Finanzmärkte in schwere Turbulenzen und erschwerte die Überwindung der wirtschaftlichen Rezession. Die deutsche Geldpolitik drohte, wie Craig R. Whitney am 1. August 1993 schrieb, die wirtschafts- und finanzpolitischen Ziele der Europäischen Union zu torpedieren und die geplante «Währungsunion und den Maastrichter Vertrag selbst für den Rest des Jahrhunderts zu sterilisierten Projekten zu machen».[84]

Christian Hacke hat in einer interessanten Arbeit die Unausgegorenheit der deutschen Außenpolitik sowie die endlosen Debatten und die moralischen und ideologischen Eiertänze, die sie ausgelöst hat, darauf zurückgeführt, dass die Wiedervereinigung bis 1989 viele Jahre lang ein so akademisches Thema war, dass kein systematisches Nachdenken darüber stattfand, welchen politischen Weg Deutschland einschlagen sollte, falls es je dazu käme. So fehlte es 1990 einfach an einer geschulten Öffentlichkeit und an einer Garde außenpolitischer Profis, die in der Lage gewesen wären, die deutschen Interessen zu definieren und Handreichungen für eine wirksame Politik zu geben. In den Parteien und beim Wahlvolk existierten weder ein kohärentes Nationalbewusstsein noch ein grundlegender Konsens über Staatsziele, ja nicht einmal eine entwickelte Vorstellung von dem, was man die Anatomie der Außenpolitik nennen könnte, also von den Visionen, die jedes außenpolitische Handeln beseelen müssen, von den der auswärtigen Politik innewohnenden Risiken und Beschränkungen, von der zentralen Bedeutung klarer Entscheidungen in der Diplomatie und davon, dass sowohl das Entscheiden als auch das Nichtentscheiden Folgen haben. Nicht ganz unwichtig war auch, dass deutsche Politiker sich schwer taten, die Unverzichtbarkeit des Faktors Macht in der Politik anzuerkennen. Dieser blinde Fleck erklärt die kontraproduktive Irrationalität, durch die sich ein so großer Teil der deutschen Politik der jüngeren Vergangenheit ausgezeichnet hat.[85]

Als ein sehr viel ernsteres, weil hautnah erlebtes Problem nahmen die Deutschen den Einwandererstrom aus dem Osten wahr, der den Boden bereitete für die bösartigen, unprovozierten Überfälle jugendlicher Schlägerbanden aus der Skinhead-Szene auf Ausländer. Da die meisten dieser Vorfälle anfänglich in den neuen Bundesländern geschahen, konnten sich die Westdeutschen noch eine Zeit lang in die tröstende Rationalisierung flüchten, es handle sich um vorübergehende Symptome der durch die Wiedervereinigung ausgelösten sozialen Verwerfungen. Doch die Übergriffe verebbten nicht, sondern griffen vielmehr in die alten Bundesländer über, wo ein Brandanschlag auf ein von Türken bewohntes Haus in Solingen und schreckenerregende Gewaltexzesse in Mölln alles bis dahin Erlebte noch übertrafen. Im gesamten Bundesgebiet kam es in den ersten sechs Monaten des Jahres 1993 zu 561 Attacken auf Ausländer sowie zu 24 als antisemitisch charakterisierte Überfällen.

Waren diese empörenden Vorfälle Symptome eines deutschen Rückfalls in einen überwunden geglaubten Nationalismus und Rassismus? Die nazistischen Abzeichen, Requisiten und Schlachtrufe der Skinheads gaben sicherlich Anlass zur Beunruhigung, ebenso wie der begeisterte Beifall, der aus der Menge der Gaffer – etwa in Rostock –, die die Brutalitäten mit ansahen, erklang. Beunruhigend war auch, dass die rechtsextremen Republikaner und andere politische Gruppierungen des rechten Spektrums synchron mit der Zunahme gewalttätiger Übergriffe an Zulauf zu gewinnen schienen. Bemerkenswert war im Übrigen auch die Tatsache, dass obwohl einige der türkischen Opfer seit bis zu dreißig Jahren in Deutschland lebten und es unter den Jüngeren von ihnen etliche gab, die in Deutschland geboren waren (ohne dass sie je die deutsche Staatsbürgerschaft erhalten hätten), die Attacken auf sie offenbar keine sonderliche Empörung in der allgemeinen Bevölkerung auslösten. Der Dichter und Essayist Hans Magnus Enzensberger, der in politischen Krisenzeiten immer wieder als sprachgewaltiger Polemiker hervorgetreten ist, hat sich in einem Büchlein mit dem Titel *Die große Wanderung* und vor kurzem in einem Beitrag im Nachrichtenmagazin *Der Spiegel* zu diesen Problemen geäußert.[86] Offenbar macht er sich keine größeren Sorgen wegen eines möglichen Rückfalls in nationalistische Denkhaltungen. Was wüssten Skinheads schließlich über Adolf Hitler oder über die deutsche Geschichte im Ganzen? Was sie antreibe, sei eher blinder Hass als Ideologie, und sie würden sicherlich andere Objekte für ihre Aggression finden, wenn die Ausländer nicht da wären. Die Republikaner müssten noch einen langen Weg zurücklegen, ehe sie zu einer ernst zu nehmenden Bedrohung für die anderen Parteien werden könnten, und je lauter sie die nationale Fanfare bliesen, desto mehr Jungwähler würden sich wahrscheinlich von ihnen abwenden. Zum Thema Rassismus stellt Enzensberger fest, dass die Einstellung der Deutschen zu ihren Einwanderern sich kaum von der ihrer Nachbarn in Frankreich und der Schweiz unterscheide. Sie verhielten sich wie Reisende in einem Abteil erster Klasse, die sich gestört fühlten, wenn gewöhnliche Passagiere zustiegen. Aus vielen anderen als rassischen Gründen seien sie nicht daran interessiert, sich mit Fremdlingen einzulassen. Enzensberger konstatiert so zwar, dass das Mitgefühl der Deutschen für die Situation der in ihrem Land Gestrandeten nicht so ausgeprägt sei, wie es sein könnte, aber er empfiehlt, dieses Defizit an der Tatsache zu messen,

dass die Deutschen sich und einander nicht leiden können. Die Gefühle, die bei der deutschen Vereinigung zutage getreten sind, lassen daran keinen Zweifel. Wer sich selber nicht mag, dürfte sich aber mit der Fernstenliebe noch etwas schwerer tun als andere.[87]

Das eigentlich beunruhigende Problem sei ein ganz anderes, meint Enzensberger: dass angesichts einer eklatanten Missachtung des legitimen staatlichen Gewaltmonopols – in Gestalt bewaffneter Angriffe nihilistischer Elemente auf die öffentliche Ordnung – deutsche Bürger sich als bloße Zuschauer gebärdeten und den Vertretern ihres Staates erlaubten, dasselbe zu tun.

Auf das massenhafte Auftreten von Schlägerbanden in beiden Teilen Deutschlands hat der Apparat der Repression, von der Polizei bis zu den Gerichten, mit einer bis dahin unerhörten Enthaltsamkeit reagiert. Verhaftungen waren die Ausnahme; wo sie vorgenommen wurden, hat man die Täter so gut wie immer am nächsten Tag auf freien Fuß gesetzt. Bundesanwaltschaft und BKA, einst vor Eifer, Schaden vom deutschen Volk zu wenden, durch die Medien hechelnd, halten still, als hätte man sie in den einstweiligen Ruhestand versetzt. Der Bundesgrenzschutz, der noch vor wenigen Jahren jede zweite Straßenkreuzung besetzt hielt, ist wie vom Erdboden verschluckt.[88]
Nicht Somalia ist unsere Priorität, sondern Hoyerswerda und Rostock, Mölln und Solingen. ... dafür haben wir zu haften.[89]

Dieses Erschlaffen des politischen Willens beschränkte sich, wohlgemerkt, nicht auf die Polizei und die Gerichte. Auch die politischen Führer in Deutschland legten in den ersten Jahren nach der Wiedervereinigung keineswegs einen großen Drang an den Tag, die Herausforderungen der Zeit anzunehmen und sich ihnen gewachsen zu zeigen, ganz gleich in welchem Bereich. Stattdessen wurde das Land von neuen Parteiskandalen erschüttert, deren erschreckendster zum Sturz des SPD-Vorsitzenden Björn Engholm führte, der eingestehen musste, dass er nicht das ahnungslose Opfer schmutziger CDU-Tricks im schleswig-holsteinischen Landtags-Wahlkampf von 1987 gewesen war, als das er sich damals dargestellt hatte, und dass er dazu falsche Aussagen vor einem Untersuchungsausschuss gemacht hatte. Der Bundestag hatte sich, so schien es, so weit von der Wirklichkeit abgekapselt, dass Beobachtern als einzige treffende Beschreibung der Situation der alte Aphorismus einfiel: *Senatu deliberante, Saguntum periit*. Die Stimmungslage draußen im Land, zu der dies führte, kam in dem vielleicht nicht besonders eleganten, aber doch kraftvoll-polemischen Begriff der Politikverdrossenheit zum Ausdruck, der sich spätestens 1993 zum journalistischen Klischee verfestigte.[90]

IV

Das eine Wort, das man in Deutschland des Jahres 1993 sogar noch öfter hörte, war «Angst». Coleridge hat den Deutschen in seinem *Table Talk* einmal attestiert, sie litten allesamt an einer ausgeprägten Neigung zur Exzessivität. Er bezeichnete dies als den deutschen «Nationalfehler». Diese Diagnose trifft sicherlich zu, zumindest wenn sich die Deutschen in einer ihrer Angstphasen befinden. In keinem anderen Volk der Welt ist der Glaube an Murphy's Gesetz so verbreitet, das besagt, dass alles, was schief gehen kann, früher oder später auch schief gehen wird; von der versöhnlichen amerikanischen Antwort, dass man immer jemanden findet, der es wieder in Ordnung bringt, haben sie noch nie gehört. Für die Deutschen sind die Dämme immer kurz davor, zu brechen, und hinter der nächsten Ecke lauert immer die nächste Katastrophe. Während der gesamten Geschichte der alten Bundesrepublik löste jede kleinere Krise einen Chor von Prophezeiungen aus, das demokratische System stehe kurz vor dem Kollaps, und diese Neigung zum Schwarzsehen hat sich seit dem Vollzug der Wiedervereinigung verstärkt. Cees Nooteboom resümierte die Gespräche, die er 1990 mit Deutschen führte, wie folgt:

Der Ausländer spielt in diesen Tagen in einigen eher aufgeklärten deutschen Kreisen eine etwas merkwürdige Rolle: Man will wissen, wie *er* darüber denkt, die eigene Unruhe, Abneigung oder Angst abwägen am anderen, von dem man vermutet, dass er in irgendeiner Art aus historischen Gründen doch wieder ‹gefährliche Entwicklungen› befürchtet. Man hat den Eindruck, als hätten sie vor sich selbst Angst und wollten das von einem Außenstehenden bestätigt wissen und dann doch wieder nicht. Es ist schwierig, die Grenzverleger und die Republikaner trotz der historischen Reflexion und dem dazugehörenden Abscheu gefährlicher zu finden, als man sie findet. In diesem Zusammenhang fand ich in einem Artikel der *FAZ* … den Satz ganz schön: ‹Die Geschichte scheut es, sich zu wiederholen.› Doch diese Ansicht teilen meine Gesprächspartner meistens nicht. Es muss ein komisches Gefühl sein, vor den eigenen Landsleuten Angst zu haben, hier ist es aber nicht ungewöhnlich.[91]

1993 war die allgemeine Angst davor, dass alles in die Binsen gehen könnte, so penetrant geworden, dass der Politische Club der Evangelischen Akademie in Tutzing eine internationale Konferenz zu dem Thema «Dämon Deutschland? Versuche zur Anatomie einer Angst» veranstaltete.[92] Das Denkertreffen trug nicht allzu viel zur Beantwortung der aufgeworfenen Fragen bei. Nur einer der deutschen Teilnehmer sprach über Probleme der Gegenwart, und er tat es in einem Tenor tiefer Verzagtheit. Zwei andere riefen die Zuhörer auf, in einem «inneren Nationalismus» und in der Vision eines «heiligen Deutschland» Trost und Zuflucht vor den Unbilden der Gegenwart zu suchen. Die ausländischen Teilnehmer zeigten sich eher belustigt und befremdet über die Stimmungslage in Deutschland; so attestierte Professor Henri Ménudier von der Sorbonne den Deutschen, sie litten an einer «kollektiven Neurose» und gehörten einer «frustrierten Gesellschaft» an, «die sich beständig auf ein katastrophales Ende vorbereitet». Selbst wenn man dem Land zugestehe, dass es in eine kritische Lage geraten sei (von der die Verschlechterung der französisch-deutschen Beziehungen seit 1990 einer der beunruhigendsten Aspekte sei), müsse man die Frage stellen, wozu diese ganze Hilflosigkeit, diese ganze Larmoyanz gut sei. Müsse man daraus schließen, dass Deutschland eine bloße Schönwetter-Demokratie sei?

Es ist bemerkenswert, dass man im Ausland heutzutage mehr Zutrauen zu den Deutschen hat, als die Deutschen es zu sich selbst haben. Jarausch, Pond und Merkl beenden ihre Bücher allesamt mit einigermaßen optimistischen Ausblicken, und die Weltökonomen des Westens melden kaum Bedenken hinsichtlich der Zukunft Deutschlands an, vorausgesetzt, es gelingt denen, die es regieren, eine stimmige Zukunftsstrategie zu finden.[93] Solche hoffnungsfrohen Erwartungen gehen indes vielleicht am Kern des Problems vorbei. Man ist versucht zu glauben, dass die allgegenwärtige Angst der Deutschen eine besondere Form jener Lähmung sein könnte, vor der Nietzsche gesagt hat, die Geschichte habe sie den Deutschen auferlegt. Die Erinnerung an die Nazizeit lässt sie zögern, ja ängstlich davor zurückschrecken, in Europa die Position und die Verantwortung zu übernehmen, zu denen die Größe und die im Grundsatz vorhandene Stärke ihres Landes sie berechtigen. Zu viele Deutsche träumen den unerfüllbaren Traum von Deutschland als einer zweiten Schweiz.

Eine typisch deutsche Befürchtung ist die, die gegenwärtigen Probleme im Verhältnis zwischen den beiden Teilen des Landes resultierten nicht aus schwierigen Gegebenheiten, die sich zum Besseren verändern lassen, sondern aus vierzig Jahren eigenständiger DDR-Geschichte, die bis auf weiteres ein unüberwindliches Hindernis für eine wirkliche Wiedervereinigung bilden würden. Zugleich ist das alte Problem der Vergangenheitsbewältigung von neuem hochgekommen, diesmal mit der Stasi in der zuvor dem NS-Regime vorbehalten gewesenen Rolle und mit der westdeutschen Presse als Hecke, aus der heraus auf DDR-Autoren wie Christa Wolf ebenso geschossen wird wie auf ostdeutsche Politiker wie Manfred Stolpe, den Ministerpräsidenten von Brandenburg, wobei die Munition immer aus dem Vorwurf angeblicher Stasi-Verstrickungen besteht. Marion Dönhoff, Peter Bender und andere ähnlich gesinnte Autoren, Wissenschaftler und Theologen haben vor kurzem ein beredtes Manifest mit der Überschrift «Weil das Land Versöhnung braucht»[94] veröffentlicht, mit dem sie die voraussehbar fatalen Folgen dieses zwanghaften Grabens in der Vergangenheit zum Zweck der Demontage von Persönlichkeiten aufzeigen wollen.

Die Beschäftigung mit der Geschichte kann freilich nicht nur lähmende, sondern auch befreiende Wirkungen zeitigen. Die Wiedervereinigung vom Oktober 1990 kompensierte das, wie der Schriftsteller Martin Walser es einmal genannt hat, «geschichtliche Defizit»,[95] das beide deutsche Staaten daran gehindert hatte, Selbstbewusstsein und ein Gefühl der Ganzheit zu entwickeln, und holte sie in ein Kontinuum deutscher Demokratie zurück, das aus der Gegenwart weit in die Geschichte zurückreicht, in die Weimarer Republik, ins Jahr 1848, in die Zeit der preußischen Reformen von 1806–1813, ja bis zu den Schriften und Idealen der Aufklärung. Der Historiker Heinrich August Winkler,[96] der 1991 seinen Lehrstuhl an der Universität Freiburg aufgab, um an die Humboldt-Universität Unter den Linden in Berlin zu wechseln, hat soeben eine ausgezeichnete neue Geschichte der Weimarer Republik veröffentlicht. Gegen Ende seines Buches weist er darauf hin, dass diese Episode der deutschen Geschichte uns näher gekommen zu sein scheint, dass wir in ihr heute nicht mehr bloß ein Vorspiel zum Nationalsozialismus sehen, sondern ein Experiment in Sachen Demokratie, das Leistungen und Fehlleistungen produzierte, von denen die neue, vergrößerte Bundesrepublik, wenn sie produktiv über sie nachdenkt, ebenso profitieren kann wie von den Lehren, die aus anderen Abschnitten ihrer kollektiven Geschichte zu ziehen sind. Eine der Erkenntnisse, die sowohl Wessis als auch Ossis vielleicht aus diesem Prozess schöpfen können, ist, dass, was hier zusammengekommen ist, wirklich zusammengehört.

Anmerkungen

1 Harold James, Deutsche Identität, 1770–1990. Frankfurt/New York 1991, S. 266.
2 Robert Minder, Kultur und Literatur in Deutschland und Frankreich. Fünf Essays. Frankfurt am Main 1962, S. 9.
3 Alfred D. Chandler jun., Scale and Scope: The Dynamics of Industrial Capitalism. Cambridge, Mass. 1990, S. 393 ff.
4 Thomas Mann, ‹Die Drei Gewaltigen›, *Gesammelte Werke in 12 Bänden*. Bd. X: *Reden und Aufsätze*. Frankfurt am Main 1960, S. 375.
5 Ebd., S. 376 f.
6 Zu Gall und seiner Bismarck-Biographie siehe meinen Essay ‹Der Weg zur Mauer› im vorliegenden Band.
7 Otto Vorscher, Bismarcks Ethos, in: Historische Zeitschrift LLXXI, S. 286.
8 Erich Eyck, Bismarck. Leben und Werk. 3 Bde., Zürich 1941–44, III, S. 181.
9 Fontanes Briefe in zwei Bänden, hrsg. von Gotthard Erler. Berlin 1968, Bd. II, S. 272 ff.
10 Siehe meinen Essay ‹Der Weg zur Mauer› im vorliegenden Band.
11 Hans-Ulrich Wehler, Das deutsche Kaiserreich 1871–1318. Göttingen ⁵1983, S. 69.
12 Die beiden Zitate in Elisabeth Fehrenbach, Wandlungen des deutschen Kaisergedankes 1871–1918. München/Wien 1969, S. 104 u. 91.
13 Die Freiburger Antrittsvorlesung Max Webers ist abgedruckt in: Max Weber, Gesammelte Politische Schriften. Zweite, erweiterte Auflage, hrsg. v. Johannes Winckelmann. Tübingen 1958, S. 1–25.
14 Zitiert in Fehrenbach, a.a.O., S. 17.
15 Zitiert in Marianne Weber, Max Weber. Ein Lebensbild. München/Zürich 1989, S. 572.
16 Als ebenso hellsichtig erwies sich der Historiker Hans Delbrück in seinen Kommentaren zum Krieg in den *Preußischen Jahrbüchern;* umso bedauerlicher ist es, dass in *Max Weber und seine Zeitgenossen* kein Beitrag über ihn enthalten ist.
17 Great Britain, SIS, Central European Summary, 31. Juli 1922, klassifiziert als «secret, highly confidential». Zusatz: «Minutes of a Meeting of Bavarian Monarchists, Held at Munich on the 14th June, 1922». Das Dokument wurde unlängst von dem britischen Historiker A. D. Harvey

im Public Record Office entdeckt; er stellte es der *New York Review of Books* freundlicherweise zur Verfügung.

18 Thomas Mann, Doktor Faustus. Das Leben des deutschen Tonsetzers Adrian Leverkühn, erzählt von einem Freunde, Frankfurt am Main 1960, S. 158.

19 E. L. Woodward und Rohan Butler (Hrsg.), Documents of British Foreign Policy, 1919–1939. London 1949ff., Second Series, I, N 512.

20 Thomas Childers, The Nazi Voter. The Social Foundation of Fascism in Germany, 1919–1933. Chapel Hill 1983, S. 262.

21 Ernst Jünger, Strahlungen. 2 Bde., München 1964, I, S. 86, 122.

22 Die deutsche Ausgabe dieses Werkes erschien unter dem Titel *Hitlers Weg zur Macht. Der Januar 1933*. Berlin 1999.

23 John W. Wheeler-Bennett, The Nemesis of Power. The German Army in Politics, 1918–1945. London 1953, S. 283f.

24 Schleicher und seine Frau wurden am 30. Juni 1934, in der sogenannten Nacht der Langen Messer, ermordet, vielleicht weil Hitler ihm noch immer unterstellte, er habe einen Militärcoup geplant.

25 The Goebbels Diaries, *1942–1943*, hrsg. von Louis P. Lochner. New York 1948. Das Buch erschien gleichzeitig in einer deutschen Ausgabe: Louis P. Lochner (Hrsg.), Goebbels. Tagebücher aus den Jahren 1942–43. Zürich 1948.

26 Das Tagebuch von Joseph Goebbels, 1925–1926, hrsg. von Helmut Heiber. Stuttgart 1960; Tagebücher 1945. Die letzten Aufzeichnungen, mit einer Einleitung von Rolf Hochhuth. Hamburg 1977.

27 Siehe Elke Fröhlichs Einleitung zu Die Tagebücher von Joseph Goebbels. Sämtliche Fragmente, hrsg. von Elke Fröhlich für das Institut für Zeitgeschichte in München, in Zusammenarbeit mit dem Bundesarchiv, Teil I, Bd. I, München 1987.

28 Mein Dank geht an Alan E. Steinweis von der Universität von Nebraska, der mich auf diese Passage aufmerksam gemacht hat. Alan E. Steinweis, «Hitler and Historical Greatness», Vortrag, gehalten auf der Konferenz der American Historical Association in San Francisco, 6.–9. Januar 1994.

29 Helmut Heiber, Adolf Hitler. Berlin 1960, S. 68.

30 Siehe dazu Ian Kershaw, Der Hitler-Mythos: Volksmeinung und Propaganda im Dritten Reich. Stuttgart 1980.

31 Helmut Heiber, Joseph Goebbels. Berlin 1962, S. 190.

32 Peter Adam, Kunst im Dritten Reich. Hamburg 1992. Siehe auch Alan E. Steinweis, Art, Ideology, and Economics in Nazi Germany: The Reich Chambers of Music, Theater and Visual Arts. Chapel Hill 1993.

33 Das klassische Werk über das Filmschaffen in der Nazizeit ist: Siegfried Kracauer, Von Caligari zu Hitler. Frankfurt am Main 1984. Siehe auch Leif Furhammer und Folke Isaksson, Politics and Film. New York 1971.

34 Leni Riefenstahl, Memoiren. München 1987.

35 Molière, Les Fourberies de Scapin, 2. Akt, 7. Szene.
36 Bradley F. Smith, The Road to Nuremberg. 1981, S. 248.
37 Albert Speer, Erinnerungen. Frankfurt am Main 1971.
38 Geoffrey Barraclough, «Hitler's Master Builder», *New York Review of Books,* 7. Januar 1971, S. 11.
39 Siehe Gitta Sereny, «My Journey to Speer», *Granta* 51, Herbst 1995, S. 49ff.
40 Siehe Gitta Sereny, «My Journey to Speer», S. 70.
41 Alfred Speer, Der Sklavenstaat. Meine Auseinandersetzung mit der SS. Stuttgart 1981, S. 355f.
42 Philippe de Commynes, Memoiren. Europa in der Krise zwischen Mittelalter und Neuzeit, hrsg. von Fritz Ernst. Stuttgart 1972, S. 224.
43 Winston S. Churchill, Der Zweite Weltkrieg, Bd. 1: Der Sturm zieht auf. Hamburg 1950, S. 117.
44 David Dilks, «‹We Must Hope for the Best and Prepare for the Worst›. The Prime Minister, the Cabinet and Hitler's Germany, 1937–1939.» The Raleigh Lecture on History, Proceedings of the British Academy, LXXIII, 1987, S. 351.
45 Zitiert nach Dilks, ‹We Must Hope for the Best›, S. 348.
46 David Reynolds, The Creation of the Anglo-American Alliance, 1937–1941. Chapel Hill 1982, S. 27.
47 Documents on German Foreign Policy, 1918–1945. Washington 1949ff., Serie C, Bd. I, S. 313.
48 Gloria J. Barron, Leadership in Crisis: FDR and the Path to Intervention. Port Washington 1973, S. 9.
49 Plutarch, Fünf Doppelbiographien. 1. Teil, Zürich 1994, S. 513.
50 Alan Bullock, Hitler. Eine Studie über Tyrannei. Düsseldorf 1969, S. 794.
51 Jacob Burckhardt, Werk. Kritische Gesamtausgabe, Bd. 10, hrsg. von Peter Ganz. München/Basel 2000, S. 297, München 1982, S. 392ff. Siehe auch Joachim C. Fest, Hitler. Eine Biographie. Frankfurt am Main 1972, S. 19ff.
52 Siehe Sebastian Haffner, Anmerkungen zu Hitler. München 1978, S. 124.
53 Robert Coulondre, Von Moskau nach Berlin, 1936–1939. Erinnerungen des französischen Botschafters. Bonn 1950, S. 167.
54 Siehe als neueren Beitrag zu dieser Debatte Jürgen W. Falter, Hitlers Wähler. München 1991.
55 Thomas Childers, The Nazi Voter: The Social Foundations of Fascism in Germany, 1919–1933. Chapel Hill 1983.
56 Victor Klemperer, Curriculum Vitae: Erinnerungen eines Philosophen 1881–1918, hrsg. von Walter Nowojski. Berlin 1989, S. 315.
57 Klemperer, Curriculum vitae, S. 385.
58 «1949–1989: The Federal Republic as History», Kolloquium, veranstaltet vom Center for European Studies der Harvard University

und dem German Historical Institute in Washington, DC, 27.–29. Okt. 1989.

59 *New York Times*, 7. Dez. 1989, S. A 14.

60 Marc Fisher, ‹Germany May Be Reunifying Already›, *San Francisco Chronicle*, 7. Dezember 1989, S. A31 (als Nachdruck in der *Washington Post*).

61 Willy Brandt, Begegnungen und Einsichten. Die Jahre 1960–1975. Hamburg 1976, S. 17.

62 Flora Lewis, ‹The German Die Is Cast›, *The New York Times*, 10. Dez. 1989, Section 4, S. 23.

63 *Der Spiegel*, 47/1989, 20. Nov. 1989, S. 75 ff.

64 Siehe die Beiträge zu dem Kolloquium in: Warten auf die Barbaren: Essays über die Zukunft des geistigen Europas, hrsg. von Hilmar Hoffmann. Frankfurt am Main 1989.

65 Siehe dazu meinen Beitrag ‹The Rising Star of the German Right›, *New York Review of Books*, 15. Juni 1989.

66 *Der Spiegel*, 47/1989, S. 77.

67 Henry Vizetelly, Berlin Under the New Empire. The Institutions, Inhabitants, Industry, Monuments, Museums, Social Life, Manners and Amusements. London 1879, Preface.

68 *Der Spiegel*, 26/1991, 24. Juni 1991, S. 22.

69 Siehe zu diesem ganzen Komplex Gunter Hofmanns eingehende Analyse der Debatte in ‹Das Wagnis eines späten Neuanfangs›, *Die Zeit*, Nr. 27, 28. Juni 1991, S. 3.

70 Klaus Fussmann, ‹Bedenke, dass du tot warst›, *Die Zeit*, Nr. 14, 29. März 1991, S. 62.

71 Conrad Alberti [Konrad Sittenfeld], Die Alten und die Jungen. Sozialer Roman. 2 Bde., Leipzig 1889, I, S. 12.

72 Rainer Maria Rilke, Gedichte. Stuttgart/München 1986, S. 135.

73 Barbara Miller Lane, ‹A Mecca for Architects›, *The Times Literary Supplement*, 7. Juni 1991, S. 17.

74 Albert Speer, Spandauer Tagebücher. Frankfurt am Main 1975, S. 309.

75 Ward Just, The Translator. Boston 1991, S. 263.

76 Conrad Alberti, Die Alten und die Jungen, I, S. 13.

77 Horst Teltschik, 329 Tage: Innenansichten der Einigung. Berlin 1991, S. 375.

78 Cees Nooteboom, Berliner Notizen. Frankfurt am Main 1991, S. 93.

79 Jens Reich, Abschied von den Lebenslügen. Die Intelligenz und die Macht. Berlin 1992, S. 8, 18, 21, 23, 163.

80 Gordon A. Craig, ‹German Unification in Historical Perspective›, The Jayne Lecture of the American Philosophical Society, gehalten an der Stanford University am 4. Oktober 1990, Proceedings of the American Philosophical Society, Bd. 145, Nr. 1, 1991.

81 W. R. Smyser, The Economy of United Germany. Colossus at the Crossroads. St. Martin's Press ²1993, S. 155. Eine eingehende Darstellung des der Treuhandanstalt erteilten Mandats und der mit ihrer Arbeit verbundenen technischen Probleme geben Gerlinde Sinn und Hans-Werner Sinn in *Kaltstart*. Volkswirtschaftliche Aspekte der deutschen Vereinigung. München ³1993.

82 Nach Angaben von Gerlinde Sinn und Hans-Werner Sinn, Kaltstart, S. 101–109.

83 Rolf Hochhuth, Wessis in Weimar. Szenen aus einem besetzten Land. Berlin 1993. Siehe auch William Pfaffs Kolumne für das *Los Angeles Times Syndicate*, 12. Juni 1993.

84 Craig R. Whitney, ‹Reluctant Giant. German Balks at Leading Europe to Unity›, *The New York Times*, 1. Aug. 1993. Siehe auch den Leitartikel ‹Chancellor Kohl's Dilemma›, *The Washington Post*, 31. Aug. 1993, S. A 18. In der ersten Septemberwoche knickte die Bundesbank ein und senkte die Zinsen.

85 Christian Hacke, Weltmacht wider Willen: Die Außenpolitik der Bundesrepublik Deutschland. Berlin 1993.

86 Hans Magnus Enzensberger, Die große Wanderung. 33 Markierungen. Frankfurt am Main ⁷1993; ders., ‹Ausblicke auf den Bürgerkrieg›, *Der Spiegel*, 25/1993, S. 170–175.

87 Enzensberger, Die große Wanderung, S. 52.

88 Enzensberger, Die große Wanderung, S. 71 ff.

89 Enzensberger, ‹Ausblicke auf den Bürgerkrieg›, S. 175.

90 Am 18. Dezember 1992 kürte die *Frankfurter Allgemeine Zeitung* «Politikverdrossenheit» zum Wort des Jahres. Siehe auch Klaus J. Bade, ‹Immigration and Social Peace in United Germany›, *Daedalus*, Winter 1994, S. 104. Bade führt die allgegenwärtige Politikverdrossenheit insbesondere auf «Fehleinschätzungen und Nachlässigkeiten in Bezug auf Themen wie Einwanderung, Integration und Politik» zurück, die «weitgehend selbstverschuldet und Gegenstand wiederholter Prophezeiungen und Warnungen gewesen waren» (S. 97).

91 Nooteboom, Berliner Notizen, S. 199.

92 «Dämon Deutschland? Versuche zur Anatomie einer Angst». Politischer Club der Evangelischen Akademie Tutzing, 19.–21. März 1993.

93 Siehe Smyser, The Economy of United Germany, S. 302.

94 Marion Dönhoff, Peter Bender, Friedrich Dieckmann, Adam Michnik, Friedrich Schorlemmer, Richard Schröder und Uwe Wesel, Ein Manifest II: Weil das Land Versöhnung braucht. Reinbek bei Hamburg 1993.

95 Martin Walser, Über Deutschland reden. Frankfurt am Main 1988, S. 21, 90–100.

96 Heinrich August Winkler, Weimar 1918–1933. Die Geschichte der ersten deutschen Demokratie. München 1993, S. 616. Siehe auch Winklers

Beitrag ‹Rebuilding of a Nation. The Germans Before and After Unification›, *Daedalus*, Winter 1994, insbes. S. 124.

Liste der im Text rezensierten Bücher

Der Weg zur Mauer

Lothar Gall, Bismarck. Der weiße Revolutionär. Frankfurt am Main u. a. ⁵1981.

Lothar Gall, Bürgertum in Deutschland. Berlin 1989.

Christian Graf von Krockow, Die Deutschen in ihrem Jahrhundert 1980–1990. Reinbek 1990.

Helmuth James von Moltke, Briefe an Freya 1939–1945, hrsg. v. Beate Ruhm von Oppen. München 1995.

James J. Sheehan, German History 1770–1866. Oxford 1991.

Die Sache mit dem Reich

Deutsches Historisches Museum (Hrsg.), Bismarck – Preußen, Deutschland und Europa. Berlin ²1990.

Ernst Engelberg, Bismarck. Das Reich in der Mitte Europas. Berlin 1990.

Otto Pflanze, Bismarck. Der Reichsgründer. München 1997.

Otto Pflanze, Bismarck. Der Reichskanzler. München 1998.

Der Kaiser und die Kritik

Wolfgang J. Mommsen, Max Weber und die deutsche Politik 1890–1920, 2., überarbeitete und erweiterte Auflage. Tübingen 1974.

Wolfgang J. Mommsen/Gangolf Hübinger (Hrsg.), Max Weber. Zur Politik im Weltkrieg. Schriften und Reden 1914–1918 (Max Weber Gesamtausgabe, Abt. 1, Bd. 15). Tübingen 1984.

Wolfgang J. Mommsen/Wolfgang Schwentker (Hrsg.), Max Weber und seine Zeitgenossen. Göttingen/Zürich 1988.

John C. G. Röhl, Kaiser, Hof und Staat. Wilhelm II. und die deutsche Politik. München 1987.

Unter einem schlechten Stern

Klaus P. Fischer, Nazi Germany. A New History. New York 1995.

Henry Friedlander, Der Weg zum NS-Genozid. Von der Euthanasie zur Endlösung. Berlin 1997.

Wie Hitler Hitler wurde

Henry Ashby Turner, Jr., Hitlers Weg zur Macht. Der Januar 1933. München 1996.

Der Überzeugungstäter

Ulrich Höver, Joseph Goebbels – ein nationaler Sozialist. Bonn/Berlin 1992.
Russell Lemmons, Goebbels and Der Angriff. Lexington 1994.
Ralf Georg Reuth, Goebbels. München/Zürich 1995.

Verliebt in Hitler

Gitta Sereny, Albert Speer. Das Ringen mit der Wahrheit und das deutsche Trauma. München 1997.

Der Weg in den Krieg

William R. Rock, Chamberlain and Roosevelt. British Foreign Policy and the United States, 1937–1940. Columbus 1988.
Viktor Suworow, Der Eisbrecher. Hitler in Stalins Kalkül. Stuttgart 1989.
Donald C. Watt. How War Came. The Immediate Origins of the Second World War 1938–1939. New York 1989.

Am Rande des Abgrunds

Alan Bullock, Hitler und Stalin. Parallele Leben. Berlin 1993.

Der Endlösung entgegen

Saul Friedländer. Das Dritte Reich und die Juden. Bd. 1: Die Jahre der Verfolgung 1933–1939. München ²1998.

Alles ist Schicksal

Victor Klemperer, Ich will Zeugnis ablegen bis zum letzten. Tagebücher 1933–1941, hrsg. v. Walter Nowojski. Berlin ⁴1995.
Victor Klemperer, Ich will Zeugnis ablegen bis zum letzten. Tagebücher 1942–1945, hrsg. v. Walter Nowojski. Berlin ⁴1995.

«Schreibt un farschreibt!»

Martin Gilbert, The Holocaust. A History of the Jews of Europe during the Second World War. New York 1985.

Deborah E. Lipstadt, Beyond Belief. The American Press and the Coming of the Holocaust 1933–1945. New York 1986.

Richard C. Lukas, The Forgotten Holocaust. The Poles under German Occupation 1939–1944. Lexington 1986.

Bruno Shatyn, A Private War. Surviving in Poland on False Papers, 1941–1945. Detroit 1985.

Bohdan Wytwycky, The Other Holocaust. Many Circles of Hell, A Research Project of the Novak Project. Washington 1980.

Ein neues, neues Reich?

Dennis L. Bark/David R. Gress, A History of West Germany. Bd. I: From Shadow to Substance, 1945–1963. Oxford 1989.

Dennis L. Bark/David R. Gress, A History of West Germany. Bd. II: Democracy and Its Discontents, 1963–1988. Oxford 1989.

Wolfram F. Hanrieder, Deutschland, Europa, Amerika. Die Außenpolitik der Bundesrepublik Deutschland 1949–1989. Paderborn 1991.

Harold James, Deutsche Identität 1770–1990. Frankfurt/New York 1991.

Anne-Marie Le Gloannec, Die Deutsch-Deutsche Nation. Anmerkungen zu einer revolutionären Entwicklung. München 1991.

David Marsh, Deutschland im Aufbruch. Wien/Darmstadt 1990.

Peter H. Merkl (Hrsg.), The Federal Republic of Germany at Forty. New York/London 1989.

Helmut Schmidt, Menschen und Mächte. Berlin 1987.

Franz Josef Strauß, Die Erinnerungen. Berlin 1989.

The Big Apfel

Ruth Andreas-Friedrich, Schauplatz Berlin. Tagebuchaufzeichnungen 1945 bis 1948. Frankfurt am Main ²1985.

Alan Balfour, Berlin. The Politics of Order 1737–1989. New York 1990.

John Bornemann, After the Wall. East Meets West in the New Berlin. New York 1991.

Robert Darnton, Der letzte Tanz auf der Mauer. Berliner Journal 1989–1990. München 1991.

Charles W. Haxthausen/Heidrun Suhr (Hrsg.), Berlin. Culture and Metropolis. Minneapolis/Oxford 1990.

Hsi-Huey Liang, Berlin before the Wall. A Foreign Student's Diary with Sketches. New York/London 1990.

Leland Rice, Up Against It. Photographs of the Berlin Wall. Albuquerque 1991.
Katherine Roper, German Encounters with Modernity. Novels of Imperial Berlin. New Jersey/London 1991.

Vereint fallen

Konrad H. Jarausch, The Rush to German Unity. New York/Oxford 1994.
Peter H. Merkl, German Unification in the European Context. University Park, Penn. 1993.
Elizabeth Pond, Beyond the Wall. Germany's Road to Unification. New York 1993.

Gordon A. Craig bei C. H. Beck

Deutsche Geschichte 1866–1945
Vom Norddeutschen Bund bis zum Ende des Dritten Reiches
Aus dem Englischen von Karl Heinz Siber
2., durchgesehene Auflage. 1999. 989 Seiten. Paperback
Beck'sche Reihe Band 1306

Geschichte Europas 1815–1980
Vom Wiener Kongreß bis zur Gegenwart
Aus dem Englischen von Marianne Hopmann
41. Tausend. 1996. 706 Seiten mit 101 Abbildungen. Leinen
Beck's Historische Bibliothek

Über Fontane
Aus dem Amerikanischen von Jürgen Baron von Koskull
18. Tausend. 2., durchgesehene Auflage. 1998.
295 Seiten mit 5 Abbildungen. Leinen

Die Politik der Unpolitischen
Deutsche Schriftsteller und die Macht 1770–1871
Aus dem Englischen von Karl Heinz Siber
1993. 247 Seiten mit 10 Portraits. Leinen

Geld und Geist
Zürich im Zeitalter des Liberalismus 1830–1869
1988. 303 Seiten. Leinen

Verlag C. H. Beck München

Geschichte und Zeitgeschichte

Roger Chickering
Das Deutsche Reich und der Erste Weltkrieg
2002. 292 Seiten mit 12 Karten. Paperback
Beck'sche Reihe Band 1452

Hermann Glaser
Kleine Kulturgeschichte Deutschlands im 20. Jahrhundert
2002. 399 Seiten mit 31 Abbildungen. Paperback
Beck'sche Reihe Band 1480

John C. G. Röhl
Kaiser, Hof und Staat
Wilhelm II. und die deutsche Politik
2002. 290 Seiten. Paperback
Beck'sche Reihe Band 1501

Udo Sautter
Biographisches Lexikon zur deutschen Geschichte
2002. 439 Seiten. Paperback
Beck'sche Reihe Band 1492

Ulrich Schlie
Die Nation erinnert sich
Die Denkmäler der Deutschen
2002. 206 Seiten mit 36 Abbildungen. Paperback
Beck'sche Reihe Band 1469

Christoph Studt
Das Dritte Reich in Daten
unter Mitarbeit von Daniela von Itzenplitz und Henriette Schuppener
2002. 276 Seiten. Paperback
Beck'sche Reihe Band 1495

Verlag C. H. Beck München